教 育 原 点 丛 书

国家社会科学基金"十三五"规划 2016 年度教育学一般课题"基于核心素养的智慧教育建构研究"（课题批准号 BAA160017）结题成果

Zhihui Jiaoyu De Jiangou

智慧教育的建构

李润洲 / 著

北京师范大学出版集团
BEIJING NORMAL UNIVERSITY PUBLISHING GROUP
北京师范大学出版社

图书在版编目(CIP)数据

智慧教育的建构/李润洲著. —北京：北京师范大学出版社，2022.9

（教育原点丛书）

ISBN 978-7-303-27755-1

Ⅰ. ①智… Ⅱ. ①李… Ⅲ. ①教育研究 Ⅳ. ①G40－03

中国版本图书馆 CIP 数据核字(2022)第 013838 号

营　销　中　心　电　话　010-58802755　58800035
北师大出版社教师教育分社微信公众号　京师教师教育

出版发行：北京师范大学出版社　www.bnupg.com
　　　　　北京市西城区新街口外大街 12-3 号
　　　　　邮政编码：100088
印　　刷：天津中印联印务有限公司
经　　销：全国新华书店
开　　本：710 mm×1000 mm　1/16
印　　张：14
字　　数：230 千字
版　　次：2022 年 9 月第 1 版
印　　次：2022 年 9 月第 1 次印刷
定　　价：49.00 元

策划编辑：郭　翔　　　　责任编辑：张筱彤
美术编辑：焦　丽　　　　装帧设计：焦　丽
责任校对：陈　民　　　　责任印制：马　洁

自 序

在互联网时代，知识越容易获得，智慧就越显得难求。建构智慧教育、实现转识成智就成了教育学人的自觉追求。何谓智慧教育？围绕智慧教育，学者们都探讨了哪些问题？如何在已有研究成果的基础上立说，使读者有所获益？这些就成了笔者要回答的问题。笔者带着这些问题，基于对何谓智慧教育的理解，并通过综述文献，发现应倡导多学科、跨学科的智慧教育研究，多角度澄清转识成智的内在机制，关注学校教育的核心构成要素。笔者的研究问题进一步明确。

的确，智慧教育并不是一个新概念，但要想就智慧教育发表一些相对新颖的观点，则需重新界定何谓智慧教育。因为倘若仅沿用已有的概念，那么就像戴着同样的眼镜，看到的就只是相同的"风景"。从不同的维度来看，智慧教育具有相异的意涵，即从目的来看，智慧教育是培育人的智慧的教育；从过程来看，智慧教育是转识成智的教育；从方式来看，智慧教育是人的智慧与人工智能融生的教育。

既然智慧教育是培育人的智慧的教育，那么我们就要回答智慧教育视域的人是什么样的以及其对教育有什么样的期待。智慧教育视域的人应是具体、生成与完整的人，而不是抽象、既定与割裂的人，且具体的人、生成的人与完整的人有各自的意涵，对教育提出不同的价值诉求。展开来说，具体的人具有三重生命——种生命、类生命与个生命，三重生命既各有特色、相互区分，也相互依存、相互贯通。从具体人的三重生命来看，教育应敬畏人的种生命，省思身体教育；提升人的类生命，坚守教育理想；增值人的个生命，完善教育生活。生成的人至少蕴含三重依次递进的内涵：人是一种历史的建构，而不是一种先天的给定；人是多重属性的整体生成，而不是某种特定属性的展现；人是凭文化而生存发展的主动者，而不是仅凭自然物而生存发展的被动者。人生成的内在机制是人自然生命的未完成性为人的生成提供了前提条件，人精神生命的二重性为人的生成提供了内在动力，而人现实生命的学习性则为人的生成提供了根本保障。从生成的人的视域来看，教育应确立培育自觉生命的教育目的观、在人性张力中引导的教育过程观和学会学习的教育效果观。完整的人是身体与精神合一、情意知融生与全面发展的人。不过，在现实中，完整的人正遭遇着教育的肢解，如学习的离身化、情意的边缘化与知识的碎片化。鉴于此，完整的人的培育需要重构身体观念，践行具身学习；彰显情意功能，实践理解教学；整合课程知识，进行全人教育。

既然智慧教育是转识成智的教育，那么如何转识成智就成了智慧教育必须回答的问题。在转识成智上，通过不同的研究视角和认识框架，转识成智何以及如何可能就有不同的回答。从杜威的实用知识观来看，知识的智慧化理解是转识成智的前提，那种仅将知识视为对客观事物的镜式反映的知识观会阻碍知识的智慧转化，贯通个人知识与公共知识则是转识成智的路径。在转识成智中，教师对所教知识与学生的全面理解和深刻洞察是贯通个人知识与公共知识的关键。从冯契的智慧说来看，知识向智慧的飞跃是转识成智的前提，而理性的直觉、辩证的综合与德性的自证则是转识成智的路径。因此，在转识成智中，则应增强理性直觉的培育意识，展示辩证综合的认识过程，涵养德性自证的自由人格。从怀特海的智慧教育观来看，活化知识是转识成智的前提，而建构智慧教育则是转识成智的路径。在转识成智中，教育要将培育人的智慧放到首位，而不是将知识置于中心；洞察人心智成长的规律，统整各课程知识；立足于人五彩缤纷的生活，对知识进行充满想象力的探索。从知识的三重观（知识的内容、形式与旨趣）来看，转识成智则要洞察知识三重，明确知识的智慧；复演知识创生，获悉作者的智慧；创建三维课堂，培育学生的智慧。

既然智慧教育是人的智慧与人工智能融生的教育，那么智慧教育的建构则应该基于人的智慧，运用信息技术建设学校课程，创生智慧课堂，促进智慧型教师的成长。在课程建设上，从教育学来看，学校应定义自己的教育，让学校课程建设获得灵魂；建构自己的课程，让学校课程建设拥有特色；创新自己的教学，让学校课程建设落地生根；优化自己的评价，让学校课程建设开花结果。从教学论来看，学校课程建设则需要廓清课程愿景，明确教与学的意义；优化课程结构，呈现教与学的框架；创新课程实践，提升教与学的品质。从课程论来看，学校课程建设的价值旨趣在于创生适合本校学生的课程体系，而课程开发的目标模式规范着校本课程的开发，课程开发的实践模式指引着本校课程的创生，课程开发的过程模式则引领教师课程的建构。

在智慧课堂创生上，从教师之教来看，智慧课堂的创生则应灌注问题，展示求解；参悟知识，跃迁教学；温故知新，以身传道。从学生之学来看，智慧课堂的创生则需要培育问题意识，开启智慧之门；有主见地自学，在学习中获得智慧；直面不确定性，在行动中生成智慧。从知识的二重性来看，智慧课程的创生则需确立完整知识观，奠智慧课堂创生之基；洞悉人知互生律，遵智慧课堂创生之理；培育批判性思维，彰智慧课堂创生之要。

在促进智慧型教师的成长上，从教育学的视域来看，智慧型教师是具有教育学意向、问思行创新并且有自己的教育主张的教师。从教学论的视域来看，若要成长为智慧型教师，则需要知识转化——生智慧型教师之才智；心有学生——育智慧型教师之良善；教学表现——显智慧型教师之智慧。从课程论的视域来看，若要成长为智慧型教师，则需要建构教师课程，展智慧型教师之智能；生成学生课程，显智慧型教师之德性；践行课程共生，成智慧型教师之智慧。从教师素养上看，智慧型教师则应具有研究意识、理论自觉与实践智慧。

上述内容是笔者要阐述的基本观点，正文则对这些基本观点展开论证。另外，这些基本观点皆以学术论文的形式公开发表，正接受着学术界的检验。此专著的出版要特别感谢北京师范大学出版社郭兴举、郭翔、张筱彤的精心编辑。每念及出版人为人作嫁衣裳的奉献精神，笔者皆心存感激，并深植与人为善、助人为乐的信念，而这也恰恰是智慧教育的底色。

李润洲

2022 年 5 月 1 日

目　录

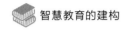

绪论　智慧教育的概念释义

一、智慧教育的三维阐释

当下，随着互联网、人工智能的兴起，智慧教育逐渐成为一个热词，但智慧教育并不是因互联网、人工智能的兴起才出现的一种教育形态。实际上，智慧作为教育的永恒追求，总是或隐或显地蕴藏在教育中。目前我们谈论、研究智慧教育，恰恰反映出智慧在教育中的缺失。仅从智慧教育这一概念的提出而言，起初，智慧教育是与知识教育相对的一个概念；后来，受"智慧地球"概念的启发，便有了当下人们热议的智慧教育。那么，智慧教育到底意味着什么？

(一)从目的来看，智慧教育是培育人的智慧的教育

何谓智慧教育？对此问题，不同的学者给予了不同的回答，主要有两种代表性观点。一种是从教育学视域来看，将智慧教育界定为"以开发人的智慧潜能，培养人的智慧品质，引导人过智慧的生活的教育"[①]。教育学视域的智慧教育将培育人的智慧作为教育目的，区别于以其他为目的的教育，尤其是以知识为目的的教育。另一种是从教育技术学视域来看，将智慧教育界定为"信息技术支持下的为发展学生智慧能力的教育"[②]。教育技术学视域的智慧教育凸显了信息技术在培育人的智慧中的重要作用，强调信息技术作为教育手段。但无论是将人的智慧作为教育目的的智慧教育，还是将信息技术作为教育手段的智慧教育，皆不能止于用智慧来阐释，而应进一步追问、澄清何谓智慧。

智慧是一个神奇且美妙的词语，具有多种面向，具有多种相反相成的表现，如举重若轻是智慧，举轻若重也是智慧；沉着稳重是智慧，当机立断也是智慧；忍辱负重是智慧，宁死不屈也是智慧；等等。因为智慧具有多种面向，

[①] 靖国平：《关于智慧教育的几点思考》，载《江苏教育研究》，2010(18)。

[②] 祝智庭、贺斌：《智慧教育：教育信息化的新境界》，载《电化教育研究》，2012(12)。

有诸多相反相成的表现，所以对于智慧而言，人们往往有一种"心向往之却不能至"的感觉。不过，虽然智慧有诸多相反相成的外在表现，但智慧仍具有一些不变的内涵，否则，人们就难以对众多的智慧表现进行确证。在有些人看来，智慧就意味着聪明才干，《新华词典（1988 年修订版）》就将智慧解释为"从实践中得来的聪明才干"①。的确，智慧表现为聪明才干，但聪明才干只是智慧的必要条件，并不是充分条件。一般而言，聪明才干与愚蠢无能相对立，聪明是才干的原因，无能是愚蠢的结果，因此，智慧与否就主要表现为是聪明还是愚蠢。聪明是指"人有特别的听和看的能力，也就是人能听和看到事物"②，但人能听和看到事物却有"一个无法逾越的限度。故聪明大多不是大聪明，而是小聪明。这意味着它只知道小，而不知道大；只知道近，而不知道远。于是，聪明也容易变为愚蠢"③。这才有"聪明反被聪明误"之说法。其实，智慧是个褒义词，而聪明才干是中性词。因此，虽有"聪明反被聪明误"之说法，但没有"智慧反被智慧误"之表达。因为"愚蠢有少智式愚蠢和缺德式愚蠢两种，聪明人虽然不会轻易犯少智式愚蠢，但如果其聪明才智没有良好品德的引导，便易犯下缺德式愚蠢"④。这种缺德式愚蠢只追求一己之私利而无视大众的公共利益，就难免利令智昏。《新华词典（1988 年修订版）》还将智慧解释为"智力"，认为智慧与智力同义，而智力是指"人认识事物和运用知识、经验解决问题的能力"⑤。确实，智慧也表现为"人认识事物和运用知识、经验解决问题的能力"，但智慧与智力也存在差异：其一，智力倾向于个体先天具有的聪颖度，而智慧则倾向于个体通过后天的学习而获得的聪慧度；其二，智力是一个中性概念，主要涉及一个人的聪明才干，而智慧则是一个人的聪明才干与优良德性的"合金"，正如有聪明才干并不等于有智慧那样，具有高智力也不意味着拥有高智慧。如此看来，智慧是人的真理性认识与价值合理性选择的统一，既关乎人的聪明才干或智力高低，也牵连人分辨善恶的德性修为，是一个人的才智与德性的统一体。

---

① 新华词典编纂组：《新华词典（1988 年修订版）》，1154 页，北京，商务印书馆，1989。
② 彭富春：《论中国的智慧》，4 页，北京，人民出版社，2010。
③ 彭富春：《论中国的智慧》，4 页，北京，人民出版社，2010。
④ 汪凤炎、郑红：《品德与才智一体：智慧的本质与范畴》，载《南京社会科学》，2015(3)。
⑤ 新华词典编纂组：《新华词典（1988 年修订版）》，1154 页，北京，商务印书馆，1989。

倘若明确了智慧是一个人的才智与德性的统一体，那么培育人的智慧的智慧教育则需要由核心素养引领实践的发展。中国学生发展核心素养分为三个方面：文化基础、自主发展和社会参与。其中，文化基础是自主发展和社会参与的前提，而文化基础又分为人文底蕴和科学精神，就恰当地概括了才智与德性两个向度。具体而言，人文底蕴主要包括人文积淀、人文情怀和审美情趣，其价值指向是"学生在学习、理解、运用人文领域知识和技能等方面形成的基本能力、情感态度和价值取向"①。或者说，人文底蕴旨在让学生认识人类、实践文化、尊重个人及关切人类等，就意味着人德性的养成。从教育发展史来看，无论是以古希腊为代表的理性文化，还是以儒家为代表的中国传统伦理文化，皆强调人的德性的养成，并没有将外在物质利益的获取放在首位。虽然以古希腊为代表的理性文化不像中国传统伦理文化那样倾向于关注"德性之知"、强调人的道德反省与践行，而是倾向于探索自然的"真理之知"，但其对自然的纯粹好奇也超越了对实用技术的关注。可以说，人德性的形成是人之为人的基本条件，也是人的智慧不可或缺的重要维度。科学精神则是人的才智的必要构成，是现代人应具有的基本品格。科学精神具体包括理性思维、批判质疑、勇于探究等要点。理性思维是科学精神的基础，主要表现为基于事实证据和逻辑推理的思维方式。批判质疑是科学精神的核心，主要表现为不盲目地接受、信奉已有的认识，而是运用理性的力量反思、检视已有的认识，并从中发现问题，进而获得新的认识。勇于探究则是科学精神的保障，主要表现为将批判质疑贯彻于自己的实际言行，进而不断地促进才智的发展。② 如果说以古希腊为代表的理性文化倾向于"以智御德"，那么以儒家为代表的中国传统伦理文化则倾向于"以德御智"，两者在处理才智与德性一体的智慧上皆有所偏颇。中国学生发展核心素养则将人文底蕴与科学精神并举，较好地体现了才智与德性一体的智慧。在此意义上，核心素养教育与智慧教育具有内在的关联，具有异曲同工之妙。因此，致力于培育人的才智与德性的智慧教育需要立足于学生人文底蕴与科学精神的形成，并将人文底蕴与科学精神外化为学生的自主发展与社会

①　核心素养研究课题组：《中国学生发展核心素养》，载《中国教育学刊》，2016(10)。
②　刘庆昌：《人文底蕴与科学精神——基于〈中国学生发展核心素养〉的思考》，载《教育发展研究》，2017(4)。

参与，从而涵养智慧。

（二）从过程来看，智慧教育是转识成智的教育

如果说从目的来看，智慧教育是培育人的智慧的教育，那么从过程来看，智慧教育就是转识成智的教育。这不仅因为知识是智慧的养料，离开了知识，智慧就无法生成；而且因为对于教育而言，不管人们如何从理论上批评知识教育的缺陷，现实的教育都无法脱离知识而培育人的智慧。因此，智慧教育并不拒斥知识，而是转识成智。

从思想史上看，起初，知识与智慧确实存在相互贯通、相互解释之现象。古汉语中的一些"知"通"智"，比如，"知之为知之，不知为不知，是知也。"（《论语》）在古希腊，智慧常被看作一种特殊知识。比如，柏拉图在《理想国》中提出人有四德——智慧、勇敢、节制、正义。其中，智慧是一种好的谋划，而"好的谋划这东西本身显然就是一种知识，因为其所以有好的谋划，乃是由于有知识而不是由于无知"[1]。亚里士多德也将智慧视为一种知识，认为"智慧是由普遍认识产生，不是从个别认识得来……智慧是关于某种原理和原因的知识"[2]。如果说柏拉图将智慧视为知识还有些勉强（因为虽然谋划要用到知识，但并不意味着谋划就是一种知识），那么亚里士多德就明确地将智慧视为一种"关于某种原理和原因的知识"。在他看来，这种被称为智慧的知识至少意味着"共相"与"原因"两个要素，再联系到古希腊哲学追求世界的"本原"，即"所有事物由之构成，最初都从其中产生，最后又都复归于它的东西"[3]，就不难理解赫拉克利特为什么说"智慧只在于一件事，就是认识那善于驾驭一切的思想""承认'一切是一'就是智慧的"[4]。由于亚里士多德将智慧视为一种具有普遍性的知识，因此，西方人心目中的智者多是苏格拉底、柏拉图、亚里士多德、牛顿、爱因斯坦等在知识领域拥有极高造诣的人。确切地讲，在求真的

---

[1] ［古希腊］柏拉图：《理想国》，郭斌和、张竹明译，145页，北京，商务印书馆，1986。
[2] ［古希腊］亚里士多德：《形而上学》，吴寿彭译，3页，北京，商务印书馆，1959。
[3] 北京大学哲学系外国哲学史教研室：《西方哲学原著选读（上卷）》，23～26页，北京，商务印书馆，1981。
[4] 北京大学哲学系外国哲学史教研室：《西方哲学原著选读（上卷）》，31页，北京，商务印书馆，1981。

西方文化中，智慧者的表现大多为对万事万物的真理性把握，智慧更多是探索万事万物的理性智慧。而在中国传统伦理文化里，智慧更多地表现为辨析是非、善恶、美丑的实践智慧，着重探讨人之为人或立身处世的原则和规范，是有关"人道"之智慧。因此，在古代中国人心中，只有孔子、老子、孟子等德性修为极高的人才能被称为智慧者。从一定意义上说，将知识与智慧进行明确的区分并倡导智慧教育的学者要首推英国哲学家、数学家、教育家怀特海。在他看来，古典教育是追求智慧的教育，而现代教育却遗忘了智慧。用他的话说就是："在古代的学园里，哲学家们渴望传授智慧，而在今天的大学里，我们卑微的目的却是教授各种科目。从古人向往追求神圣的智慧，降低到现代人获得各种科目的书本知识，这标志着在漫长的时间里教育的失败。"①时至今日，人们越来越意识到知识与智慧的不同，已确认知识只不过是智慧的养分，要转识成智，即将外在的知识转化为求知、做事与为人的态度、思维方式和价值观念。在哲学上，冯契先生系统地论述了知识与智慧的关系，建立了一个以智慧学说为核心的理论体系，将智慧从日常理解的聪明才干、智力等提升到哲理层面，认为智慧是"有关宇宙人生根本原理的认识"②，是"关于性与天道的理论"③，并运用唯物主义思想改造了佛教的转识成智，认为转识成智需要"理性的直觉、辩证的综合与德性的自证"④，只有这样才能实现"由知识到智慧的飞跃"⑤，从而使人获得自由与智慧。

从一定意义上说，哲学视域的知识与智慧的关系及其阐发的转识成智大多抽象，相对而言比较深奥，应基于教育学视域对知识与智慧的关系及转识成智进行转译。从教育学视域来看，知识与智慧的关系主要表现为"知识不等同于

① ［英］怀特海：《教育的目的》，徐汝舟译，42 页，北京，生活·读书·新知三联书店，2014。

② 冯契：《冯契文集·第一卷：认识世界和认识自己》，412～420 页，上海，华东师范大学出版社，1996。

③ 冯契：《冯契文集·第一卷：认识世界和认识自己》，412～420 页，上海，华东师范大学出版社，1996。

④ 冯契：《冯契文集·第一卷：认识世界和认识自己》，412～420 页，上海，华东师范大学出版社，1996。

⑤ 冯契：《冯契文集·第一卷：认识世界和认识自己》，412～420 页，上海，华东师范大学出版社，1996。

智慧，但知识却蕴含着智慧；而智慧则基于知识且超越知识，智慧虽不像知识那样可以言传，但能够体悟"①。因此，基于教育学视域的知识与智慧的关系，智慧教育转识成智的有效路径至少有三条。一是展示知识创生的过程，洞察知识所蕴含的智慧。虽然知识不等同于智慧，但知识蕴含着智慧。知识之所以蕴含着智慧，是因为两者皆源于问题的激发，因为任何知识都源于人们认知的好奇与求解的意志，是人们对某些问题或困惑进行尝试性解答的结果，运用知识以求解的智慧则更与问题的解决密切相关。不过，作为人们认识结晶的知识以规范的表述方式被记录下来后，知识与问题的关联却被割断了，变成了怀特海所言的"惰性知识"。恰如庄子所说："书不过语，语有贵也。语之所贵者，意也，意有所随。意之所随者，不可言传也，而世因贵言传书。"②正是在此种意义上，庄子借用轮扁之口，说桓公之所读者乃"古人之糟魄已夫"。③ 知识蕴含着智慧，知识蕴含的智慧就是生成知识的问题以及看待、解决问题的立场、方法与思维方式，最终凝聚为人的精神气质与素养。而知识一旦转化为人的精神气质与素养，也就变成了智慧。从这个意义上说，"知识就是力量""知识改变人的命运"是确切的；否则，不能转化为智慧的知识越多，则越有可能成为人的累赘，让人变成"书呆子"。④ 因此，转识成智就意味着展示知识创生的过程，洞察知识蕴含的智慧。二是寻求知识的联系，统整各知识点。在知识学习中，智慧表现为对各知识点的融会贯通，使知识形成一个纵横交错的有序结构。这种纵横交错的有序知识结构具体呈现为层级树，即作为整体的一个知识根节点（root node）可分解为一些小的知识点，用一个个的子节点表示；任何非终止的知识点皆可继续分解为其下属的多个子节点，由此通过某个知识根节点就可以统整众多的知识点内容。比如，将数学的"转化思想"作为知识根节点，就可以将许多看似不相关的数学知识统整到一个思想框架内，组成一个整体：从"数"来看，包含小数、分数、百分数的互化，各种运算之间的转化，等等；

---

① 李润洲：《论教育哲学的转识成智》，载《南京社会科学》，2017(10)。

② 郑太年：《学校学习的反思与重构：知识意义的视角》，1 页，上海，上海教育出版社，2006。

③ 郑太年：《学校学习的反思与重构：知识意义的视角》，1 页，上海，上海教育出版社，2006。

④ 李润洲：《论教育哲学的转识成智》，载《南京社会科学》，2017(10)。

从"形"来看，包含各种面积或体积计算公式的推导、等积变形等。寻求知识的联系，统整各知识点，则可以使从建构到变构再到优构的过程有序推进。建构即通过抽象思维舍弃具体情境，看到本质的东西；变构即打破已有结构，形成新的结构；优构即在变构的基础上建立更加完善、融通的结构。一旦知识形成一个浑然一体的整体结构，那么在面对问题时，人就能灵活地提取与运用知识，犹如人在一个系统组织、有序排列的图书馆中能很快找到其所需要的书籍。同时，知识的整合、融通既可以整体观照某一知识体系，也可以进行预测与创造。以化学元素周期律为例，当各种化学元素以周期律建构一个知识整体时，人既能有效地总结、归纳各种化学元素的属性，也能利用元素周期表预测未被发现的元素的属性。三是提升感悟能力，培育创新素养。智慧之所以优于知识，就是因为人的智慧是知识创生的源泉。从路径上看，知识创生主要有两条途径：基于"经验—事实"的归纳，以及基于"先验—理性"的演绎。就是说，经过确证的真信念之"真"要么是"经验—事实"之"真"，要么是"先验—逻辑"之"真"，要么两者兼而有之。感悟是人的"经验—事实"的归纳与"先验—理性"的演绎的综合，因为"感"意味着感觉、感知与感受，是对经验事实的获取与聚集；而"悟"意味着体悟、顿悟与觉悟，是对经验事实的洞见。因此，"感"是思维的质料，是量的积累；"悟"是思维的升华，是质的提升。由"感"而"悟"就意味着思维由具体到抽象再到具体的过程，进而实现人对世界和人生的创造性建构。① 就学习而言，"感"的对象是各种事实或现象，"悟"的结果是概念、命题与理论；"感"的过程是倾听、观察与实验，"悟"的过程是思考、探究与自主建构；"感"重在事实、经验与表象，"悟"重在方法、思维与精神。培育学生的感悟能力就是从一个个具体知识内容导向对完整知识的理解，从而让学生主动地建构自己的知识结构，涵养自己的智慧。

(三)从方式来看，智慧教育是人的智慧与人工智能融生的教育

当下，智慧教育之热直接源于互联网、人工智能的兴起。从语境上看，此种智慧教育是由智慧地球、智慧城市等概念演化而来的，因而有些人误将教育信息化的智能教育视为智慧教育。其实，从方式来看，智慧教育是人的智慧与

---

① 吴维山：《重新审视感悟的内涵特质及其培养策略》，载《课程·教材·教法》，2008(4)。

人工智能融生的教育，即智慧教育不是仅有人工智能的教育，而是人的智慧与人工智能相互融合、互为创生的教育。

起初，智能仅指向人，主要是心理学的研究对象，并先后出现一元智能理论、三元智能理论与多元智能理论。一元智能理论将人的智能视为一种解答智力测验题的能力，是一种独立于学习的单一且通用的才能。可以说，一元智能理论对人的智能的理解过于简单、偏狭。斯腾伯格的三元智能理论将人的智能视为"主体实现对主体有关的现实世界的环境有目的的适应、选择和改造的心理活动"[①]，主要由情境、经验和智力要素构成，并从问题解决的视角将人的智能分为分析性智能（analytic intelligence）、实践性智能（practical intelligence）和创造性智能（creative intelligence）。三元智能理论将社会情境、个体经验与人的创造性纳入人的智能，丰富、拓展了人的智能的内涵。加德纳的多元智能理论则认为解决不同的问题需要不同的智能，或者说，人在面对不同的问题时需要运用不同的智能予以解决，人的智能至少有语言、数学逻辑、音乐、身体运动、空间、自然观察、人际关系、自我内省八种智能。[②] 祝智庭对众多的智能进行类型化分析，从认知、情感与意志三个维度将人的智能分为三类——认知智能、情感智能与旨趣智能，建构了一个相对完整的智能结构。不过，正如祝智庭教授所指出的那样，"智能不等于智慧，只有兼具家国情怀、人文关怀的善行才是智慧"[③]；也就是说，凡是智慧，皆蕴含善良的意志与伦理的要求。如此看来，将嵌入、安装了人工智能的教育视为智慧教育就是对智慧教育的一种错误理解。因为连人的智能都难以被称为智慧，更不用说通过模拟、延伸人的智能而产生的人工智能了。当然，人工智能对教育的影响也不可小觑。人工智能正在促使教育发生翻天覆地的变化，如翻转课堂的流行、智慧课堂的建构与未来学校的建设等。同时，人工智能也给教育发展提出了诸多难题，如"替代人脑：教育的意义和价值何在""人机一体：教育的方式和性质将如何改变""失去控制：如何保证教育的价值选择和方向""道德难题：教育将面

---

① ［美］斯腾伯格：《超越 IQ——人类智力的三元理论》，俞晓琳、吴国宏译，20 页，上海，华东师范大学出版社，2000。

② ［美］加德纳：《多元智能》，沈致隆译，9～10 页，北京，新华出版社，1999。

③ 祝智庭、彭红超、雷云鹤：《智能教育：智慧教育的实践路径》，载《开放教育研究》，2018(4)。

临怎样的伦理抉择"①，等等。但无论是人工智能给教育发展带来的新变化，还是人工智能给教育发展提出的诸多难题，皆需要运用人的智慧来积极应对。在人的智慧与人工智能共存的时代背景下，智慧教育绝不是看是否使用了人工智能及使用了多少，而是看人工智能是否真正提升了人的智慧。从这个意义上说，智慧教育是人的智慧与人工智能融生的教育，是运用人的智慧积极应对人工智能带来的变革，有效化解人工智能造成的难题，使人的智慧与人工智能相得益彰、协同发展的教育。

从人的智慧与人工智能融生的视角来看，智慧教育的建构至少应确立以人的智慧为主导、以人工智能为辅助的观念，明确人工智能为智慧教育能做什么和不能做什么，着重关注人工智能不能做或做不好而人的智慧能做或做得好之事。首先，确立以人的智慧为主导、以人工智能为辅助的观念。在对待人工智能时，既要反对那种盲目拒斥人工智能的心态，认为教育智慧与人工智能的运用无关；又要反对那种盲目推崇人工智能的做法，认为只要运用了人工智能，智慧教育就能实现。无论人工智能具有多么神奇的功能，它都无法改变教育作为一种人类精神再生产活动的性质，因为教育是一个生命的意义世界，不是一个无生命的物质世界；是一种师生精神交往的活动，不是一种纯信息的传播过程。明于此，也就明白了乔布斯之问（计算机几乎改变了各行各业，为何对学校教育的作用却微乎其微？）是一个假问题，其原因在于教育本来就是一种自我精神的建构活动，而不是一种信息输入与输出的传递活动。从这个意义上说，没有人的智慧，无论教育多么智能化，皆不能被称为智慧教育；尊重、体现与彰显人的智慧才是智慧教育之根本。可以说，无论是过去还是现在抑或是未来，人始终是教育的核心，那种"见物不见人"的智能运用无异于舍本逐末、适得其反。其次，明确人工智能为智慧教育能做什么和不能做什么。通常来看，人工智能大致可分为三类：一是能行动却不能自知的计算智能，即能根据人所赋予的规则（算法程序）进行快速计算和记忆储存却不能自知的人工智能；二是能感知却不能理解的感知智能，即人工智能虽然具有视觉、听觉、触觉等感知能力，但无法像人一样理解世界，只是根据中央处理器的算法来处理数据；三是能创新却不能创造的认知智能，即人工智能虽然具有形象思维和抽象思维，

---

① 唐汉卫：《人工智能时代教育将如何存在》，载《教育研究》，2018(11)。

但它不能"无中生有"，只能在输入相关信息的情况下自动生成一些东西。鉴于此，人工智能对智慧教育的作用就主要体现在计算智能的数据分析与决策、感知智能的人机交互和认知智能的教育角色模仿上。① 同时，目前的人工智能还不具有人的智慧所拥有的自我意识、情感表达与创造能力。作为机器的人工智能既没有自我意识，不知道自己在做什么，也没有自己的价值判断与选择，更不能"无中生有"地创造，一切操作皆是程序运算。而人的智慧不仅表现为拥有自我意识、情感表达，而且其突出特征之一是具有发明、创造的能力。人在自我意识、情感表达的驱动下，凭借想象力，可以天马行空地探索宇宙的奥秘、人的神奇与社会的善治，而且任何人工智能（机器）皆是人智慧的产物。因此，作为机器的人工智能因不具有发明、创造的能力而无法替代人的智慧。由此可知，在人的智慧与人工智能融生的智慧教育中，应将人工智能能做的事交给人工智能，将需要人的智慧的事交给人，充分发挥各自的优势。比如，大数据的收集与统计、各种信息的储存与传输让人工智能来做，而人的智慧则表现为对大数据、各种信息的提取与运用，从而实现人的智慧与人工智能的和谐融生。最后，着重关注人工智能不能做或做不好而人能做或做得好之事，诸如提问、交往与创造。虽然人工智能也会提问，但人工智能不仅对提问无兴趣，而且其提问难有深度。人的智慧则表现在对万事万物具有好奇心，能基于兴趣、好奇心提出一些有价值的开放性问题上。虽然人工智能可以与人沟通交流，但难以替代人与人之间的交往，因为人是一种社会性、文化性存在，人只有成为特定社会文化的载体才能被称为人。对特定社会文化的学习，最为有效的方式就是在人际交往中体验与实践，而人机对话的虚拟环境有可能抑制人的交往能力。尤其重要的是，人工智能已能代替人做许多机械性、常规性的工作，传统的知识授受已越来越多地被人工智能替代，而且人工智能具有通过声情并茂、形象逼真等多元形式呈现知识的优势。人的智慧则表现在情感沟通、创意创造上。因此，在智慧教育的视域里，不仅要着重培育学生的学习情感，让学生切身感受学习的乐趣，而且要注重培养学生的质疑精神，做到以问促学、不问不学，将原先那种"学以致用"的储存学习转变为"用以致学"的创造学习，彰显人的智

---

① 祝智庭、彭红超、雷云鹤：《智能教育：智慧教育的实践路径》，载《开放教育研究》，2018(4)。

慧。从这个意义上说，智慧教育无须再刻意地追求知识传授的精彩，因为人工智能将比教师做得更好；应注重用教师的真情实感濡染学生的真情实感，用教师的创造智慧培育学生的创造智慧。

二、 智慧教育同名异义现象解析

智慧是教育的永恒追求，智慧教育并不是因互联网、人工智能兴起而出现的一个新概念。当下，智慧教育的言说至少存在两种语境：一是教育学视域的智慧教育，二是教育技术学视域的智慧教育。两者虽然在教育价值取向上有融合之势，但在媒介、路径与方式上存在差异。智慧教育的未来发展需要多学科、跨学科的智慧教育研究，多角度澄清转识成智的内在机制，关注学校教育的核心构成要素。

(一)智慧教育的同名异义现象

教育是一种基于知识育人的实践活动。倘若知识与智慧具有一定的契合性，那么教育在传授知识的同时也就培育了学生的智慧。但当知识与智慧分裂时，知识教育就与智慧教育渐行渐远，就会引起一些人的警觉，进而倡导智慧教育。这种因知识与智慧分裂而倡导智慧教育的思想可以简要地概括为教育学视域的智慧教育。

较早认识到知识与智慧的区别并倡导智慧教育的学者主要有怀特海、杜威、钱学森等。怀特海在《自由与纪律的节奏》一文中指出，在古代学校里，哲学家渴望传授智慧，而现代学校只知传授知识。"从古人向往追求神圣的智慧，降低到现代人获得各个科目的书本知识，这标志着在漫长的时间里教育的失败。"①其实，教育有一个比较模糊但更加伟大、具有更重要的意义的目标，古人称之为"智慧"，而智慧则是"掌握知识的方式。它涉及知识的处理，确定有关问题时知识的选择，以及运用知识使我们的直觉经验更有价值"②。杜威在

---

① [英]怀特海：《教育的目的》，徐汝舟译，42 页，北京，生活·读书·新知三联书店，2014。

② [英]怀特海：《教育的目的》．徐汝舟译，42～43 页，北京，生活·读书·新知三联书店，2014。

《确定性的寻求：关于知行关系的研究》中，专用一章探讨了智慧的自然化，认为智慧就是在这个世界中发生作用的一种方法，而当人们"运用的方法能够解决他们所研究的题材中所发生的问题时，便获得了知识"①。这些学者强调智慧优于知识，知识只不过是人的智慧运用的结果，以此反对那种将知识占有视为目的的教育。钱学森直面中国教育创新人才培养的现实问题，提出了"大成智慧学"，认为人的智慧由"量智"和"性智"构成，"量智"主要体现在自然科学中，"性智"则主要体现在人文学科中；一个有智慧的人是广博的知识与高尚的情操的合一；这种"集大成、得智慧"的"大成智慧学"强调科学与哲学、艺术的贯通，逻辑思维与形象思维的融合，宏观认识与微观把握的统一，旨在培育创新人才。②

在倡导素养教育的背景下，人们开始直面知识与智慧的割裂。21世纪初，智慧教育这一概念逐渐浮出水面。在中国知网上搜索智慧教育，查到的较早论述智慧教育的论文是《智慧教育：培养创新人才的关键——广州大学艺术设计系教学模式的启示》。这篇论文将智慧教育视为一种"与知识教育相对应"③的教育模式，但对何谓智慧教育的阐释稍显单薄。靖国平在《从狭义智慧教育到广义智慧教育》中区分了两种形态的智慧教育：一种是基于传统教育学和心理学理论的狭义智慧教育，它从人的理性智慧即人的认知能力的角度去把握人的智慧特征，将教育局限于传授知识、技能以及促进人的智力发展；另一种是基于对完整人性的理解和人的全面发展的认识的广义智慧教育，它从人的主体性及人的智慧的完整性和丰富性出发，强调人的智慧是理性智慧、价值智慧和实践智慧三者的有机统一，这种广义的智慧教育不仅传授知识、促进人的智力发展，而且培育人的良好社会价值取向和社会实践能力。④ 这些论述凸显了智慧教育之智慧特色，另一些论述则侧重智慧教育之教育特征。比如，宋孝忠认为

---

① ［美］杜威：《确定性的寻求：关于知行关系的研究》，傅统先译，170页，上海，上海人民出版社，2004。

② 赵泽宗：《简论钱学森大成智慧教育思想与教育实践——解读"钱学森之问"和"钱学森成长之道"》，载《汉字文化》，2011(3)。

③ 陈志平、汤重熹：《智慧教育：培养创新人才的关键——广州大学艺术设计系教学模式的启示》，载《广州大学学报(综合版)》，2000(2)。

④ 靖国平：《从狭义智慧教育到广义智慧教育》，载《河北师范大学学报(教育科学版)》，2003(3)。

智慧教育是"培养人的智慧，教人学会质疑，张扬个性，走向生活"①的教育。杨九俊认为"伦理性是智慧教育最重要的品质，创造性是智慧教育的重要特点，关注学生的智慧学习是智慧教育的重要内涵"②。蓝劲松、韩亚楠从现象学的视角提出智慧教育"以人和世界、理想和现实的互动为宏观背景框架，以知识、道德和情志为微观基础，以确定地认知、正确地行动、恰当地言语为核心，以人与世界的和谐共生为终极目标"③，并认为智慧教育具有个体性、过程性与综合性。与此同时，一些学校以智慧教育为抓手，将智慧教育理论运用于学校教育实践，并取得了显著效果。比如，宜兴市第二实验小学从辨析智慧的含义出发，基于智慧(有本真之知、仁善之情、完美之行)建设周全的课程门类，探究高效的课程策略，培育优良的课程习惯，实现了教育质量的提升。④

随着大数据、人工智能等信息技术的发展，一种以信息技术为支撑的智慧教育逐渐兴起，此种智慧教育可以概括为教育技术学视域的智慧教育。在教育技术学视域里，智慧教育被视为教育信息化的新境界，这种智慧教育需要以智慧学习环境为技术支撑，以智慧学习为基石，以智慧教学法为催化剂。⑤智慧学习环境依赖于信息技术的支撑，智慧学习或智慧教学法一旦离开信息技术也会寸步难行，例如，智慧学习需要通过信息技术与学习活动的整合让学习者方便地获取资源信息，支持学习者之间或学习者与教师之间的有效交互，同时还需要设计自我指导的学习环境。无独有偶，有学者对智慧教育的界定是："(智慧教育)能利用现代科学技术为学生、教师和家长等提供一系列差异化的支持和按需服务，能全面采集并利用参与者群体的状态数据和教育教学过程数据来促进公平、持续改进绩效并孕育教育的卓越。"⑥一种对智慧教育更加全面的阐释是"融合现代教育理论与大数据分析、人工智能等信息技术的新的教育信息化范式，旨在通过教学、管理、评估、决策等教育全过程涉及的资源、行为、

① 宋孝忠：《走向智慧教育》，载《教育研究与实验》，2005(2)。
② 杨九俊：《智慧教育：教育工作者的自觉追求》，载《江苏教育》，2007(5)。
③ 蓝劲松、韩亚楠：《智慧教育：一个现象学的探究》，载《中国人民大学教育学刊》，2014(1)。
④ 吕建国：《智慧·智慧教育·智慧文化》，载《江苏教育研究》，2015(34)。
⑤ 祝智庭、贺斌：《智慧教育：教育信息化的新境界》，载《电化教育研究》，2012(12)。
⑥ 黄荣怀：《智慧教育的三重境界：从环境、模式到体制》，载《现代远程教育研究》，2014(6)。

情境、管理等教育大数据进行挖掘、分析、融合，建立具有智能导学、精准推荐、精细评价等特点的学习生态系统"①，并提出未来的智慧教育研究应在四个方向上着力——在线智能学习助手、学习者智能评估、网络化群体认知模型、教育大数据的因果关系发现。② 上述智慧教育的定义或多或少有将智慧教育智能化之嫌疑，但不管怎样，智慧教育既然是一种教育形态，就应具有教育的特性，也应眼中有人，最终皆要回答教育应培养什么样的人以及如何培养人的问题。随着智慧教育研究的深入，有学者敏锐地觉察到那种目中无人、缺乏教育特质的智慧教育之缺陷，将智慧教育重新界定为"通过建构技术融合的生态化学习环境，通过培植人机协同的数据智慧、教学智慧与文化智慧，本着'精准、个性、思维、创造'的原则，让教师能够施展高成效的教学方法，让学习者能够获得适宜的个性化服务和良好的发展体验，使其由不能变为可能，由小能变为大能，从而培养具有良好的价值取向、较强的行动能力、较好的思维品质、较深的创造潜能的人才"③。该定义观照了智慧的人所应具有的德性（良好的价值取向）、实践性（较强的行动能力）、智性（较好的思维品格）和创新性（较深的创造潜能）。

可以预见，在当下这个信息化、智能化的时代，教育技术学视域的智慧教育将会受到持续的关注与重视。此种智慧教育研究也呈现出拓展、深化的趋势，其研究主题也日益多样与具体：有对智慧教育体系架构与关键支撑技术的阐述，也有对信息时代智慧教育特征的辨析，还有对智慧教育构成主题（如智慧教室、智慧学习、智慧学习方式、智慧型课程开发等）的阐释，有对国外智慧学校建设的基本特点、实施条件与路径的介绍与分析。④ 在智慧教育体系架构与关键支撑技术上，智慧教育被视为一个系统工程，其总体架构由一个中心、两类环境、三个内容库、四种技术、五类用户、六种业务构成。一个中心

---

① 郑庆华、董博、钱步月等：《智慧教育研究现状与发展趋势》，载《计算机研究与发展》，2019(1)。

② 郑庆华、董博、钱步月等：《智慧教育研究现状与发展趋势》，载《计算机研究与发展》，2019(1)。

③ 祝智庭、彭红超：《智慧学习生态：培育智慧人才的系统方法论》，载《电化教育研究》，2017(4)。

④ 鹿星南、和学新：《国外智慧学校建设的基本特点、实施条件与路径》，载《比较教育研究》，2017(12)。

即智慧教育云中心；两类环境即支持学校教育的智慧校园和支持终身教育的学习型智慧社区；三个内容库即学习资源库、开放课程库和管理信息库；四种技术即物联网、云计算、大数据与泛在网络；五类用户即教师、学生、家长、教育管理者和社会公众；六种业务即智慧教学、智慧学习、智慧管理、智慧科研、智慧评价与智慧服务。[①] 在信息时代智慧教育特征上，有学者认为智慧教育是教育特征与技术特征的融合，其教育特征主要表现为信息技术与学科教学的深度融合、无处不在的开放、按需学习等；其技术特征主要表现为情境感知、无缝衔接、全向交互、智能管控、按需推送与可视化。[②] 在智慧教室的建构方面，有学者主张通过信息技术与课程的深度整合，"将教师主宰课堂的以教师为中心的传统教学结构，改变为既充分发挥教师主导作用，又能突出体现学生主体地位的主导—主体相结合的教学结构"[③]。在智慧学习及智慧学习方式上，有学者认为智慧学习是支持、促进人在信息时代个性、特色、全面、终身、内驱与创新发展的学习，智慧学习的方式主要有新型创新学习、联通式学习、跨界跨学科学习、新型自主学习、国际化学习、泛在学习等。[④] 此种智慧教育运用了教育学的概念框架，给人们描绘出一幅美好的教育蓝图。

(二)智慧教育不同意义的比较

在不同的语境中，同一个概念表达着不同的意义，此种语言运用并不少见，是一种较为普遍的现象。比如，同是教育这一概念，有的人赋予教育以个体发展的意义，有的人却赋予教育以社会发展的价值，等等。因此，对于智慧教育的同名异义现象来说，与其寻求智慧教育的唯一本质，不如现实地比较智慧教育的不同意义，以把握各自的特色，更好地促进智慧教育的发展。当下智慧教育的概念在价值旨趣上虽呈现融合之趋势，但在媒介、路径与方式上却存在差异。

---

① 杨现民、余胜泉：《智慧教育体系架构与关键支撑技术》，载《中国电化教育》，2015(1)。

② 杨现民：《信息时代智慧教育的内涵与特征》，载《中国电化教育》，2014(1)。

③ 何克抗：《智慧教室＋课堂教学结构变革——实现教育信息化宏伟目标的根本途径》，载《教育研究》，2015(11)。

④ 陈琳、王蔚、李冰冰等：《智慧学习内涵及其智慧学习方式》，载《中国电化教育》，2016(12)。

在价值旨趣上，教育学视域的智慧教育与教育技术学视域的智慧教育皆将培育人的智慧作为目标。不过，教育学视域的智慧教育秉承的是哲学意义上的智慧，相当于英语的 wisdom。哲学意义上的智慧是"真理性认识与价值合理性选择的统一"①，是知识、能力与德性的统一。在有些人看来，哲学意义上的智慧有点儿玄妙、空泛，但即使是推崇实证研究的心理学，其对智慧的理解也具有哲学的意涵，如克雷默将智慧解释为"思维、情感与反思的对立与统一，是一种在人际交往中形成、发展的对现实的看法"②。奥尔沃与珀尔马特则将智慧视为"一种多维度的平衡或认知与情感、归属及社会问题的整合，高度发展的人格与认知能力的整合"③。《牛津高级英汉双解词典（第 7 版）》给智慧所下的定义是"利用经验和知识做出明智的决策或善的建议的能力"（the ability to make sensible decisions and give good advice because of the experience and knowledge that you have）。④ 由此可见，哲学意义上的智慧包含多个面向，是人的认知、情感与意志的综合体现。

教育技术学视域的智慧教育是智慧地球这一概念在教育领域的推演。《牛津高级英汉双解词典（第 7 版）》对 smart 的解释是"计算机控制的看起来具有某种智能的设备或装置"（controlled by a computer，so that it appears to act in an intelligent way）。教育技术学视域的智慧教育在于教育环境的智能性和相关信息的丰富性，是对教育环境的一种外在描述。从本原上看，教育技术学视域的智慧教育的实质是通过物联网、大数据等信息技术构造智能化教育环境和平台，以促进优质教育资源的共享和教育过程的优化，最终达成促进学生学习方式的变迁和创新、技术促进教育变革的目的。⑤ 如此看来，教育技术学视域的智慧教育实际上有"智"而无"慧"。我国学者对教育技术学视域的智慧教育进行

---

① 肖群忠：《智慧、道德与哲学》，载《北京大学学报（哲学社会科学版）》，2012（1）。

② Kramer D. A.，"Conceptualizing Wisdom：The Primacy of Affect-Cognition Relations，"In Sternberg R. J.，*Wisdom：Its Nature，Origins，and Development*，New York，Cambridge University Press，1990，pp. 279-310.

③ Orwoll L.，Perlmutter M.，"The Study of Wise Person：Integrating a Personality Perspective，"In Sternberg R. J.，*Wisdom：Its Nature，Origins，and Development*，New York，Cambridge University Press，1990，pp. 279-310.

④ ［英］霍恩比：《牛津高级英汉双解词典》（第 7 版），2309 页，北京，商务印书馆，2009。

⑤ 安涛、李艺：《智慧教育的"器"与"道"》，载《湖南师范大学教育科学学报》，2016（3）。

了拓展，将智慧教育解释为"技术支持的智慧教育"。^① 这样，教育技术学视域的智慧教育就与教育学视域的智慧教育有了价值取向上的融合，两者皆将智慧教育的价值旨趣指向人的智慧的培育。

在智慧教育的媒介和路径上，教育学视域的智慧教育聚焦于知识，基于知识不等同于智慧、智慧是知识的提升的观念，直面当下知识教育存在的弊端，如碎片化、浅表化与专制化，寻找转识成智的路径。在知识与智慧的关系上，有学者分析了其演化的历史，认为知识与智慧在人类教育活动中主要经历了朴素同一、分化对立、统合转化三个历史阶段。在古代教育中，所学的知识大多是有关人性和事理的知识，因此知识与智慧表现为浑然一体与朴素同一。在近现代，由于人主体意识的觉醒以及主体与客体的分离，教育片面强调知识就是对客观世界的表征，弘扬知识就是力量，古代教育的哲学知识之基础就转变为近现代教育的科学知识之基础，哲学与科学逐渐分裂与对立，进而使知识与智慧呈现出分化与对立的关系。这种知识与智慧的分化对立具体表现为工具理性的张扬与价值理性的式微。到了当代，人们逐渐认识到智慧优于知识，需要将知识转化为智慧，转识成智成为当代教育的一种价值取向。^② 有学者进一步追问转识成智之何以及如何可能，并基于杜威的实用知识观给予了回答，认为转识成智之所以可能，就是因为知识的智慧化理解，即从智慧的角度来看待、认识知识，贯通个人知识与公共知识是转识成智的现实路径。^③

教育技术学视域的智慧教育则崇尚技术的力量，试图运用现代信息技术重构教育。在教育技术学视域里，智慧教育主要由相互融通的学习环境、灵活多元的学习方式与富有弹性的组织管理三个部分构成。在学习环境上，智慧教育将现代教育视为"教育工厂"，需要通过信息技术将其改造为"学习村落"。在"学习村落"里，每个学习者都有学习的主动权，人工智能可以帮助他们找到志同道合的伙伴和合适的导师，推送适配的学习资源，提供精准的学习支持，从而开展积极主动的个性化学习。在学习方式上，智慧教育认为以知识为中心的

---

① 祝智庭、贺斌：《智慧教育：教育信息化的新境界》，载《电化教育研究》，2012(12)。

② 靖国平：《知识与智慧：教育价值的演化》，载《教育理论与实践》，2010(1)。

③ 李润洲：《转识成智：何以及如何可能——基于杜威实用知识观的回答》，载《国家教育行政学院学报》，2017(2)。

学习方式已无法满足时代发展的需要，学习呈现越来越多的实践性、情境性和个性化特征，需要将通行的"学以致用"转变为"用以致学"，开展深度学习、跨学科学习和无边界学习。在组织管理上，智慧教育认为要破除效率至上的评价导向，充分激发学校的办学活力，建构全社会参与的教育生态，变科层机构为弹性组织。① 如此看来，凭借互联网、大数据和人工智能等现代信息技术，智慧教育给人们勾勒出了一幅美丽的图画。

在智慧教育的方式上，教育学视域的智慧教育倚重教育智慧，认为智慧教育是教育智慧促成的，智慧教育与教育智慧犹如一对孪生姐妹，难以分离。如果说教育学视域的智慧教育具有伦理性、创新性与实践性，那么这三种特性皆需教育智慧来呈现。因此，在教育学的视域里，智慧教育的教育方式主要是教育智慧的运用，并衍生出许多有关教育智慧的研究成果，关注师生在教育中适切的言行。比如，有学者将教育智慧阐释为教师的言行与教学内容、学生特点、教学情境的匹配程度，表现为教师在特定时空中说了适切的话、做了合适的事。② 用叶澜先生的话来说，拥有教育智慧的教师"具有敏锐感受、准确判断生成和变动过程中可能出现的新情况和新问题的能力；具有把握教育时机、转化教育矛盾和冲突的机智；具有根据对象实际和面临的情境及时作出决策和选择、调节教育行动的魄力；具有使学生投入学校生活、热爱学习和创造、愿意与他人进行心灵对话的魅力"③。也就是说，在教育学的视域里，智慧教育主要倚重的是教育智慧，而不是教育技术。

在教育技术学的视域里，智慧教育仰仗的是教育技术，并确信只要运用了教育技术就能培育学生的智慧。即使在师生互动生成的课堂教学中，此种智慧教育也侧重于通过教育技术的运用或更新来培育学生的智慧。比如，有学者把从翻转课堂转向智慧课堂及智慧学习空间视为智慧教育的新发展，指出翻转课堂存在学生只能记住视频微课的 20％的"效果天花板"，以及认知仅停留在记忆、理解与应用初级水平的"认知天花板"。但他们把翻转课堂"效果天花板"与"认知天花板"的根源归为教育技术运用的缺陷，而未能认识到教育技术自身的

① 曹培杰：《智慧教育：人工智能时代的教育变革》，载《教育研究》，2018(8)。
② 李润洲：《教育智慧的四重境界》，载《上海教育科研》，2013(5)。
③ 叶澜：《新世纪教师专业素养初探》，载《教育研究与实验》，1998(1)。

局限。因此，他们针对翻转课堂的"效果天花板"提出的解决之策是提升学习资源质量、制作互动数字课本；对翻转课堂"的认知天花板"的解决之策是优化教法生态、循证评估、精准教学、开展创造驱动学习与创建智慧学习生态等，并寄希望于智慧学习空间的设计，而智慧学习空间的设计则基于大数据平台建构开放服务模式，基于大数据进行学习分析与评估，基于线上到线下（O2O）架构搭建无缝学习环境。①

(三)智慧教育研究的展望

在互联网时代，知识爆炸与智慧稀缺形成了鲜明对比。从目的上说，智慧教育无非是办有智慧的教育与培育有智慧的人，其意义是不言而喻的。鉴于智慧教育研究的现状，其未来发展需要倡导多学科、跨学科的研究，多角度解释转识成智的内在机制，关注学校教育的核心要素。

首先，倡导多学科、跨学科的智慧教育研究。智慧教育牵涉对何谓智慧、何谓教育的理解，而无论是智慧还是教育，都需要多学科、跨学科的研究。历时地看，智慧是哲学的追求。哲学作为爱智慧之学，就是通过追求智慧来启迪、培育人的智慧的学问。不过，哲学视域的智慧更多关注对宇宙、人生根本原理的认识，是关于性与天道的理论，常常显得高远与玄奥，需要进行教育学的转化。在教育学视域的智慧教育研究中，我们会不时地感受到哲学智慧的影响，研究的逻辑大多沿着哲学对知识与智慧的区别与联系。即使是教育技术学视域的智慧教育研究，也难免要吸收、借鉴哲学的智慧。比如，祝智庭在诠释智慧教育时就引用了冯契在《智慧说》中的观点："智，法用也；慧，明道也。天下智者莫出法用，天下慧根尽在道中。智者明法，慧者通道。道生法，慧生智。慧足千百智，道足万法生。智慧，道法也。"②不过，每个学科都有一套特定的话语体系，有其特定的研究对象和问题，因此，关于智慧教育的研究常常使用了同一个概念却赋予了其不同的含义，正如前文所言，教育学视域的智慧教育与教育技术学视域的智慧教育在教育的媒介、路径与方式上有差异。在运

---

① 祝智庭：《智慧教育新发展：从翻转课堂到智慧课堂及智慧学习空间》，载《开放教育研究》，2016(1)。

② 祝智庭：《智慧教育新发展：从翻转课堂到智慧课堂及智慧学习空间》，载《开放教育研究》，2016(1)。

用不同的学科知识研究智慧教育时，难免既有所见又有所不见。如果说教育学视域的智慧教育研究揭示了知识与智慧的区别与联系，并立足于知识与智慧的区别与联系关注教育智慧的培育与生成，那么教育技术学视域的智慧教育研究则揭示了教育技术在智慧教育中的重要作用与意义。不过，教育学视域的智慧教育研究存在过于仰仗教育智慧而缺乏对教育技术的关照的问题；而教育技术学的智慧教育研究恰恰相反，过于倚重教育技术的作用，而弱化了教育的基本原理在智慧教育研究中的意义。

实际上，智慧是人的智慧着眼，教育也是人的教育，所以智慧教育研究难以脱离对人的思考与洞察。从这个意义上说，教育哲学参与智慧教育研究就显得十分必要。从教育哲学的视域来看，智慧教育研究先要回答培养什么样的人的问题，或者说，探究智慧教育需确立一种怎样的人的形象。因为教育的复杂与奥妙皆在于人的复杂与奥妙，教育的问题归根到底是人的问题。从教育哲学来看，当下，智慧教育亟须确立一种具体、生成与完整的人之形象。工业教育之所以对不同的人实施统一内容、统一进度与评价的教育，是因为其隐含的前提之一就是将人视为一种抽象、预定的存在。智慧教育要创建一种个性化、创新性与全面发展的教育，则需要确立一种具体、生成与完整的人之形象。同时，建构智慧课堂、开发智慧课程需要借鉴、运用教学论、课程论的观点，如果不能深刻洞悉课堂教学是一种师生精神交往的活动，就难免犯唯技术主义的错误，将课堂教学视为一种信息传播的技术活动；同样的道理，建构智慧课程如果遗忘了课程是"伟大事物"的聚焦，其蕴含着人的精神力量与追求，那么智慧课程的开发就缺少了灵魂。因此，倡导与践行多学科、跨学科的智慧教育研究是未来智慧教育研究的必然趋势。

其次，多角度解释转识成智的内在机制。培育人的智慧是智慧教育的价值追求，但培育人的智慧并不意味着拒斥或轻视知识。恰恰相反，倘若离开了知识的学习，那么智慧的培育就无异于水中捞月、镜中看花。因为知识作为智慧的结晶，本是智慧生成的源泉。或者说，智慧教育可以将培育人的智慧确立为目的而摆脱知识的控制，但在内容上必须依赖知识的教与学。不论现代信息技术为学生提供了多么丰富、多样的学习资源，这些丰富、多样的学习资源都需要进行转化，并不会自动地变成学生的智慧。知识之所以能转化为学生的智慧，是因为知识本身就蕴含着智慧。倘若知识本身没有智慧，那么将知识转化为人的智慧就是不可想象的。人们诟病知识的原因之一就是仅仅看到了浅表层的知识内容，而忽略了知识内容背后蕴含的方法、思想、思维及价值旨趣。从一定意义上说，由于知识背后蕴含的方法、思想、思维及价值旨趣更具有可迁移性，其智慧含量就更高，而人的智慧恰恰在于通过对知识内容的学习来获得知识内容背后蕴含的方法、思想、思维及价值旨趣，并通过运用知识背后蕴含的方法、思想、思维及价值旨趣创造性地解决各种问题。比如，中西文化之所以从内容与形式上看千差万别，是因为其价值旨趣有差异：一个是"法自然"（即效法、顺应自然），在天人合一的观照下孕育了取象比类的体悟思维；另一个是"自然法"（即探究、遵循自然的法则），在主客分离下生成了抽象分析的理性思维。从这个意义上说，智慧教育要想培育人的智慧，其关键在于如何转识成智，洞察知识内容背后蕴含的方法、思想、思维及价值旨趣，而不是想当然地拒斥或轻视知识。

在哲学上，冯契先生基于广义的认识论将知识与智慧看作统一的认识过程的两个方面，将知识与智慧从对立转化为统一，认为知识蕴含着智慧，而智慧则是知识的升华，并用唯物主义改造了佛教唯识学提出的转识成智，将转识成智解释为"化理论为方法""化理论为德性"[1]。但对于教育而言，转识成智不仅关联对知识、智慧的理解，而且牵涉具体的转化过程，仍需要通过对教育实践的审视来具体地解答转识成智何以及如何可能。有学者通过辨析知识、智慧与能力的关系，建构了一个知识、智慧与能力动态循环的转化图式，即人通过学习可以将知识上升为智慧，智慧可以外化为人学习、生活的能力，而能力又能促进人的知识学习，并据此提出了智能时代慕课转识成智的路径，如以人为本的技术应用、异构承载的主题内容与促发深思的教学方法等。[2] 不过，教育实践是复杂多样的，对转识成智何以及如何可能的回答显然不止从一个视角出发，也不止一个答案。倘若转识成智是智慧教育能否顺利实施的关键，那么我们就需要多角度解释转识成智的内在机制，从而为智慧教育的建构提供坚实的理论基础。

---

① 冯契：《智慧的探索——〈智慧说三篇〉导论》，载《学术月刊》，1995(6)。

② 马骁、胡凡刚：《从知识汲取到"转识成智"：智能化时代慕课（MOOCs）的价值走向》，载《远程教育杂志》，2018(6)。

最后，关注学校教育的核心要素。智慧教育研究显然不是仅仅从理论上建构一种新型的教育形态，而是要引领、变革教育实践。教育研究的实践关怀要求智慧教育研究关注学校教育的核心要素，并通过学校教育的核心要素的变革实现教育的智慧转型。如果说教育的核心要素主要是知识、教师与学生，那么智慧教育的未来发展则需聚焦于学校课程建设、智慧课堂与教师专业发展等问题。或者说，智慧教育的深入研究必然要涉及学校课程建设、智慧课堂创生与智慧型教师发展等问题。目前，在学校核心要素方面，智慧教育研究已取得一些研究成果。有学者明确提出智慧教育呼唤智慧教师，并从教育技术学的视角阐释了在智慧教育中教师要"扮演四种角色：思维教学设计师、创客教育教练员、学习数据分析师以及学习冰山潜航员"[①]。不过，对于智慧型教师到底如何成长、如何促进智慧型教师的成长等问题，我们仍需要从不同的视角进行阐释。可以说，即使关注的是同一个主题，当审视智慧教育的视角不同时，其呈现的样态也存在显著的差异。比如，从教育学的视角来看智慧课程的建设，智慧课程就是对课程体系的优势融合和文化注入，是对教师成长的学术引领和行动提升，是对学生发展的整体成全和个性成就。智慧课程的建设要重构课程体系，体现整体成人智慧；要优化课程实施，体现生命尊重智慧；要改变课程评价，体现多元激励智慧等。[②] 而在教育技术学视域里，智慧课程是旨在培养学习者的高级思维能力和适应时代的创新创造能力，使学生更富有智慧地学习，使教师更富有智慧地教育教学的课程。其设计与实施要按照"互联网＋"时代对教育的创新要求，正确把握课程目标、时代定位及教育模式创新，以"知行创统一"为指导思想，实施融创式智慧教学。[③]

当然，智慧教育研究关注学校教育的核心要素并不意味着忽视学校教育的其他要素，而是将学校教育的核心要素作为智慧教育研究的切入点，最终实现以点带面地变革学校教育的目的。实际上，学校教育作为一个相对独立的整体，往往具有牵一发而动全身的效果。研究智慧课堂除了必然涉及教师、学生

---

① 祝智庭、魏非：《面向智慧教育的教师发展创新路径》，载《中国教育学刊》，2017(9)。

② 潘国伟、谈爱清：《智慧课程：学校课程重建的价值思考与实践探索》，载《江苏教育研究》，2017(1)。

③ 陈琳、陈耀华、李康康等：《智慧教育核心的智慧型课程开发》，载《现代远程教育研究》，2016(1)。

及师生互动，其实也牵涉教育的价值理念、知识内容和教育技术等因素。从这个意义上说，智慧教育研究关注学校教育的核心要素的意义至少有两个方面。一是让智慧教育研究的主题相对集中，起到纲举目张之作用。学校教育作为一个相对独立的系统，自然包含众多要素，面对这些构成要素，人们需要学会分清主次与轻重。只要将学校教育的核心要素搞清楚了，其他非核心要素就会迎刃而解。二是让智慧教育研究深入学校教育实践，实现智慧教育的理论研究与实践推进的良性循环。学校教育的发展既不是某种理论的照搬与复制，也不是某种自发、盲目的行动。对学校教育进行智慧型变革是一种理论创新与实践探究统一的过程。教育智慧研究不仅要在理论上把道理讲清楚，而且要解决学校教育面临的现实问题。只有如此，智慧教育研究才能保持蓬勃旺盛的生命活力。

三、 研究方法与内容

智慧教育是一个热词，何谓智慧教育、智慧教育应持有何种人学观、智慧教育转识成智的机制是什么以及如何实施智慧教育等问题是本书所述的研究拟回答的问题。

针对这些问题，研究主要运用了观察、访谈、案例、行动研究与理论思辨等方法；走进中小学，通过观察、访谈了解智慧教育的实践形态；收集典型案例，将典型案例作为分析、论证智慧教育的根据。笔者先后到杭州第十一中学、建德市寿昌中学、宁波市北仑区芦渎中学、浙江师范大学附属中学等学校调研，基于观察、访谈对智慧教育的实施进行田野研究。比如，在探究智慧教育视域的学校课程建设时，笔者通过与校领导、教师、学生座谈，查阅学校已建设成型或实施的课程，收集了大量的案例；通过对这些案例的分析，从教育学、教学论与课程论的视角探讨了学校如何建设自己的智慧课程这一问题。与此类似，在智慧课堂的创生、智慧型教师的成长方面，笔者也采用了相同的研究方法，即运用观察、访谈与案例研究，探究、阐述智慧课堂如何创生、智慧型教师如何成长，并且阐述、论证了自己的观点。例如，在《普通高中课程建设的教育学设想》中，笔者主张"定义自己的教育，让学校课程建设植入灵魂；建构自己的课程，让学校课程建设拥有特色；创新自己的教学，让学校课程建设落地生根；优化自己的评价，让学校课程建设开花结果"①。在《学校课程建设的教学论解读》中，笔者认为"从教学论的视角来看，学校课程建设的逻辑支点是：廓清课程愿景，明确教与学的意义；优化课程结构，呈现教与学的框架；创新课程实践，提升教与学的品质"②。在《学校课程建设的课程论阐释》中，笔者提出"从课程论来看，课程开发的目标模式规范着校本课程的开发；课程开发的实践模式指引着本校课程的创生；课程开发的过程模式则引领着教师课程的建构"③。在智慧课堂的创生方面，从教师之教的维度来看，智慧课堂的创生应"灌注问题，展示求解；参悟知识，跃迁教学；温故知新，以身传道"④。从学生之学来看，智慧课堂的创生应"培育问题意识，开启智慧之门；有主见地自学，在学习中获得智慧；直面不确定性，在行动中生成智慧"⑤。从知识二重性来看，智慧课堂的创生应"确立完整知识观，奠智慧课堂创生之基；洞悉人知互生律，遵智慧课堂创生之理；培育批判性思维，彰智慧课堂创生之目"⑥。在智慧型教师的成长方面，从教育学的视角来看，智慧型教师的成长应"具有'教育学意向''问思行创新''有自己的教育主张'"⑦。从教学论来看，智慧型教师的成长应"知识转化，生智慧型教师之才智；心有学生，育智慧型教师之良善；教学表现，显智慧型教师之智慧"⑧。从课程论来看，智慧型教师的成长应"建构教师课程，展智慧型教师之智能；生成学生课程，显智慧型教师之德性；践行课程共生，成智慧型教师之智慧"⑨。笔者还按照"问题—反思—改进"的螺旋式循环，分专题进行了行动研究，即针对当下智慧课堂教学所存在的问题，在上述观点的指导下进行课堂重构，接受教育实践的检验；再发现问题，进行反思与改进，从而让教师能够智慧地教，早日成为智慧型教师。在行动研究中，作为研究者的教师日益体会到要想成为智慧型教师，

① 李润洲：《普通高中课程建设的教育学设想》，载《中国教育学刊》，2015(1)。
② 李润洲：《学校课程建设的教学论解读》，载《基础教育》，2016(3)。
③ 李润洲：《学校课程建设的课程论阐释》，载《基础教育》，2019(4)。
④ 李润洲：《转识成智的教师之教》，载《江苏教育研究》，2015(25)。
⑤ 李润洲：《转识成智的大学生之维》，载《浙江师范大学学报(社会科学版)》，2014(3)。
⑥ 李润洲：《智慧课堂创生的知识二重性考察》，载《基础教育》，2017(1)。
⑦ 李润洲：《智慧型教师的动态审视》，载《中国教育学刊》，2014(6)。
⑧ 李润洲：《智慧型教师成长的教学审视》，载《当代教育科学》，2017(6)。
⑨ 李润洲：《智慧型教师成长的课程论解读》，载《当代教育科学》，2018(2)。

就要有研究意识，增强理论自觉，拥有实践智慧。展开来说，教师的研究意识是指教师将自己的教育教学作为研究对象，在问题的牵引下采用各种合适的方法，在解决教育教学问题中创生独特的个人知识意向。它至少包含三个相互联系、逐渐递升的要素：对自身教育教学问题的创新解答，以行动研究为主的综合方法，以及致力于教育教学完善的成果呈现。教师的理论自觉是指教师对教育实践的理性认识，并在理性认识的指导下开展自己的教育实践。教师的实践智慧既是教师基于"为学生好"的意向而形成的德性智慧，也是教师基于经验又超越经验的理性智慧，还是教师不断自我超越的创新智慧。[①]

任何对实践问题的分析皆需要建立在一定的理论基础上。为了回答智慧教育的内涵、智慧教育视域的人及其教育意蕴、智慧教育转识成智的内在机制的问题，则需要运用理论思辨的方法，建构由智慧教育是什么、智慧教育转识成智的机制为何、如何建构智慧教育这三个问题及其回答构成的智慧教育理论。在智慧教育的内涵上，笔者认为"从目的来看，智慧教育是培育人的智慧的教育；从过程来看，智慧教育是转识成智的教育；从方式来看，智慧教育是人的智慧与人工智能融生的教育"[②]。在智慧教育视域的人及其教育意蕴上，笔者主张智慧教育视域的人是具体的而不是抽象的，是生成的而不是既定的，是完整的而不是割裂的。笔者分别阐释了具体的、生成的、完整的人给教育提出的期待。展开来说，从具体的人来看，"教育应敬畏人的'种生命'，省思身体教育；提升人的'类生命'，坚守教育理想；增值人的'个生命'，完善教育生活"[③]。从生成的人来看，教育需要确立培育自觉生命的教育目的观、在人性张力中引导的教育过程观和学会学习的教育效果观。从完整的人来看，教育则需要重构身体观念，践行具身学习；彰显意情功能，实践理解教学；整合课程知识，进行全人教育。在智慧教育转识成智的探讨上，从杜威实用知识观来看，"知识的智慧化理解是转识成智的前提，那种仅仅将知识视为对客观事物镜式反映的知识观则阻碍知识的智慧转化；而贯通个人知识与公共知识是转识成智的路径。在转识成智中，教师对所教知识与学生的全面理解、深刻洞察是

---

①　李润洲：《教师实践智慧的阻隔与培育》，载《当代教育科学》，2020(7)。

②　李润洲：《智慧教育的三维阐释》，载《中国教育学刊》，2020(10)。

③　李润洲：《"具体人"及其教育意蕴》，载《清华大学教育研究》，2013(1)。

贯通个人知识与公共知识的关键"①。从怀特海智慧教育观来看，活化知识是转识成智的前提，而建构智慧教育则是转识成智的路径；在转识成智中，教育要将培育人的智慧放到首位，而不是将知识置于中心；洞察人心智成长的规律，统整各课程知识；立足于人五彩缤纷的生活，对知识进行充满想象力的探索。②从冯契的智慧说来看，知识向智慧的飞跃是转识成智的前提，而理性的直觉、辩证的综合与德性的自证则是转识成智的路径。因此，建构智慧教育、实现转识成智则应增强理性直觉的培育意识，展示辩证综合的认识过程，涵养德性自证的自由人格。③

---

① 李润洲：《转识成智：何以及如何可能——基于杜威实用知识观的回答》，载《国家教育行政学院学报》，2017(2)。

② 李润洲：《转识成智：何以及如何可能——基于怀特海智慧教育观的回答》，载《浙江师范大学学报(社会科学版)》，2020(2)。

③ 李润洲：《转识成智：何以及如何可能——基于冯契智慧说的回答》，载《山西大学学报(哲学社会科学版)》，2019(6)。

第一章　智慧教育视域的人及其教育意蕴 ————

智慧教育培育的自然是人的智慧，培育人的智慧则需要确立一种正确的人学观。人学观一旦发生了变化，就会给教育提出新的期待与要求。在智慧教育视域里，人应是具体的而不是抽象的，是生成的而不是既定的，是完整的而不是割裂的。这种具体的、生成的、完整的人的培育需要重构教育。那么，具体的人、生成的人和完整的人分别意味着什么？对教育提出了哪些新的要求与期待？

一、　具体的人及其教育意蕴

教育是一个属人的世界，而且是一个由现实的、具体的人构成的世界。在人性论上，"教育应实现从抽象的人向具体的人的转变"这一观点已是许多学者的共识。但问题是：具体的人是什么样的？从具体的人出发，教育会呈现出一幅怎样的图景？

(一)具体的人的意涵

"人是什么"是每个人都需要明白却难以回答的问题。在历史上，不知多少思想家试图破解这一难题，并给出了自己的答案，如道德人、理性人、文化人、政治人、社会人等。然而，这些回答在揭示人的某一方面特性的同时也遮蔽了人的其他特性，已有的答案顾此失彼、捉襟见肘，也宣告了抽象的人性论的终结。那么，面对具体的人，我们该如何勾画、描述人的形象？实际上，具体的人具有三重生命，从具体的人的三重生命出发，我们或许能更全面地把握、洞悉人的真实存在。

高清海先生曾提出："人具有双重生命：种生命和类生命。种生命为人和动物所共有，类生命则为人所独有。只有从人的双重生命观出发，我们才能真正把握人的本性，理解人之为人，人区别于他物，特别是区别于动物的那种特殊的本质和奥秘。"①也就是说，从人与物的区别来看，人具有种生命——人是一种被给予的自然生命；从人与动物区别来看，人具有类生命——人又是一种自我创生的自为生命。人的种生命和类生命的双重生命观虽然丰富了对人的已有认识，但这种双重生命观只是把人与物、动物区别开来，让人能超拔于物、动物世界而进入人的世界，它比那种把人视为物和动物的人性观更深刻、全面。但在现实生活中，人与人之间的区别何在？或者说，具体人到底是什么样的？这种双重生命观并没有给予进一步的阐释，仍停留在对人的一般性的解读上。实际上，人不仅具有种生命和类生命，而且具有个生命。这种个生命是人作为个体存在所具有的特性，标志着人作为个体与他人之间的差异，体现着个体特殊的价值取向、思维习惯和行为方式。深层追问，人与人之间的不同就表现为人的生存境域和生活样式的差异，正如马克思所言："个人怎样表现自己的生活，他们自己就是怎样。"②个体的生存境域和生活样式主要取决于个体所建构、形成的各种社会关系，因此，现实中的具体人并"不是单个人所固有的抽象物，在其现实性上是一切社会关系的总和"③。从这种意义上说，人的个生命也就表现为人的社会生命。

综上所述，具体人具有三重生命——种生命、类生命与个生命。种生命表明人是一种生命性存在，把人与物区别开来；类生命标识人是一种精神性存在，把人与动物区别开来；个生命则意味着人是一种社会性存在，把人与人区别开来。因此，用三重生命观审视、透析人的存在，比那种单一或双重的生命观能更全面地洞察、把握人的真实样态。

(二)具体的人三重生命的关联

如果说具体的人不仅具有种生命与类生命，而且具有个生命的话，那么具体的人所具有的这三重生命是如何交织、耦合而生成人的呢？

从人类思想史来看，对人的认识大致有三种致思路径。一是彰显人与动物的区别，突出人的地位。无论是"人是理性的动物"，还是"人是道德的动物"，

---

① 高清海：《"人"的双重生命观：种生命与类生命》，载《江海学刊》，2001(1)。
② 《马克思恩格斯选集》(第一卷)，67~68 页，北京，人民出版社，1995。
③ 《马克思恩格斯选集》(第一卷)，4 页，北京，人民出版社，1995。

抑或是"人是文化的动物",都试图把人从动物世界里超拔出来而进入人的世界,弘扬人的独特性,关注人的类生命。在不同思想家的观点中,人的类生命虽具有不同的内涵,但都强调了人与动物的区别,表达了"人为贵"的思想。二是突出人的物性,即以"物种"思维将人完全归结为自然性或动物性,确切地说,就是把人性看作非生命的机械物性或天生的、本能的动物性,比如,"食色,性也";再如,人是一种"自然物体",犹如钟表那样,心脏像发条,神经像游丝,关节像齿轮。尤其到了近代,随着自然科学的发展,物化的致思路径盛行,被用来对抗那种形而上的人性思考。这种物化的人性论反映在各学科上,就是各学科的知识建构通常以某一人性假设为根据来演绎、论证自己的言说,如经济学的"理性人""唯利人",政治学的"权利人""政治人",生物学的"生理人"和行为主义心理学的"刺激—反应"人,等等。虽然这里的"理性人""政治人"等也凸显了人与动物的区别,但为了构筑确定性的知识大厦,"理性人"与"政治人"等不是被看作人的先天特性,就是把预设视为定论,从而使人的类生命特性(自由、理性、合群等)物化、固化,强调人的被给予性或受动性。三是凸显人的心性或精神性,此种致思路径同样彰显了人与动物的不同,但其更强调人的主观精神因素,如心灵、意识、情感、意志等,以反抗、消解对人的物化倾向,但这种致思在凸显人的个生命的同时,却因为没有找到人的个生命赖以生成的坚实根基而滑向了唯心主义。应该说,对人的认识的三种致思路径(人、物、心)都各有所得,也各有所失。那么,到底如何全面地洞悉、把握具体的人的三重生命?

实际上,对人的认识的三种致思路径的偏误不仅在于各执一端,而且在于没有认识到具体的人是三重生命的交集、叠加与耦合。准确地说,具体的人具有三重生命,但三重生命在个体身上所呈现的程度各不相同,从而使个体经历了崇高或卑贱、杰出或平庸、幸福或悲惨的人生剧,造就了一个个具体生命。一般而言,倘若某个具体之人仅停留在种生命层面,仅满足于人的类动物性需求(如吃、喝等),那么他就未脱离人的动物状态,现实中的那些低级趣味之人大致如此。因为人的类生命是人之为人的根据,其特征无论是自由、理性还是文化、德性,都是人之为人的人性,都是人超拔于动物的缘由。人成为人的过程就是不断保存、提升自己的类生命,而具体人的类生命越是突出、鲜明,就越会感到人的尊严。不过,人的类生命的彰显既需要依托种生命,也需要通过种生命来体现，因此，那种为了凸显人的类生命而一味地贬损、拒斥人的种生命的做法不仅是片面的，而且是不现实的。人的个生命不仅融合了人的种生命和类生命，而且通过社会角色的扮演使人的种生命和类生命得以现实化、具体化。也就是说，在具体的人身上，人的种生命、类生命和个生命是你中有我、我中有你，相互交会、互为表里的，而具体之人的自由、全面发展就是人之三重生命的各美其美、美美与共。

(三)具体的人的教育意蕴

教育是使人成为人的过程，也可以说是使人的种生命转变为类生命和个生命的过程，因此，教育需要正确地看待、理解人的种生命、类生命和个生命及它们之间的关系，并用三重生命观进行重新筹划与谋略。

1. 敬畏人的种生命，省思身体教育

具体的人首先是一个种生命的存在，也就是一个身体的存在。如何认识、看待人的种生命或身体则直接关系到教育的存在样态。人的种生命是长期进化的结果，且人的生理结构的未完成性、未定型化给人的发展提供了无限的可能性。面对人的种生命，是简单地把其视为给定的自然存在或需要改造的对象，还是把其看作蕴含多种可能的生命或值得敬畏的精灵，不同的认识会形塑不同的教育。在一定意义上，为了提升人的类生命，无论是儒家的"修身"，还是柏拉图的"心灵转向"，都有打压、漠视人的种生命或身体之嫌疑。在儒家那里，虽然"修身"是"治国""平天下"的前提条件，但"修身"说到底无非是"礼"对感性欲望的修剪，或是礼法对人性的"化性起伪"。在"修身"中，人们要经过"苦其心志，劳其筋骨"的历练，最终形成一种悬梁刺股的"苦学"文化。在"心灵转向"中，柏拉图把人的种生命与类生命（肉体、欲望与灵魂、理性）设想成一种二元对立的关系，从而使身体与欲望、冲动、偏见乃至邪恶勾连起来。随着笛卡尔"我思故我在"的流行，人的种生命就消失在人的视野之外，最终使人的类生命（如自由、理性、德行与文化）的提升成了没有种生命提供基础和支持的空中飞舞。于是，教育中人的身体就成了被控制、被监视的对象，无论是师生的服饰、发型，还是其一举一动、一言一行，都受到严格的规训和管制。

自尼采从身体的视角重新审视一切，将历史、艺术和理性都看作人身体取

舍的动态产物以来，通过身体来思考就挖掘出了人的种生命或身体的丰富内涵。在福柯、布迪厄、德勒兹和梅洛-庞蒂等思想家的践行和引领下，人们日益认识到人的种生命或身体并非"惟生物性的肉体，本身就蕴含了身与心、感性与灵性、自然与价值，及生理、意识和无意识，且在时空中动态生成、展现的生命整体"①。此时，"身体成为享用性的在世者，不再是在世的负担，而是唯一值得赞美的在者"②。虽然身体哲学有用身体消解心灵的矫枉过正之嫌，但人的身体也确有认知之功能，身体思维和涉身理性的揭示与论证都表明人的身体绝不是一种简单的肉体存在，也是人的认知、思维与技能形成的基础。实际上，教育不仅是一种认知活动，而且是一种身体化实践。可以说，在教育中，师生无时无刻不在呈现着身体，身体也在以各种形式（如身体语言、身体图式）诉说、表达着自身的存在。即使是身心二元论的始作俑者柏拉图，其在虚构的"洞穴隐喻"中为了达成人的"心灵转向"，也不得不求助于人的身体的松绑。试想，假如人的身体不能挣脱锁链的捆绑，人就不可能走出"洞穴"，并最终实现"心灵转向"。因此，从作为种生命、类生命与个生命统一体的具体的人来看，人的种生命恰恰蕴含了人之为人的潜在因素，或者人的种生命携带着人之为人的学问、德行与虔信的"种子"。正如法国哲学家梅洛-庞蒂所说，人体是意识自我投射的实际环境，是在世界之中的存在，是我们的精神具体地把握世界的身心统一体；人体不是单纯的物，它是一种"人体—主体"，是感受、体验、经验、语境、心境向世界敞开的载体，人的感觉和知觉是人向世界开放的第一个器官，也是世界进入人的第一道关口。③ 如此看来，教育没有理由不敬畏人的种生命，正是人的种生命使人成为可教的动物，而敬畏人的种生命就得省思以往的身体教育，并从解放人的身体（如手、脚与眼睛等）来达成人的精神解放。

2. 提升人的类生命，坚守教育理想

教育是人自身再生产的事业，这里的人所指的不是人的种生命，而是人的

---

① 周与沉：《身体：思想与修行——以中国经典为中心的跨文化观照》，2页，北京，中国社会科学出版社，2005。

② 刘小枫：《现代性社会理论绪论——现代化与现代中国》，323页，上海，上海三联书店，1998。

③ 王岳川：《梅洛-庞蒂的现象学与社会理论研究》，载《求是学刊》，2001(6)。

类生命，因此，教育也是一种理想性事业。在一定意义上，无论是"道德人""理性人"，还是"社会人""文化人"，抑或是"情感人""意志人"，都谋求人的类生命的凸显，使人超拔于动物而成为人。当然，在不同的思想家那里，由于时代背景、自身的价值诉求和知识基础的差异，其所绘制的提升人的类生命的思想版图也差异很大。应该说，"道德人""理性人""社会人""文化人""情感人""意志人"等都只喻示了具体的人的某种特性，并没有抓住人的根本。人的道德、理性、情感、意志乃至合群性都是人的第二性、浅表性的东西，仍不具有始源性，而人之为人的根本就在于人的自由的有意识的活动，因为"动物和自己的生命活动是直接同一的。动物不把自己同自己的生命活动区别开来……人则使自己的生命活动本身变成自己意志的和自己意识的对象"①。同时，更为重要的是，"人把自身当做现有的、有生命的类来对待……当做普遍的因而也是自由的存在物来对待"②。也就是说，人与动物的根本区别在于人的自由的有意识的活动，而人的自由的有意识的活动就是人的实践。人通过实践改造对象世界，从而使人的种生命发生了根本性的变化：由一种自在的生命转变为一种自为的生命，从而"人把生命变成了'自我规定'的自由存在"③。由此我们可以推论，使人成为人的好教育应为人的成长创设一种主动、自由发展的环境，而不把人当作人的坏教育则不相信人的自我发展能力，并由此压制、剥夺人主动成长和主动发展的自由，扼杀人的主体性。

然而，随着自然科学的昌盛和物化认知方式的僭越，人本身也日益被物化，进而逐渐消解着人对理想的追求。因为在物化认知方式的视野里，根本没有什么神秘化、超越性的东西。"我们知道或者相信，在原则上，并没有任何神秘、不可预测的力量在发挥作用；我们知道或者相信，在原则上，通过计算，我们可以支配万物。但这一切所指唯一：世界的除魅。"④与此相对应，教育在科学化、效率化的追求中，人也日益变成抽象的人，具体、鲜活的人逐渐被考试、分数、升学率取代，教育则陷于功利化的计算，而"那些规导学校教

---

① 马克思：《1844 年经济学哲学手稿》，53 页，北京，人民出版社，2018。
② 马克思：《1844 年经济学哲学手稿》，51 页，北京，人民出版社，2018。
③ 高清海：《"人"的双重生命观：种生命与类生命》，载《江海学刊》，2001(1)。
④ ［德］韦伯：《韦伯作品集Ⅰ·学术与政治》，钱永祥、林振贤、罗久蓉等译，168 页，桂林，广西师范大学出版社，2004。

育生活的目的——独立人格、精神自由、崇高德行、社会理想等——正在越来越被产出(升学率或就业率)的要求所遮蔽。外在地位获得的光环遮蔽了个体内在的精神与心理的病变。"①提升人的类生命的教育退化为人力的培养。但人既不是物，也不是动物，自由的有意识的活动作为人的类本质预示、规定了人不能仅仅生存，还要生活，要有精神的追求。而教育作为人的"类生命"的生产，使人成为人，就需要在教育中灌注精神，诚如雅斯贝尔斯所言："教育是人的灵魂的教育，而非理智知识和认识的堆积。"②有灵魂、有理想的教育应成就人的自由的类本质，使人成为自主、能动、富有创造力的生命存在。

3. 增值人的个生命，完善教育生活

世界上没有两片完全相同的树叶，也没有两个完全相同的个生命。个生命作为个体的独特性，既表现在民族、性别、年龄、相貌、兴趣、性格、气质和能力等方面，也体现在各种社会关系所建构的社会角色、思维方式、行为习惯等方面。不论是何种情形，对于教育场域中那些正在成长、发展的人而言，教育都应增值人的个生命。这种使人的个生命增值的教育尊重人的个生命，使人体验到作为人的尊严。人的尊严是人作为一种独特的生命所具有的、不可让渡的品性，它既是维系人的生命存在的资本，也是激励人奋发有为的动力。人倘若丧失了尊严，就会把自身等同于物或动物而泯灭人的特性；而人"对自身的尊重、荣誉感、自豪感、自尊感"则是"一块磨炼细腻的感情的砺石"③，可以增值人的个生命。另外，教育要呵护人的成长，使人体验到成长的感觉。教育使人成为人，就意味着未受教育的人虽然蕴含着各种成为人的潜质，但仍是一个未完成、有待成长的人。对于这些"未成人"的人而言，教育应呵护他们的成长，给他们犯错的权利，宽容、接纳他们的过失和不完善，在师生"从游"中，教师引领学生成长、成人，使学生体验到成长的感觉。再者，教育应疏解人成长的烦恼，让人感受到成长的关怀。人的成长既有芝麻开花节节高的惊喜与欢欣，也有化蛹成蝶、新鸟破壳般的烦恼与痛苦，它源于人种生命的过程性、类

①　周兴国：《让学校成为学生的精神家园》，载《基础教育》，2011(2)。

②　[德]雅思贝尔斯：《什么是教育》，邹进译，4 页，北京，生活·读书·新知三联书店，1991。

③　[苏联]苏霍姆林斯基：《教育的艺术》，肖勇译，28 页，长沙，湖南教育出版社，1983。

生命的自觉性与个生命的价值性，具体表现为种生命对类生命的奠基与羁绊，类生命对个生命的提升与规约，个生命的理想自我与现实自我的对立与统一。因此，教育应关注人成长中的烦恼与苦痛，并积极寻求化解的策略。

生活是人的个生命的现实样态，或者说，人的个生命既成长于生活，也体现于生活。因此，对于教育而言，要增值人的个生命，就需要完善教育生活。而完善教育生活则需要做好三方面的努力。其一，求索好的教育生活。教育作为一种特殊的生活样态，随着社会政治、经济与文化的发展而变迁，但好的教育生活绝不能仅是社会政治、经济与文化发展的工具，而应具有自身的相对独立性和主导价值取向。确切地说，好的教育不是政治、经济与文化本位的教育，而是教育本位的教育。教育本位的教育以育人为本，它通过敬畏人的种生命、提升人的类生命和增值人的个生命，不仅适应社会政治、经济、文化发展的需要，而且引领社会政治、经济、文化发展的方向。它坚守人类社会真、善、美的终极价值追求，信奉并践行自由、平等、公正、民主、博爱等基本价值原则，遵循生命成长的规律，抵制各种功利、短视的媚俗行为。其二，融教育于生活，贯生活于教育，实现教育与生活的融通。生活是人的个生命的根基，教育不仅源于生活，而且要回归生活。那种与生活脱离的教育既无法构筑理想的教育生活，又会毁坏个生命成长的根基，因为"人在生活中会对世界万物、对人的生活或思，或想，或看，或理解，或欣赏，或照料，或享受，或创造，在如此这般的生活过程中，人会积极主动地发挥和创造出生活中的真善美，并使之成为自己生命的一部分，进而成为自己进一步生活扩展的基础"[①]。而教育与生活的融通，不仅要使课程内容生活化、教学过程生活化，而且应让教育走向生活，使生活主题课程化。其三，唤醒自我成长的意识，实现个生命的自主成长。教育的价值并非仅在于传授给人知识，更重要的是引导、帮助人塑造一个理想的自我，唤醒人自我成长的意识，实现个生命的自主成长。在生命的历程中，人难免有各种烦恼，经历各种痛苦，体验生老病死的无奈。面对这些不幸，是勇往直前，战胜烦恼、苦痛与无奈，体悟生命的意义，还是裹足不前，沉溺于烦恼、苦痛和无奈？不同的选择会塑造不同的人生，而起关键作用的则是人自我成长的意识和理想自我的建构。从这种意义上说，教育如果不

---

① 和学新：《现实生活与学生主体性的建构》，载《现代教育论丛》，2001(2)。

能启发一个人的理想、希望和意志，单单强调学生的兴趣，就确实是舍本逐末的办法。① 应该说，理想的自我是立于天地、自由与家国之人。立于天地，是因为人的种生命来自自然，也只有与天地融为一体时，才能实现天地与我并生，万物与我为一，才能体验到人之生命的无限与高远。立于自由，是因为自由是人的类生命，只有自由，人才能使自在的种生命转化为自为的类生命，才能真正涵养自己的德性。立于家国，是因为人的个生命说到底是一种社会生命，而家与国是当下人们生活的根基，是人的个生命价值得以实现的现实场域，同时，也只有在担当以家与国为核心的各种社会角色中，人的个生命才能真正寻求、实现其价值。因此，一个个生命应在"为天地立心，为生民立命，为往圣继绝学，为万世开太平"之志向的基础上，努力实现立德、立功、立言之社会价值。

二、 生成的人及其教育意蕴

人是生成的而不是给定的，这既是一种直观的事实，也是教育得以存在、开展的前提。但问题是：生成的人意味着什么？人如何生成？教育如何更好地促进人的生成？

(一)生成的人的意涵

生成的人意味着人不是一种现成性存在，而是一种生成性存在，至少蕴含三重依次递进的内涵：①人是一种历史的建构，而不是一种先天的给定；②人是多重属性的整体生成，而不是某种特定属性的展现；③人是凭文化而生存发展的主动者，而不是仅凭自然物而生存发展的被动者。

1. 人是一种历史的建构，而不是一种先天的给定

对于人性来源于何处这个问题，至少有两种观点：一种认为人性是先天给定的，另一种认为人性是历史建构的。在追求本源、以简驭繁思维的驱动下，有些思想家将人性视为永恒不变的实体，认为人性是先天给定的，否则就难以

---

① 蒋梦麟：《西潮》，22页，天津，天津教育出版社，2008。

被称为人性。于是，有的思想家将人视为理性的存在，有的思想家则把人当作德性的存在。在一定意义上，这种先天给定的人性观也有一定的道理，因为人来到世上并非一张白纸，他秉承了世代传递的生命基因和自然禀赋，而且从一开始就浸泡于特定的既有社会文化中，这些先验(先于个人后天经验)因素便成了个体建构其人性的现实基础。不过，即使是那些看似与生俱来的人之本性，也是人类历史实践逐渐累积而形成的。因为对于个体来说，那些先验的人之本性实际上也是由先人的经验积淀而来的；同时，就个体的发展而言，那些看似与生俱来的先验本性也只是人的一种潜能，是人之为人的可能性，而要将这种可能性转化为现实性，仍离不开后天的学习与实践。即使是主张人性善的孟子，也不认为人天生就是善的，只是认为人天生具有仁、义、礼、智之四端，而由人性善之四端转化为人的道德品质之善，仍需要后天的学习与践行。同样，西方哲学家标举人的理性，也只是说理性是人的一种潜能，否则他们也就无须煞费苦心地倡导人是理性的、要培育人的理性了。狼孩的发现也在一定程度上证明了人所具有的理性、德性等特性若离开了相应的文化传统与后天的学习，就会受到遮蔽而不能彰显，诚如海德格尔所言："此在总作为它的可能性来存在。"①作为拥有可能性的此在不同于已完成的既定存在，而是展开为一种在历史中不断生成的存在。如此看来，即使人确实具有一些潜在的先天本性，人也不是一种先天的给定，而是一种历史的建构。

之所以出现人是先天的给定这一对人性判断的失误，是因为对人的认识并不能从本体论上进行说明，而需要从功能论上进行阐释，正如卡西尔所言："如果有什么关于人的本性或'本质'的定义的话，那么这种定义只能被理解为一种功能性的定义，而不能是一种实体性的定义。我们不能以任何构成人的形而上学的内在原则来给人定义；我们也不能用可以靠经验的观察来确定的天生能力或本能来给人定义。"②一旦从功能论上认识、理解人，人就不再是单一或同质的存在，而是呈现出多种属性的复合体，就会看到多样的人性是通过人的社会生活，为了人的社会生活，并且在人的社会生活中建构的，并呈现出从

① [德]海德格尔：《存在与时间：修订译本》，陈嘉映、王庆节译，50页，北京，生活·读书·新知三联书店，2014。

② [德]卡西尔：《人论》，甘阳译，87页，上海，上海译文出版社，2003。

善到恶、从理性到非理性等多维度的谱系，而非某种先天的给定。确切地说，人是基于社会生活的某种需要，通过社会生活，在社会生活中不断建构的历史存在，是一种有意识、自觉的历史建构。

2. 人是多重属性的整体生成，而不是某种特定属性的展现

持人性先天给定论的人大多认定人性是单一的而不是复合的。历史上，人性的善恶之争、理性与非理性之辩最终皆没有定论，这就从反面证明了人是多种属性的复合体，并没有单一的、一成不变的本性。实际上，人性的善恶之争或理性与非理性之辩，皆是由立论起点的差异以及言说因基于形式逻辑而不能自相矛盾导致的。性善论着眼于人的伦理性，而性恶论立足于人的生物性；理性论者着眼于人的思维能力，而非理性论者立足于人的生命本能。这种形式逻辑的矛盾律的言说方式并不能用于破解人这个斯克芬斯之谜；直面现实的人性的多样性和差异性，只能运用辩证思维来洞见人的本性。退一步说，即使人是德性的或理性的具有一定道理，但倘若单纯强调人的某一特性，那么就势必遗漏人的其他属性；在这种有偏见的自我认识的引导、暗示下，人的生存必然会呈现单向度、异化的发展。比如，倘若人是德性的存在，德性是人的本质，德性就会支配、控制人的生活，而人对大自然的好奇与探究就会被漠视或忽略，人的求真意志就会被抑制、遮蔽，且在高标准道德的压力下，人就极易形成言行不一的两面人格。倘若人是理性的存在，理性是人的本质，那么理性就会掌控、支配人的生活，人的情感、意志就会遭到轻视乃至蔑视。而人的情感、意志若遭到长期压制，就会出现反弹，比如，20 世纪中期，存在主义、人文主义等西方非理性主义思潮出现且兴盛，对理性进行抗争与清算。因此，人的生成并不是某种特定属性的展现，而是多种属性的整体生成。

人的身上到底包含着哪些要素？对此问题，人可以通过列举欲求、情感、认知、道德、审美、劳动、交往等来回答。但不管列举出多少人构成的要素，将这些要素全部加起来仍不是人本身，如莫兰所说："如同一个全息点，在他身上蕴含着宇宙。我们还应该看到，任何个人，即使是最闭锁在他的最平庸的生活中的，在他本身也构成了一个宇宙。他在他身上蕴含着他的内在的多重性，他的潜在的几重人格，许许多多幻想的人物，处于现实和想象、睡眠和清醒、服从和反抗、公开和隐秘之间的多重存在，在其难以探测的洞穴和深渊中幼虫般蠕动的各种念头。每个人在他身上含有梦想和幻觉的星系，欲望和爱情的未曾满足的冲动，不幸的深渊，灰心的无边的荒漠，有如燃烧天体的热情之火，仇恨的怒涛，低能的迷惘，清醒意识的闪电，狂乱的风暴……"[1]在莫兰看来，人拥有多重属性，而且这些属性常以两极分化的形成呈现出来，诸如现实和想象、睡眠和清醒、服从和反抗、公开和隐秘等，这些相反相成的因素又不断变换、重组，进而使人渐趋复杂和多样，展现为人的多重属性的整体生成。

3. 人是凭文化而生存发展的主动者，而不是仅凭自然物而生存发展的被动者[2]

如果说人是一种生成性存在，且这种生成性存在是多种属性的整体生成，那么在现实性上，人则是凭文化而生存发展的主动者。因为动物只是被动地适应外界环境，而人却能主动地借助人造物来改造环境。这种人造物既包括卡西尔所说的符号文化，如语言、神话、宗教、艺术、科学、历史等，也包括人创造的各种实体器物及其附带的器物文化。在此意义上，人是凭人造物而生存发展的主动者，或者人是凭文化而生存发展的主动者，因为文化是人造物的总称。可以说，人之所以能超拔于动物之上，皆在于人创造了文化，并且凭文化而生存发展，而动物只有依靠大自然的恩赐才能生存。人不仅要生存，而且要发展，人的发展是由自己不断增添、更新的文化推动的。人自创的文化存在差异，进而使人的生存发展呈现不同的样态，也使人行走在不断生成的道路上。人一旦凭借文化而生存发展，就摆脱了大自然对于人的限制，就成了自由的、有意识的主动者，且人为了更好地生活，对文化的创造也会永无止境，这使人呈现为一种生成性存在。

人在创造文化中也创造了自己，并在文化的不断创造中使自己成为一种生成性存在。虽然作为文化载体的各种人造物最初是由某个人或某些人创造出来的，但由于人造物不断涌现，每个时代的新生个体起初并不会使用人造物，需

---

① ［法］莫兰：《复杂性理论与教育问题》，陈一壮译，43 页，北京，北京大学出版社，2004。

② 韩东屏：《破解人之谜——人的定义的解构与重构》，载《武汉大学学报（人文科学版）》，2016(6)。

要先进行学习，而且要学习的内容的程度会随着人造物的增多而增加。个体学习的基础、能力与态度等存在差异，导致不同的个体具有不同的文化素养，形成各不相同的个性。同时，人是凭文化而生存发展的主动者，而不是仅凭自然物而生存发展的被动者，这也内在地决定了每个个体都应自觉地参与文化创造的活动，并在文化创造的活动中确证自己的存在价值；否则，人活着就犹如行尸走肉，难以寻到生命的意义。

(二)人如何生成

倘若人是生成的而不是给定的，那么人是如何生成的呢？在一定意义上，人自然生命的未完成性为人的生成提供了前提条件，人精神生命的二重性为人的生成提供了内在动力，人现实生命的学习性则为人的生成提供了根本保障。

1. 人自然生命的未完成性为人的生成提供了前提条件

人自然生命的未完成性是指与动物相比，人在出生时器官是非特定化与非专门化的。人出生时器官的功能并未特定化或专门化，如"人没有像动物那样的天然毛发层或皮肤去对付恶劣的天气，人没有锐利的攻击器官去获取食物，人没有适应快速奔跑的肌肉组织去逃避意外的伤害，人天生的本能缺陷使婴儿绝对软弱无力"[1]。人自然生命的未完成性使儿童(未成年人)长期处于弱势，得不到像成人一样的对待。比如，公元前 450 年左右颁布的古罗马《十二铜表法》规定："子女乃父母的私有财产，父亲对子女(成年子女除外)有生杀予夺之权。"[2]即使到现在，在一些地区的文化中，年幼儿童的夭折也与成年人的死亡具有不同的意义。但不管怎样，人的自然生命的未完成性也意味着自然并没有对人做最后的限定的，自然把未完成的人放在世界中，让人来塑造自己。在教育场域中，对于人的自然生命的未完成性，人们常常看到其消极的一面，而忽略了其也为人的生成提供了前提条件，未能看到"专门化的缺乏结果却由否定的因素转变为高度肯定的能力的因素"[3]，而使儿童处于一种被塑造的状态，

---

① 刘放桐等：《新编现代西方哲学》，393 页，北京，人民出版社，2000。

② 张扬：《西方儿童权利理论及其当代价值研究》，17 页，北京，中国社会科学出版社，2016。

③ [德]兰德曼：《哲学人类学》，张乐天译，173 页，上海，上海译文出版社，1988。

忽略了其主体地位。幸运的是，当下越来越多的人认识到人自然生命的未完成性为人的生成提供了前提条件，人的生成虽然受制于外界的客观条件，但在最终意义上是人自身主动建构的结果。

2. 人精神生命的二重性为人的生成提供了内在动力

人精神生命的二重性意味着人是肉体与灵魂的复合体。作为肉体与灵魂的复合体，人精神生命的二重性表现为诸多的二元对立与统一，诸如善与恶、感性与理性、有限与无限、必然与偶然等。或者说，人之性既非善也非恶，是既有善也有恶的复合。人既非神也非物，但人既有物性也有神性。人既非纯感性也非纯理性，而是感性与理性的综合。人精神生命的二重性，用康德的话说就是："人是既具有动物性又具有理性的东西。"①用费尔巴哈的话说就是："人之中，我们发现恶和善、生和死、快乐和痛苦、爱情和敌对、忧愁和欢乐。"②因此，在精神生命上，人是一种自相矛盾的存在。人并没有单一的本性，自然性与超自然性、物质性与精神性、主动性与被动性、现实性与理想性等互相矛盾的因素总缠绕、纠结在人身上，人经常在"是其所是"的同时，也"是其所不是"和"不是其所是"，这使人总充满着矛盾性。人的这种相反相成的矛盾性所构成的人性张力使人总行走在成为人的路上。比如，人作为肉体存在，由生至死，有生必有死，死亡意味着人的有限性，死亡也倒逼人思考人生的意义与价值，让人追求无限，让人有了精神的追求。人精神生命的二重性，用帕斯卡尔的话说就是："人只不过是一根苇草，是自然界最脆弱的东西；但他是一根能思想的苇草。用不着整个宇宙都拿起武器来才能毁灭他；一口气、一滴水就足以致他死命了。然而，纵使宇宙毁灭了他，人却仍然要比致他于死命的东西高贵得多；因为他知道自己要死亡，以及宇宙对他所具有的优势，而宇宙对此却是一无所知。因而，我们全部的尊严就在于思想。"③帕斯卡尔用"苇草"隐喻人的肉体，用"思想"隐喻人的灵魂，并突出了人的精神力量。总之，人精神生命的二重性所包含的要素既相互矛盾，又相互依存，而人正是在诸多相反相成的二重

---

① 朱光潜：《西方美学史》（下卷），360页，北京，人民文学出版社，1979。
② ［德］路德维希·费尔巴哈：《费尔巴哈哲学史著作选》（第一卷），涂纪亮译，154页，北京，商务印书馆，1978。
③ ［法］帕斯卡尔：《思想录》，何兆武译，157~158页，北京，商务印书馆，1995。

性中促进自身成长的。

3. 人现实生命的学习性为人的生成提供了根本保障

人现实生命的学习性是指在现实生命中人是一种学习的动物。人精神生命的二重性让人虽然生活在当下，但无时无刻不憧憬着未来。人之所以能够"是其所不是"和"不是其所是"，能够不断地提升、超越自己，是因为人持续不断地学习。倘若离开了学习，那么力不如牛、疾不如马的人就很难自立于世、生存下去，更不用说不断提升自己、超越自己了。从古至今，在"认识你自己"的追问下，不知有多少思想家对"人是什么"给予了探索与回答，如人是社会关系的总和[①]，人是非特定化的开放性的存在[②]，人是理性的动物及符号的动物[③]，等等。但是，人之所以是社会关系的总和，是因为人会学习，因为人的社会关系并不是一种"'自然关系'或两个客体之间的关系，而是一种主体间的关系。这种关系是通过关系双方的主观解释与接纳以后才能够建立的，否则就构不成一种休戚相关的'社会'关系"[④]。人之所以是非特定化的开放性的存在，也是因为学习，因为人的非特定化虽给人的生成提供了生理基础，但人生成的程度或样态靠的是学习给人带来的视野的拓展与能力的提高。人是理性的动物的命题直接为人的学习提供了论证的基础与依据，直接说明人是能够学习的存在；而人是符号的动物的命题则点明了人学习的对象主要是人造的精神产品。总之，上述对于人的界定皆可归结为"学习使人成为人"这一结论。因此，人除了是理性的动物、符号的动物与社会的动物等，还必须是学习的动物，是能够学习并乐于学习的存在，只有学习才能使人成为人，正所谓"玉不琢，不成器，人不学，不知义"。"活到老，学到老"，这既表明人要终身学习，也一语中的地点出了人的本质。

(三)生成的人的教育意蕴

人是一种生成性存在，生成的人既为教育提供了可能，也对教育提出了要

---

① 《马克思恩格斯全集》第1卷，139页，北京，人民出版社，2012。
② ［德］兰德曼：《哲学人类学》，164～171页，贵阳，贵州人民出版社，1988。
③ ［德］卡西尔：《人论》，41～42页，上海，上海译文出版社，2003。
④ 石中英：《教育哲学导论》，140页，北京，北京师范大学出版社，2002。

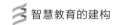

求。或者说，对于生成的人来说，教育是必需的，教育是人成为人的条件之一，正如康德所言："人是唯一必须受教育的被造物。"①但生成的人也对教育提出了诉求，即在生成的人的视域下，教育需要确立培育自觉的生命的教育目的观、在人性张力中引导的教育过程观以及学会学习的教育效果观。

1. 教育目的：培育自觉的生命

倘若人不是一种先天的给定，而是一种生成性存在，那么教育的价值就是培育自觉的生命。人是一种生命，但人的生命存在自发与自觉两种状态。自发的生命处于自然状态，此时人只是按照自然的欲求来行事；而自觉的生命是在自我意识的指导下进行自主选择与行动。培育自觉的生命就意味着将自发的自然生命转化为自觉的文化生命。在教育场域中，由于文化主要表现为各种知识，因而要培育自觉的生命，首先就要解决知识与人的生成关系。知识本身作为人创生的产物，当然也能返回人自身。不过，在有些人看来，知识只能促进人的认知发展，而无助于人的行为改善或德性养成，这种观点其实是对知识价值的错读与误解。实际上，知识具有三重意涵：一是由概念、命题与理论构成的知识内容；二是由方法、思想与思维构成的知识形式；三是由人文情怀和科学精神构成的知识旨趣。② 知识内容主要揭示客观事物发展的规律，让人获得认知的发展；知识形式让人习得知识内容创生的方法、思想与思维，让人获得行动指南；而知识旨趣则能让人获得使知识得以创生的价值欲求，让人感受到知识学习的内在意义。惯常的知识教育之弊并不在于其传授知识，而在于这种知识传授仅仅停留在浅表的知识内容上，而未能深入知识形式与知识旨趣，未能让学生经历与感受知识创生的过程及其蕴含的价值追求。同时，人的认知也不是对已有知识的简单复制与再现。皮亚杰的发生认识论揭示了人的认知过程并不是一个单纯的被动适应过程，而是同化或顺应与平衡化。这个动态的认识过程充满了复杂且能动的信息处理与各种转换，其中既有对新获得信息的加工改造，也有对原有认知结构的解构与建构。因此，知识的学习是一种主动建构，而不是一种被动复制。这种知识的主动建构内在地要求教育尊重学习者的主体地位，培育学习者的主动精神，将教育提升为自我教育，让教育目的指向

① ［德］康德：《论教育学》，赵鹏、何兆武译，3页，上海，上海人民出版社，2005。
② 李润洲：《知识三重观视域的核心素养》，载《教育发展研究》，2016(24)。

自觉生命的培育。

然而，在自觉生命诞生、发展的过程中，个体的自我意识却面临着异化、扭曲的风险。按照拉康的分析，在自觉生命的孕育中，自我常常先将镜像误视为真我，之后会把他者视为自我而浑然不知，具体表现为以他者的眼光、观点来观照、表现自身，进而丧失了自己的眼光和观点。在教育中，随处可见的同声附和、异口同声就是其具体表征之一。因此，在自然生命向文化生命的转换与提升中，自觉生命的培育固然离不开教育者的引导与帮助，但教育者的引导与帮助必须基于主体间的平等对话，而不能将学生看作被动的接受者或客体，否则培育自觉的生命就只能是一句空话。同时，离开了人生命的自觉，脱离了人自身的体验和思维过程，人所学的知识也只能是已有知识的再现与复制，就难以成为凭文化而进行再创造的人。当然，自觉生命的培育不可能一蹴而就，而是一个不断与人的异化做抗争的漫长过程。在此过程中，自觉生命培育的艰难与挫折并不可怕，可怕的是面对自觉生命培育的艰难与挫折而丧失培育自觉生命的意识与坚守。

2. 教育过程：在人性张力中引导

教育培育自觉的生命实质上就是建构一种自主、自由的精神世界。人精神生命的二重性昭示着人是一种矛盾有机体，表现为人的善与恶、感性与理性、现实性与理想性、能动性与受动性、个性与共性等同时存在，因此，人生命的存在形态就处于多种既对立又统一的二重性中。正如卡西尔在研究西方文化时所言："在所有的人类活动中我们发现一种基本的两极性，这种两极性可以用不同的方式来描述。我们可以说它是稳定化和进化之间的一种张力，它是坚持固定不变的生活形式的倾向和打破这种僵化格式的倾向之间的一种张力。人被分裂成这两种倾向，一种力图保存旧形式而另一种则努力要产生新形式。在传统与改革、复制力与创造力之间存在着无休止的斗争。这种二元性可以在文化生活的所有领域中看到，所不同的只是各种对立因素的比例。"[①]实际上，文化作为人创生的产物，其呈现的两极性或二元性是人精神生命二重性的折射与反映，且人精神生命的二重性远比文化所反映出的传统与改革、复制力与创造力

---

① ［德］卡西尔：《符号形式的哲学》，赵海萍译，264 页，长春，吉林出版集团股份有限公司，2017。

的二元性丰富、复杂。教育要直面人精神生命的二重性，就需要在人性张力中引导。人性张力指人性两极之间既存在分离与对立，又存在相依与统一，是通过分离与对立而产生的相依与统一的动态平衡。因为人性的二重性中占优势地位的因素存在差异，所以个体之人呈现出不同的人格谱系。在善与恶之维上，"君子怀德，小人怀土；君子怀刑，小人怀惠""君子喻于义，小人喻于利"，于是有了圣人、君子、小人之别，从而使人生活在不同的人生境界之中。在感性与理性之维上，有的偏于理性，做事严谨且有条理；有的强于情感，喜怒哀乐尽情挥洒。在现实性与理想性之维上，有的囿于现实、墨守成规、不思进取，有的憧憬未来、怀揣梦想、敢想敢干。在能动性与受动性之维上，有的善于创造条件，挥发人的主动性；有的受制于受动性，逆来顺受，不思改变。诸如此类，不一而足。教师在人性张力中引导，意味着教师要基于人精神生命的二重性，恰当地站在学生的对立面，促进学生内含的对立性力量的转化与平衡。当然，站在学生的对立面并不是与学生作对，而是为学生的成长提供新的视角、新的可能与新的参照，为学生的发展提供学生现在不具备而未来发展所需要的知识、能力、品德与素养等。或者说，站在学生的对立面就意味着站在学生发展的潜在性或新的可能性上，使学生发展的潜在性或新的可能性与已有的知识、能力之间形成张力，并通过这种张力引导学生求真、向善与趋美。

教师作为教育者，要在人性张力中引导，首先就要具有共情能力。这种共情能力即以他人的视角、感受与认知进入他人的心理世界的能力，其关键是产生像他人那样的情感体验与认知过程，能够设身处地地体验他人的感受，做到感同身受。它一般包括认知、情感和预期三个方面的替代体验，从而使教育者能够想学生之所想、感学生之所感、做学生之所需，并在此基础上，基于学生的"有"来发展学生的"无"，使学生在"有"与"无"之间形成内在的张力，让学生通过自我反思实现自身内部诸多对立力量的不平衡，促使不同观念和力量之间的相互转化与相互融合，最终形成新的认知、情感或行动图式，获得一种暂时的动态平衡。其内在的心理过程表现为：异己的观念或力量植入—心理不平衡产生—自我反思—新平衡形成。并且在这种循环往复的动态转换中，学生不断实现自我更新与自我完善。

3. 教育效果：学会学习

在教育效果上，当下人们习惯用分数或升学率来评价学生或学校，认为分数或升学率才是硬道理；能考高分的学生就是好学生，升学率高的学校就是好学校。的确，考试分数或升学率的高低可在一定程度上表征学生学习的效果，但在生成的人的视域里，人是学习的动物，学习是人的一种存在方式。如果说站在局外人的立场上看，教育使人成为人是确切的，那么站在局内人即生成的人的立场上看，则是学习使人成为人。正因为人是学习的动物，学习是人的存在方式，才有了教育使人成为人的可能。在教育思想史上，儒家在谈教育时主要聚焦于人的学习，主张学以成人。《学记》讲："君子如欲化民成俗，其必由学乎！"而且儒家教育思想向来注重为己之学，而拒斥为人之学。为己之学就是认识自己，学习的出发点和归宿就是学以成人乃至学以成圣；而为人之学则是那种将学习功利化、工具化的行为，将学习仅视为功名利禄的谋取。① 同样，早在古希腊时期，雅典德尔斐阿波罗太阳神庙前的石碑就镌刻着神谕——认识你自己，也开启了学以成人的学习之旅。然而，近现代以来，随着工具理性的张扬，尤其受行为主义心理学的影响，学习被简单地窄化为人行为的改变，将动物"刺激—反应"的学习模式套用到人的学习上，而忽视了人作为主体的学习能动性，将学会学习简单地等同于学会知识或会做题目。幸运的是，知识、信息社会的到来让人们日益认识到学会学习的重要性。1996 年，国际 21 世纪教育委员会向联合国教科文组织提交的报告《教育——财富蕴藏其中》，将学会认知、学会做事、学会共同生活、学会生存视为 21 世纪教育的四大支柱。其中，学会认知部分阐释了一种新的学习观，即"这种学习更多的是为了掌握认识的手段，而不是获得经过分类的系统化知识。既可将其视为一种人生手段，也可将其视为一种人生目的。作为手段，它应使每个人学会了解他周围的世界……作为目的，其基础是乐于理解、认识和发现"②。此学习观认为学会学习既是人生手段，又是人生目的，凸显了学会学习的重要意义。倘若学会学习是人生的手段和目的，那么就能自然地推出"如果最初的教育提供了有助于终身继续在工作之中和工作之外学习的动力和基础，那么就可以认为这种教育是成功

---

① 赵敦华：《学以成人的通释和新解》，载《光明日报》，2018-08-13。

② 联合国教科文组织：《教育——财富蕴藏其中》，联合国教科文组织总部中文科译，76～78 页，北京，教育科学出版社，2014。

的"①，学会学习便成为教育目标之一，成为评价教育效果的标准。学会学习已经被列为中国学生发展的六大核心素养之一，且合理地拓展为学习意识、态度、习惯的养成以及时代发展需要的信息素养的获得。

学习作为一种成人的方式，其意义是不言而喻的，但认识到学会学习的重要性比切实地行动要困难得多。这不仅因为改变那种将学会学习简单地等同于掌握知识的观念仍需时日，而且因为让学生学会学习最终取决于教师如何教育。倘若教师不愿学习或不会学习，那么仅要求学生乐于学习或学会学习就是缘木求鱼。教人者需先教己，很难想象一位不愿学习或不会学习的教师能教出一群乐于学习和学会学习的学生。当然，学会学习最终根植于学生的学习本身。从学习作为人的存在方式来看，致力于培育学生核心素养的教师至少要在知识教学中意识到知识掌握与学会学习同等重要，注重培育学生的学习意识、态度与习惯，引导学生掌握学习方法，提升学生的信息素养。如果说人皆有学习的意愿与本能，那么这种学习的意愿与本能只有上升为学习的自觉，才能使人形成明确的学习意识与态度。而学习习惯的养成既需要个人自觉的坚持，也需要外界的干预，尤其是对于成长中的学生而言，学习习惯的养成需要教师给予一定的指导与约束。学生的学习方法是学会学习的表现，主要包括阅读、听讲与操作的方法。学生信息素养的提升则离不开知识内容的选取与洞悉。从知识内容上看，学习是一个逐渐提升的过程，呈现为从知识认知到价值体验再到生命体悟的过程。知识认知注重对外界事物的掌握，价值体验涉及知识认知与自然、社会、他人及自我的关系，而生命体悟则使知识认知指向自我的成长，从而使学习真正成为学生个人精神发育和成熟的过程，在提升学生信息素养的同时，实现学习使人成为人的初衷。

三、 完整的人及其教育意蕴

人既是具体的，也是生成的，还是完整的。然而，正如具体的人常被抽象化、生成的人常被既定化那样，完整的人也时常被割裂化，使人呈现为片面发

---

① 联合国教科文组织：《教育——财富蕴藏其中》，联合国教科文组织总部中文科译，76～78页，北京，教育科学出版社，2014。

展。即使是宣称培育完整之人的教育，也难免在人异化浪潮的裹挟下，身不由己地割裂着人。直面完整的人遭割裂的困局，从教育改革的政策话语到学者的学术构想，皆将完整的人的培育作为教育的应有之义。就前者而言，从新课程改革完整的人的目标设定①，到以全面发展的人为导向的核心素养教育②，无不致力于完整的人的培育。就后者而言，有学者建构了一种完整的人的教育内容体系，包括信仰教育、人文素养教育、科学教育与公民教育③；也有学者基于人是多维度关系的存在，主张完整的人的培育应遵循关系性、批判性与整体性三项原则④；也有学者立足于完整的人的培养，身体力行地建构完整的教育生活，从时间、空间和过程三个方面设计了基于人的知性、灵性和德性的教育行动和课程体系，并取得了一定的效果⑤。不过，在对完整的人的勾勒上，已有研究成果要么过于宏大或宽泛，如"德智体全面发展的完整的人""3个维度6个要素18个基本点的全面发展的人"；要么对完整的人的描述过于单薄，如"完整的人是正确处理人与自然、人与人、人与自身关系的人"⑥或"完整的人是身、心、灵和谐统一的人"⑦。尤其是有关完整的人培育路径的阐述，大多将完整的人的培育寄希望于整个教育体系乃至社会的变革，其实现似乎与个体的教育行动无关，这便使完整的人的培育停留在理想的构想上。即使是致力于培育完整的人的新教育，也着眼于整个完整的教育生活的建构，而非从个体的教育行动出发来阐述完整的人的培育，这就存在着完整的人的培育过于理想化或繁杂之嫌疑。自然，完整的人的培育确实是一种理想，但完整的人的培育只有找到切实的个体能采用的行动路径，才能真正被称为理想；否则，完整的人

---

① 钟启泉、崔允漷、张华：《为了中华民族的复兴 为了每位学生的发展——基础教育课程改革纲要（试行）解读》，10页，上海，华东师范大学出版社，2001。

② 林崇德：《21世纪学生发展核心素养研究》，30页，北京，北京师范大学出版社，2016。

③ 肖川：《教育必须关注完整的人的发展》，载《清华大学教育研究》，2001(3)。

④ 陶青：《"人的多维关系存在"与小班化教学对"完整人"的诉求：从实体思维到关系思维》，载《外国教育研究》，2009(9)。

⑤ 朱永新、杨再勇：《新教育的人学使命：培养"完整的人"》，载《国家教育行政学院学报》，2014(12)。

⑥ 陶青：《"人的多维关系存在"与小班化教学对"完整人"的诉求：从实体思维到关系思维》，载《外国教育研究》，2009(9)。

⑦ 朱永新、杨再勇：《新教育的人学使命：培养"完整的人"》，载《国家教育行政学院学报》，2014(12)。

的培育就会退化为幻想。因此，应基于对完整的人的三重生命的澄清，从旨在培育完整的人的个体教育行动出发，针对完整的人所遭遇的教育割裂，阐述完整的人的培育路径，进而使有志于培育完整的人的教育者能够通过自身教育行动的改变来化完整的人的培育之理想为切实的教育行动。那么，完整的人究竟是什么样的？在教育场域中，完整的人面临着怎样的割裂？教育如何培育完整的人？

(一)完整的人的意涵

培育完整的人是教育的一种理想追求，但对于"完整的人是什么样的"这一问题，不同的思想家基于相异的理论框架给出了不同的回答。比如，在席勒看来，按照理性法则建立起来的国家就像一个精巧的钟表，无助于人的完整性的发展，反而使个体永远被束缚在整体的一个孤零零的小碎片上，人也就把自己培养成了碎片。在他看来，古希腊人是未异化的完整人的代表，"他们既有丰富的形式，同时又有丰富的内容，既善于哲学思考，又长于形象创造，既温柔又刚毅，他们把想象的青春性和理性的成年性结合在一个完美的人性里"①。换言之，席勒眼里的完整的人是形式与内容丰富、感性与理性融合、温柔与刚毅并举的人。马克思通过对资本主义劳动异化的经济学论证，指出"由于推广机器和分工，无产者的劳动已经失去了任何独立的性质，因而对工人也失去了任何吸引力。工人变成了机器的单纯的附属品，要求他做的只是极其简单、极其单调和极容易学会的操作"②。此时，机器既把人从繁重的劳动中解放出来，又把人变成了齿轮和螺丝钉，从而使人在狭窄的范围内和孤立的地点上发展着自身。在马克思看来，完整的人就是"以一种全面的方式……占有自己的全面本质"③。由此可见，在席勒、马克思看来，完整的人是人的一种本真存在状态，理性国家的专制统治或劳动异化导致了人的异化与人完整性的丧失，并向教育提出了培育完整的人的要求。因此，1996 年，国际 21 世纪教育委员会提交的报告指出："把一个人在体力、智力、情绪、伦理各方面的因素综合起来，

① [德]席勒：《审美教育书简》，冯至、范大灿译，28～30 页，北京，北京大学出版社，1985。

② 《马克思恩格斯选集》(第一卷)，407 页，北京，人民出版社，2012。

③ 马克思：《1844 年经济学哲学手稿》，81 页，北京，人民出版社，2018。

使他成为一个完善的人，这就是对教育基本目的的一个广义的界说。"①那么，完整的人到底是什么样的？

第一，完整的人是身体与精神合一的人。既表现为身体与灵魂的融合，又表现为感性与理性的并存，还表现为情感与理智的统一。历时地看，对身体与灵魂、感性与理性、情感与理智的关系的认识大致经历了三个阶段。一是身体与精神的原初统一，即身体与灵魂、感性与理性、情感与理智是一种模糊的交织状态，身体与精神并未割裂。无论是中国伦理文化强调的"体验""体证"与"体悟"，还是西方理性文化最初的形态——酒神狄奥尼索斯和太阳神阿波罗，皆意味着身体与精神的原初统一。也就是说，起初，人们从直观的角度建构世界，身体与精神是一体两面、合为一体的，人利用这种整体性存在来感知、体验身体之外的事物，将认识建立于感性世界之上。二是身体与精神的二元对立。在西方，柏拉图将世界划分为理念世界和现象世界，身体与精神就开始分离，灵魂、理性、理智渐次占据主导地位。发展至笛卡尔，精神的"我思"则成为唯一的理性认知工具，拒斥人的欲求、情感与意志的参与，身体在认识中被迫隐身，失去了在认识中的合法地位，最终导致身体与精神的二元对立。受西方思想的影响，中国学者逐渐认识到传统伦理文化存在抽象匮乏、理性缺位、推理欠逻辑的缺点，在西方主客二分思维模式的形塑下，慢慢地遗忘了身体、感性与情感在认识中的作用，原先那种"体验""体证""体悟"的认识逐渐被边缘化，身体与精神的二元对立得到认同。三是身体与精神的重新融合。为了反抗理性的统治，以叔本华、尼采、弗洛伊德等为代表的非理性主义思潮兴起。尼采明确表达了回到身体的思想，拒绝以灵魂、理性或理智为起点的人性假设，认为"身体乃是比陈旧的'灵魂'更令人惊异的思想"②。如果说非理性主义对灵魂、理性与理智的反叛仍然受二元对立思维的影响，那么具身认知理论则基于身心合一，超越了主客二元对立的思维，使身体与精神重新融合，确立了身体心智化与心智身体化双向建构的具身认知观。

---

① 联合国教科文组织总部中文科：《教育——财富蕴藏其中：国际 21 世纪教育委员会报告》，195 页，北京，教育科学出版社，1996。

② [德]尼采：《权力意志：重估一切价值的尝试》，张念东、凌素心译，21 页，北京，中央编译出版社，2000。

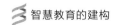

人的身体与精神的分裂会导致两种相反相成的后果。一是大写的人。如果人的认识是无身的，就会导向笛卡尔、黑格尔等人的绝对理性主义这一端，此时的人是一个大写的异化的人，一个无肉身的、无法触及的人，一个朝向至高理性生长的人，最终会陷入一种绝对主义和幻想主义。二是虚无的人。如果将人的感性或情感绝对化，那么人的认识就会走向一种相对主义和个人主义，最终导致虚无主义。因此，在认识中，人既不能被看作纯粹感性的，也不能被视为绝对理性的，而是感性与理性的统一，身体与精神的合一，即精神发生并孕育于身体之中，身体也无法脱离精神，两者是融合、交织的。正如梅洛-庞蒂的观点：身体具有的意向性和赋予对象的意义性，使身体每时每刻都朝向超验的东西，并最终使认知综合"发生在物体中和世界中，而不是发生在思维主体这个形而上学的场域中"①。当代镜像神经元的发现也为人的身体与精神的合一提供了神经生物学的依据。可以说，在身体与精神合一的视域里，身体是拥有精神的身体，而且精神是寓于身体的精神，两者须臾不可分离。

第二，完整的人是情意知融生的人。如果说人的身体与精神的合一是在自然生命的层面对完整的人的概括，那么在精神生命的层面，完整的人则是情意知融生的人。在中外思想史上，将人的精神世界区分为认知、情感与意志三大要素的观点源远流长，诸如孔子所说的"知之者不如好之者，好之者不如乐之者"，柏拉图的理性、激情与欲望的三足鼎立，等等。不过，在它们的价值排序及关系上，当下占主导地位的是知情意这种价值排序，认为认知对情感和意志具有统摄作用，且只有在认知的统领下，情感与意志才能发挥积极作用。西方的理性主义者或经验主义者虽然在认识的来源及其证明上各执一词，但两者皆否认人的情感、意志在认知中的重要作用。实际上，在认知中，人首先要受到情感的驱动，只有在欲望、兴趣、好奇心等情感的引导下，人才有可能关注、探究某个事物或事情；否则，人若没有情感的驱动，就会对事物或事情视而不见、听而不闻、无动于衷。人情感的需求一旦得到满足，就会正向强化意志的努力，进一步促进人认知的持续与深入；否则，人就会产生负向强化的意志，使认知难以为继。因此，从认知的过程来看，并不是知情意的理性运作，而是情意知的情感推进。这也许就是孔子主张"知之者不如好之者，好之者不

---

① ［法］梅洛-庞蒂：《知觉现象学》，姜志辉译，297 页，北京，商务印书馆，2001。

如乐之者"的原因。

知情意的价值排序及认知对情感、意志的排斥之所以流行，一方面是因为认知的客观表述掩盖了人求知过程中情感驱动与意志助推的作用，使情感与意志在认知中的作用处于缄默状态；另一方面是因为人只有如其所是地认识到事物或事情的好坏，才能真正地进行积极的情感赋予与正确的意志选择。人作为自然生命，本来就具有各种欲求，若各种欲求得不到理性认知的引导或约束，人就难以超拔于动物之上，正如柏拉图对饮食男女的本能快乐的描述："如果爱利和爱胜的欲望遵循知识和推理的引导，只选择和追求智慧所指向的快乐，那么它们所得到的快乐就会是它们所能得到的快乐中最真的快乐。"①反之，离开了知识与推理的引导，人们就只会"头向下眼睛看着宴席，就像牲畜俯首牧场只知吃草，雌雄交配一样"②，或者，"一个人不假思考不顾理性地追求荣誉、胜利或意气，那么他的爱荣誉爱胜利和意气的满足便能导致嫉妒、强制和愤慨"③。如此看来，将认知放置于情感、意志之前且强调认知对人的情感与意志的引导与规范作用也不无道理。但即使如此，倘若认知离开了情感的驱动和意志的助力，那么就将成为不可能。因为认知不但要基于人的兴趣、好奇心等情感的欲求，而且求知欲所带来的快乐、喜悦等情感体验也是人不畏艰难、持续探索的根本动力，诚如列宁所言："没有'人的感情'，就从来没有也不可能有人对于真理的追求。"④从这个意义上说，完整的人是情意知融生的人。

第三，完整的人是全面发展的人。身体与精神的合一、情意知的融生勾画了一幅全面发展的人的蓝图。可以说，人本来就蕴含全面发展的基因，正如席勒和马克思所指出的那样，理性国家的专制统治或劳动异化导致了人的异化与人的完整性的丧失，尽管理性和劳动是人的特性或存在方式。基于人性的全面发展的人既是身体、精神协调发展的人，又是情感、意志与认知和谐发展的

---

① ［古希腊］柏拉图：《理想国》，郭斌和、张竹明译．376～377 页，北京，商务印书馆，1986。

② ［古希腊］柏拉图：《理想国》，郭斌和、张竹明译，376～377 页，北京，商务印书馆，1986。

③ ［古希腊］柏拉图：《理想国》，郭斌和、张竹明译，376～377 页，北京，商务印书馆，1986。

④ 《列宁全集》（第二十五卷），117 页，北京，人民出版社，2017。

人。的确，对于何谓全面发展的人，不同的思想家有不同的构想。比如，马克思所构想的"以一种全面的方式……占有自己的全面本质"①的全面发展的人是"随自己的兴趣今天干这事，明天干那事，上午打猎，下午捕鱼，傍晚从事畜牧，晚饭后从事批判，这样就不会使我老是一个猎人、渔夫、牧人或批判者"②。此时的完整的人既是一个健全的身体存在，也是一个自足的精神存在；既富有充盈的情感，也具有自由的意志，还拥有丰富的知识；是实现了身体与精神合一、情意知融生的人。当然，马克思从历史唯物主义出发构想了在未来共产主义社会里人的理想状态，而现在则是"人的需要内驱力、人的社会关系的外推力和人的自由的有意识的活动追求共同作用的结果"③。按照康德的逻辑推论，在人情意知一体的三维结构中，全面发展的人就是美、善、真之人。不过，康德在其三大批判中着重对人的理性、情感与意志进行区分，而较少论述三者的融合共生。当下，中国学生发展核心素养以全面发展的人为核心，勾画了一幅全面发展的人的新图景，即由 3 个维度（文化基础、自主发展和社会参与）、6 个要素（人文底蕴、科学精神、学会学习、健康生活、责任担当、实践创新）、18 个基点所构成的全面发展的人。展开来说，在中国学生发展核心素养的框架里，全面发展的人是有宽厚文化基础、更高精神追求的人，是有明确人生方向、高生活品质的人，是有理想信念、敢于担当的人。④ 这些全面的发展的人的具体内容虽然有别，但就其实质而言，皆是身体与精神合一、情意知融生的人。

人们对完整的人的全面发展并没有太多的异议，即使存在异议，也是在完整的人的全面发展的具体内容上持有不同的构想，而对其本身并无异议。然而，现实的人的发展总遭受这样或那样的异化，使完整的人的全面发展成为一种乌托邦式的奢望。那么，完整的人的全面发展是否有可能？为什么完整的人的全面发展总遭受这样或那样的片面化？倘若全面发展的人是基于人的身体与精神合一、情意知融生的人性特质的必然趋势，那么对于"完整的人的全面发展是否有可能"这一问题的答案显然是肯定的。即使当下人无法实现完整的人

---

① 马克思：《1844 年经济学哲学手稿》，81 页，北京，人民出版社，2018。
② 《马克思恩格斯选集》（第一卷），165 页，北京，人民出版社，2012。
③ 李金和：《论马克思人的"三重本性"与人的全面发展》，载《学术论坛》，2011(1)。
④ 刘庆昌：《核心素养：形塑"受过教育的现代人"》，载《课程教学研究》，2017(1)。

的全面发展，但人总有一种意向，相信总有一天能够实现，并以此规范、引导现实教育的发展。对于"为什么完整的人的全面发展总遭受这样或那样的片面化"这一问题，撇开经济、政治与文化等外在客观因素，基于教育的场域，仅从知识论的视角来看，在古代，人们推崇苏格拉底式的"自知无知"，人的知识论存在状态呈现为"无知的有知者"；到现代，随着专业分化越来越细，人的专业知识越来越深，对专业以外的事物越来越缺少必要的兴趣与关注，人的知识论存在状态呈现为"有知的无知者"。这是因为在古代，中西方先贤们大多基于对万事万物的整体认知，从本体论上探求万事万物的确定性与人生的意义；而由于人的认识能力有限，人总显得力不从心或有心无力，于是人的知识论存在状态呈现为"无知的有知者"。但在现代，人的理性似乎能够认识、掌控万事万物，但忽略了对万事万物整体的把握与洞察，于是人的知识论存在状态表现为"有知的无知者"。这种"有知的无知者"在学术研究中表现得最为明显，即学者的研究越来越专、越来越窄，不同专业的学者之间很难进行有效的沟通与交流，学术论文也变成了谁写谁看、写谁谁看，学者就相应地变成马尔库塞所称的"单向度的人"。而知识论视域的全面发展的人是"有知的有知者"，即在对万事万物整体认知的观照下进行局部认知，或在对万事万物的局部认知中探求整体认知，进而实现知识整体与局部的互动与共生。

(二)完整的人被割裂的教育表征

人是完整的，但常常遭受割裂。在教育场域中，完整的人也时常遭受种种割裂，主要表现为学习的离身化、情意的边缘化和知识的碎片化。

1. 学习的离身化

教育之所以能使人成为人，就是因为人是学习的动物。起初，无论是作为人类的人，还是作为个体的人，皆通过身体的行动与世界万事万物打交道，并在与世界万事万物打交道中积累经验，进而把握、认识世界。人的行动事实上难以与身体分割，行动与身体是合一的，因此，并非行动作为人与世界打交道的中介，而是身体与世界处于一种浑融一体的非对象性关系中。在人与世界万事万物打交道的过程中，那些能够使两者相互适应、彼此契合的行动会不断重复、被模仿并结构化，塑造并决定着人的经验结构，也形塑、体现着世界的结构。从这个意义上说，人的行动结构同时反映、再现着人的经验结构与世界结构，三者具有同构性，此为人的具身学习。在人的具身学习中，人的身体与精神、情意知是和谐共生的，人的发展呈现原初的全面性。人拥有了语言并能运用语言指称世界的万事万物后，人除了通过行动与世界万事万物打交道，由于语言有相对独立性，人就可以离开实存而做形而上或形而下的思考，人就逐渐具有了自我意识，从而使行动不再受制于本能的支配，人的自我意识就为行动设定了一定的理由或目的，并监控行动，从而使人具有了离身学习的可能。不过，从本源上讲，人的具身学习具有优先性，因为语言的运用是以行动积淀的经验为基础的，而若离开了行动积淀的经验，人就难以理解、洞悉语言的意涵，语言就只是一种空洞的声音或符号，正如具身认知理论所揭示的那样："我们的概念体系以知觉系统和肌动系统为基础，概念体系通过神经利用这两个系统，更重要的是概念体系被这两个系统所形塑。""因为概念和理性都源于且利用感觉运动系统，心智也就不可能从身体中分离出来而独立存在。"①

实际上，因为具身认知在人的学习中具有根本性作用，所以真正有效的学习需要将新知嫁接在学生已有的经验上，只有这样新知才能为学生所掌握与运用。然而，现实的课堂教学常常脱离学生已有的经验基础，让学生进行离身的概念学习，教学仅呈现知识本身的内在逻辑，而与学生已有的亲身经验相去甚远。这种离身的知识学习常常把抽象的概念作为起点，以教师预设的问题为主线，按照知识的逻辑进行推演和延深。学生面对这种脱离自身经验的概念与问题时，除了依靠自己的记忆力"生吞活剥"地把所学的知识暂时储存到大脑中，并无其他方法可用。学习就成为一种劳役，学生感受不到学习的乐趣。当然，学生所学习的知识总要超越学生已有的具体经验，学生总要不断学习新的知识，但问题是，如果学生的学习不能对其已有的切身经验进行改造或重新组织，那么虽然强硬灌输可以使学生习得一堆概念性知识，但这些知识对学生的成长而言没有意义。另外，课堂学习大多局限于听中学、看中学，而不鼓励学生做中学、用中学，从而使学生难以有亲身的体验、感受与感悟。在有些教师看来，学习就是记忆与思考，需要端坐静听，而不需要身体参与。即使是科学

---

① ［美］莱考夫、［美］约翰逊：《肉身哲学：亲身心智及其向西方思想的挑战（二）》，李宝嘉、孙晓霞等译，581页，北京，世界图书出版公司，2017。

课，学生需要在做实验中亲身感受、体验科学方法和思想的运用过程，但教师也常常让学生在纸上"写实验"，在黑板上"画实验"，使学生的学习呈现为纯粹概念的记忆与背诵。

2. 情意的边缘化

知识作为人创生的产物，虽然表现为人理智的外化，是人从探索人文、社会与自然世界的感性经验中提炼出来的概括性、抽象性的认识，但情意知融生的完整的人的情感、意志也必然会以不同的方式投射、烙印在知识中。在彰显人的情意上，人文知识表现得最为突出。比如，《散步》一文之所以写散步这一平常事，是因为作者试图通过散步表达祖孙三代相互理解、尊老爱幼的和谐亲情。在学习《散步》时，学生需要设想自己是"我""我的母亲""我的妻子""我的儿子"等不同角色，体验散步中的情感脉络与意志导向；同时，学生回到与文章情境相似的某个生活状态或境遇中，体会自己当时的情感与意志；在体验之后，运用从课文中学到的情感、态度与价值观来反思自己曾经的情感经历与意志向往，从而使自己获得一次心灵的洗礼，实现德性提升与意志磨砺。其实，即使是自然科学知识，也蕴含着人的情感与意志，道理也很简单：倘若没有情感投入和意志坚守，自然科学知识的生产就是不可能的。比如，在从"地心说"转变为"日心说"的过程中，不同的天文学家，如哥白尼与布鲁诺等人，矢志不渝地探索天体运行的规律，支撑其行动的信念就是"宇宙是物质的、有秩序的、能够凭借理性的推理而被理解"[①]。若缺乏这种信念的情感驱动与意志坚守，其研究就难以想象、不可理喻。

然而，在当下的知识学习中，有些教师过于强调外显的知识符号的学习，而漠视或遗忘了知识符号背后所隐含、内蕴的人的情感与意志，且忽视或冷落了学生学习的情感与意志，最终导致学生在知识学习中的情意被边缘化。比如，学习"昔我往矣，杨柳依依；今我来思，雨雪霏霏"时，倘若学生仅了解"杨柳依依""雨雪霏霏"代表着春、冬，以及此处的"雨""雪"是名词作动词用，就难以读懂此诗。此诗实际上是作者用"杨柳依依"来抒发昔人依依不舍的情感，用"雨雪霏霏"来暗指当时的冷酷现实，表现游人截然相反的两种心境。因

---

① 　冯华、张维善：《寓物理学科核心素养于教学中——谈教学中的述与评》，载《课程·教材·教法》，2018(10)。

此，在学习此诗句时，教师需要激活学生以往的生活经历，如离家求学或外出游玩，感受在漫漫旅途中对亲人的思念之情。学生倘若不能洞察作者写此诗句时所蕴含的情感，就不能将之与自己在生活中经历的情感对接，那么单纯的"杨柳依依"与"雨雪霏霏"就仅是自然景观的描述而已。不仅学习人文知识时离不开人的情感与意志，而且学习运用客观语言表述的科学知识时也需要教师揭示其背后所蕴含的情感与意志，并用这些情感与意志激活、感染学生的情感与意志。比如，探究物理现象离不开强烈的求知欲望，但这种强烈的求知欲望也需要明确的意志来指引。伽利略之所以能发现自由落体运动的规律，是因为其坚信自然界总习惯于运用最简单和最容易的手段。在此信念的驱动下，伽利略做出自由落体运动是最简单的变速运动——匀加速运动——的假设，后来通过实验证实了假设。法拉第发现电磁感应现象则是基于其秉持的"各种自然力的统一"①的信念，并矢志不渝地为证实各种自然现象之间存在的普遍联系而努力。

3. 知识的碎片化

人区别于动物之处在于人行动的意识性与目的性，而人行动的意识性与目的性是由知识指引的。在这个意义上，人是一种知识性存在，完整的人的全面发展需要以完整的知识作为支撑。这种完整的知识既表现为人类创造的各学科知识之间的相互联系，又表现为各学科知识自身的相互关联，还体现在某知识内容的内在统一上。从宽泛到具体，人类知识大致可分为人文学科、社会学科和自然学科，而人文学科、社会学科与自然学科又包含众多具体学科，众多具体学科则由各种知识点组成。从个体的认知能力与有限的时间来看，任何人皆无法掌握、精通人类所创造的所有知识，但这并不意味着人不能将各学科知识融会贯通。因为虽然人们按照研究对象将人类知识划分为人文学科、社会学科和自然学科，且三大学科都具有独特性，但人面对的世界是一个普遍联系的完整体，而且人共享相同的人性，因而人创生的知识整体也是互为观照、相互贯通的。各学科自身也是一个完整的知识体系。每个学科皆是围绕某一对象，就该对象的构成、属性与功能等问题展开的系统探究，皆由基本概念、范畴与定

---

① 冯华、张维善：《寓物理学科核心素养于教学中——谈教学中的述与评》，载《课程·教材·教法》，2018(10)。

理等构成；其中，各概念、范畴与定理之间存在密切的联系。另外，某一知识内容也是完整的。从结果来看，某知识内容也许只表现为某一结论，但从过程来看，这一结论与先前的某些知识相关联，展开来皆表现为"问题＋方法＋结论"的结构，也像其他知识那样遵循相同的逻辑构造，且是完整之人的情意知的投射与反映。总之，人的思想联结着自然和社会，并把自然和社会打通，于是各学科知识间的概念、范畴就存在诸多借用、转换与相通的现象，正如朱光潜先生所言："宇宙本为有机体，其中事理彼此息息相关，牵其一即动其余，所以研究事理的种种学问在表面上虽可分割，在实际上却不能隔开。世间绝没有一科绝缘的学问。"①

　　然而，当下的知识教学在分科进行的大背景下，不仅割裂了各学科知识之间的内在联系，而且为了应付考试把一些内容省略，切断了学科知识本身的内在关联；在学习某知识点时，也仅仅呈现其结论，而忽略其过程及运用的方法，无视知识创生者在知识创生中所赋予、投入的情感与意志。其结果是：学生学到的只是知识结论，而无法将各知识结论融会贯通，也难以结合现实生活去理解这些知识，从而造成知识的碎片化。这种知识的碎片化就是使完整的知识割裂，变得零散混乱、相互冲突，其表现主要有三方面：一是学科的自我封闭，学科一旦建立起来，就成了由特定的概念、范畴、命题与理论组成的知识体系，而遗忘了学科创建的原点——问题解决，现行的分科考试制度更加固化了学科的边界，于是，在学科强化自身特色的同时，相互贯通的完整知识也被割裂；二是学科逻辑的断裂，学科教师大多熟悉教科书，而少有教师对自己所教学科的发展史有深入的研读与把握，大多数教师不知学科知识发展的逻辑链条，一旦打破了学科自身发展的逻辑链条，学科知识就缺失了内在的联系；三是知识中情意知的分离，知识作为人创生的产物，本来就是人情意知互动、融生的投射与反映，其本身就蕴含着人的情感、意志与认知，但有些知识教学为了更加高效，人为地消除了知识生产所蕴含的情感与意志因素，仅仅将知识视为人认知的结果，将知识的表层构成（概念、命题与理论）呈现给学生，而不是通过展示人们在获得知识符号时所体现的意志及其投入的情感让学生获得完整的知识。

---

① 朱光潜：《谈修养》，11 页，桂林，广西师范大学出版社，2004。

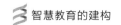

(三)培育完整的人的教育构想

倘若完整的人的发展遭受学习的离身化、情意的边缘化与知识的碎片化的阻隔，那么完整的人的培育则需要重构身体观念，践行具身学习；彰显情意功能，实践理解教学；整合课程知识，进行全人教育。

1. 重构身体观念，践行具身学习

人本是身体与精神的合一，但人在理解、认识身体对精神的作用时常常持敌视的态度，将身体视为阻碍人精神提升的绊脚石。在西方理性文化传统中，身体常常被视为肉体，与人的灵魂、理性相互隔绝、分离；认为人要想超越自我、实现心灵的转向，就得疏远乃至毁弃自己的肉身，人只是"我思故我在"，而不是"我在故我思"。即使在强调修身的中国优秀传统文化中，所谓修身也是规训自己的身体，让身体符合外在"礼"的要求；在学习中，身体是被规训、管治的对象，而不是学习的有机构成。比如，在学习时，学生常常被告知要手放平、坐端正，要竖起耳朵乖乖听，因为在教师看来，学习时的身体动作容易造成学生分心、走神，学习就要静心思考，并通过记忆、背诵来存储知识，而这些都依赖大脑的认知活动，与身体动作无关。正如李政涛所言："一部教育史，就是一部身体被降格为肉体或躯体的历史，是一部身体受难的历史，是对身体的压制、宰割、重新分配和遗忘的历史。"[①]而学生身体及其携带的亲身经历的缺位只会消弭学生参与学习的热情，使学生的学习不可避免地陷入枯燥、乏味的观念传授式的学习困境。因此，让学习重新焕发生命的活力，则需要重构身体观念，践行具身学习。

具身学习是基于身体、认知和环境的相互作用而获取知识的学习，它强调身体的参与在学习中的基础作用。因为"认知始于身体与世界的相互作用，人的认知需要身体的各种经验；反之，经验也来自具有独特知觉和运动能力的身体，身体与经验交互作用，不可分离地链接在一起，共同构成一个由记忆、情

① 李政涛：《身体的"教育学意味"——兼论教育学研究的身体转向》，载《教育理论与实践》，2006(21)。

感、语言、认知、身体所构成的有机体"①。从哲学层面上看，人与世界的关系涉及三重维度：感受世界、说明世界与规范世界。人来到世上，首先通过身体的感觉、知觉来感受世界，身体的感觉、知觉是人与环境互动最直接的接触点。人只有通过身体的感觉、知觉来感受世界，才能真切地知道世界对其到底意味着什么，而人对世界的感受具有意向性与反身性，其内容呈现为感知、情感与思维的互融，体验、体悟与体会的交错。在感受世界的基础上，人通过逻辑分析说明世界"是什么"，并进一步将说明世界"是什么"与感受世界所蕴含的"意味着什么"具体化为对规范世界"应当成为什么"的关切。② 从这个意义上说，学生对事物或事情的认知并不始于语言文字的接受，而是始于身体对事物或事情的感知。学生通过身体这一认知的媒介和通道来对事物或事情进行听、闻、触、尝、看，产生对事物或事情的感受力，形成直观的动作思维与形象思维，通过联想、想象、比喻与拟人等思维方式，利用已知来认识未知的事物或事情。因此，从本源上看，学习需要具身认知，人应实践具身学习。

2. 彰显情意功能，实践理解教学

人的学习并非单纯的认知，人的情感、意志对学习具有激发、驱动与激励作用。我们之所以常说要变"让我学"为"我要学"，就是因为若没有"我要学"的情感驱动与意志努力，学习就会异化为一种被动行为。作为有目的、有意识的存在，人的学习自然关联学习者的需求、愿望与意志。倘若学习脱离了学习者的需求、愿望与意志，那么他就不会痴迷、沉潜于学习中。通常来看，人对自然、社会、他人与自我皆有强烈的认知愿望，渴望了解、知晓各种事物或事情对自身成长的意义。从这个意义上说，情感是学生从不知到有所知的出发点，意志则是学生对某个事物或事情是否符合自身的需要和愿望而产生的一种心理体验。其实，不管人们是否意识到情意对学生学习的作用，学生的学习总伴随着一定的情意。不过，由于对学生的情意在学习中的作用认识得不充分或存在误解，教师在教学中常常通过强调学习对学生未来发展的功利性价值来激发、保持学生学习的情感与意志，而忽略了学习本身在情感的培育、意志的砥砺与

---

① Thelen E. , Schoner G. , Smith B. , "The Dynamics of Embodiment: A Field Theory of Infant Preservative Reaching,"*Behavioral and Brain Science*, 2001, 24(1), pp. 1-86.

② 杨国荣：《人与世界关系中的感受》，载《社会科学》，2018(10)。

认知的完善上的意义，这便使学生的学习仅靠外在的学习情意来支撑，教学没有挖掘、展现知识本身所蕴含的情意，更没有用这种意情来濡染、激发学生的学习情意。在皮亚杰看来，认知既不是起因于自我意识的主体，也不是起因于业已形成的、会把自己烙印在主体之上的客体，而是起因于主客体之间的相互作用，认知是客体通过主体内部结构的中介作用才完成的。"这些中介物从作为身体本身和外界事物之间的接触点开始，循着由外部和内部所给予的两个互相补充的方向发展。"①展开来说，在认知中，最初起中介作用的是在全部言语或全部表象性概念以前的感知活动，后来才有由语言和表象性概念形成的活动，实现了从动作到概念化思维的转变。② 从人的认知发生原理来看，知识就不是人脑对客观事实或事物的镜式反映，它需要经过主体的感知和理解过程的处理。而在主体的感知和理解过程中，人的情感、意志必然渗透、贯穿始终。因此，完整的人的培育需要彰显情意功能，进行理解教学。

理解是哲学解释学的核心概念，经历了从方法论到本体论的转变。在本体论中，理解是人的一种存在方式，是理解者与被理解者双方互动、交流的视域融合。在理解的视域里，学习不再仅是复原或再现知识的原意，而是学习者与知识互动、生成的过程；教学不再是将知识灌输给学生，而是师生共同投身于一个开放、生成的理解循环的意义世界。从这个意义上说，理解教学是一种促使学生的已知或经验与新知进行对话、交流的教学。实际上，学生所学的知识也是人对自然、社会或人本身理解的结果，学生的学习就是在自己已知或经验的基础上对所要学习的知识进行再理解。因此，理解教学关注学生的前理解，将所学的知识与学生已有的经验联系起来。比如，教师在执教平均数时就运用学生具有的平均数的前概念(超常发挥、正常发挥与失常发挥)设计了一个数学情境：一位二年级的小朋友跑了 5 次 60 米，时间分别为 15 秒、14 秒、12 秒、10 秒、14 秒。教师让学生讨论这个小朋友跑 60 米大约要多少秒。通过讨论，学生得出的答案有：15 秒——最慢；10 秒——最快；14 秒——次数最多但偏慢；12 秒——偏快；13 秒——刚刚好，但却没有跑出来过。教师引

---

① ［瑞士］皮亚杰：《发生认识论原理》，王宪钿等译，21～22 页，北京，商务印书馆，1981。

② ［瑞士］皮亚杰：《发生认识论原理》，王宪钿等译，21～22 页，北京，商务印书馆，1981。

导学生从"正常发挥"提炼出平均数的概念，即平均数代表一组数的整体水平，它具有虚拟的特征。[①] 从中可以看出，理解教学通过新旧知识的连接，将新知识嵌入学生已知的特定情境，让学生学习的情感、意志进入，从而使学生的学习从对事实或概念的记忆转变为对知识创生过程的理解，激发学生对知识创生的生命体验。正如上述例子，学生对平均数的理解经历了波折，没有跑出来过的 13 秒却表示正常发挥的水平，既让学生明确了平均数表示一组数的整体水平，也让学生感悟了平均数的虚拟特征。

3. 整合课程知识，进行全人教育

世界是一个整体，具有完整性，世界的不同构成（个人、社会与自然）也是彼此交融、互为关联的。因此，不同学科的知识之间就存在直接或间接、隐晦或明显的关系。完整的人的发展不是不同学科知识罗列、杂糅的结果，而是通过对知识的综合运用而不断探究世界的过程。然而，在分科学习的背景下，学生的知识学习常常以学科为界、画地为牢。可以说，人生活在自然、社会与个人构成的世界里，但分科的知识学习却只向人展示了完整世界的一个侧面或某个部分，人生存的视域因学科知识的局限而变得狭窄、封闭，使人的心灵处于一种无根的漂泊状态中。现实生活或实践问题是动态、复杂与综合的，各种自然、社会与人文因素交织在一起，人们需要整合各学科的知识。从这个意义上说，分科课程虽然有利于学生获得系统的知识体系，但学科间的割裂也容易束缚学生的思维及其综合能力的发展。因此，为了培育完整的人、促进人的全面发展，世界各国皆在强调不同学科间的交叉与互动，突破课程间的学科界限，将不同领域的知识与技能进行整合，开展跨学科学习，使学生在亲身参与中获得综合能力的提升。整合课程知识的路径至少有三条：一是学科内整合，即根据培养目标、主题或问题，通过对既有课程内容的重组、补充、替换与拓展等实现对课程内容的再创造；二是学科间整合，即围绕某个主题将存在联系的不同学科、不同领域的内容进行统整，组成主题课程，学科间整合试图改变单纯以学科逻辑组织课程内容的做法，强调以学习者的经验、社会的需要为基础，以问题为中心进行课程整合；三是校本课程整合，即将学校的办学理念、

[①]　俞正强：《从"正常水平的发挥"到"平均数"的理解——"平均数"的前概念研究》，载《教学月刊小学版（数学）》，2016(3)。

培养目标与学校课程有机统一，基于学校的办学理念、培养目标对学校课程进行整体设计，如有学校将原来的十几门课程整合为"品格与社会""体育与健康""语言与人文""数学与科技""艺术与审美"五大领域课程。

整合课程知识的价值旨趣是培育完整的人，而完整的人的培育需要实践全人教育。这种全人教育以马克思关于全面发展的人的思想为指导，基于人的意识性这一本质，为个体意识的全面生成提供适宜的文化环境。这种致力于人的意识全面生成的教育，一方面，要切实把握知识的完整性，即任何知识皆蕴含着三重意涵——一是由概念、命题与理论构成的知识内容，二是由方法、思想与思维构成的知识形式，三是由人文情怀和科学精神构成的知识旨趣；① 另一方面，要注重学科内或学科间知识的整合，在明确不同学科对相同问题不同的解答视角的基础上，启发学生在不同学科之间建立起网络结构，实现知识的整体观照与局部掌握的灵活转换。可以说，即使不同学科运用了各自不同的概念体系，但不同的概念体系背后大多是彼此相通的方法、思想、思维以及相同的价值追求，这也是课程知识整合之所以可能与必要的根源。因此，实践全人教育既要洞察知识的完整性，也要围绕某个问题或主题将相关的知识进行整合。从操作上看，为了使学生对某个问题或主题形成一个完整的认识，其过程大致要经历诱出想法、添加想法、辨析想法以及反思与整理想法（知识）四个环节。诱出想法即让学生充分表达、呈现自己对某个问题或主题的已有想法，在了解学生对某个问题或主题已有想法的基础上进行教学。添加想法即增加规范的科学概念，且将新增加的想法与学生的已有想法或相关经验建立联系。辨析想法即辨别、区分不同的想法及各自的正误，明确各种想法正误的依据或理由。反思与整理想法即鼓励学生通过反思对想法进行整理，让学生通过对比、反思重新评价先前的想法，寻找各种想法间的联系，并处理自相矛盾的想法，形成对某个概念或命题的连贯性理解。②这个过程始终以学生的学习为中心，通过师生、生生的展示与讨论来实现某个概念或命题对学生自身成长的意义。

---

① 李润洲：《知识三重观视域的核心素养》，载《教育发展研究》，2016(24)。
② 赵国庆、张丹慧、陈钱钱：《知识整合教学理论解读：将碎片化知识转化为连贯性想法——访学习科学国际著名专家马西娅·C. 林教授》，载《现代远程教育研究》，2018(1)。

第二章　智慧教育转识成智何以及如何可能 ——

　　无论实施什么样的教育，皆无法脱离知识。从一定意义上说，教育之所以可能，是因为知识授受的需要。建构智慧教育也离不开知识，因为学生的智慧是通过知识学习而形成、生成的。[①] 建构智慧教育并不拒斥知识，而是基于知识实现转识成智。

　　在这个信息发达的社会里，人们日益感到自己缺少的不再是知识而是智慧，因此，将外在的知识转化为人的智慧就成了越来越多人的教育追求。从字形上看，智是由"知"和"日"构成的，正如孔子所言："好学近乎知。"知识乃智慧的必要构成。从汉字的造字会意结构来看，慧是由上中下三部分构成，其上部是两个"丰"字，象征着丰收喜庆之意；中间是一个横着的"山"字，是《易经》中"艮卦"的象征，表示一种无为而无不为的境界；最下面是一个"心"字，表明慧需用心体悟。[②] 因此，智慧作为一种综合心理素质，是人的知识与心灵的统一体。知识虽然蕴含人的智慧，但知识并不等同于智慧，需要转识成智。这种转识成智，用冯契先生的话说就是化理论为方法、化理论为德性，即人们通过理性直觉、辩证综合与德性自证，使知识化为人的言行准则与思维方式，内化为人认知、做事与为人的人格素养。通俗地说，转识成智就是把外在、显性的知识转化为人内在、隐性的解决问题的立场、方法与观点。[③] 那么，转识成智何以及如何可能呢？

---

　　① 李润洲：《知识三重观视域的核心素养》，载《教育发展研究》，2016(24)。
　　② 乔炳臣：《知识、智力、智慧与创新学习能力——探索如何把知识转化为智慧的教学过程》，载《教学研究》，2010(3)。
　　③ 李润洲：《转识成智的教师之教》，载《江苏教育研究》，2015(25)。

一、 基于杜威实用知识观的回答

自培根提出"知识就是力量"以来，很少有人反对知识的价值，但在如何认识、理解知识上却存在多种看法。在教育史上，杜威因倡导"儿童中心""经验中心""活动中心"与"做中学"等教育思想，曾被误解为轻视知识。那么，杜威对知识到底秉持何种观点？其知识观对转识成智有何启发意义？

(一)转识成智何以可能：知识的智慧化理解

1. 知识是人与环境互动的产物

杜威的教育思想容易被人误解为轻视知识，原因之一就是其秉持的知识观与人们通常信奉的知识观存在较大的差异。一般而言，知识观是人们对知识的本质、属性、来源及价值等所持有的基本看法，是人们对何谓知识、知识具有何种特性、如何获得知识、知识有何价值等问题的回答。其中，何谓知识是知识观的根本问题，在一定意义上决定着对知识具有何种特性、如何获得知识、知识有何价值等问题的回答。对于何谓知识，至少存在三种看法：一是唯理论的知识观，即认为知识源于人的理性，是经过论证的真信念；二是唯经验论的知识观，即认为知识源于人的经验，是能够得到实证的信念；三是调和唯理论和唯经验论的知识观，其代表性观点为康德的先验知识观和杜威的实用知识观。在康德看来，知识既不是理论的推导，也不是经验的直观，而是基于理性的理论与基于感性的经验之结合。倘若知识仅源于人的理性，那么这种知识就既容易产生独断论，又缺乏现实的内容；倘若知识仅源于人的经验，那么这种知识就只能具有或然性，而不具有普遍必然性。康德通过对"先天综合判断"的论证，提出知识是人运用先天的理性形式去统整杂多的感觉经验的产物。如果说康德基于"先天综合判断"揭示了知识产生的形式逻辑，那么杜威则基于对经验的独特诠释阐明了知识产生的内在机理。在杜威看来，唯理论的知识观和唯经验论的知识观皆是二元对立思维的产物，人为地割裂了理性与感性、理智与情感、知与行、目的与手段等之间的统一性。倘若仅从理性的角度定义知识，那么知识具有的行动性、情境性、生成性等因素就会被分离出去，而只剩下一些孤立的抽象概念或认知符号；倘若仅从经验的角度定义知识，那么知识就成了被动接受的孤立感觉，就丧失了固有的主动和情感的要素。真正的知识产生于人与环境的交互作用，具有作为认识过程的主动性和作为认识结果的被动性的双重属性。①但在知识的理解上，人们却常常忽略了知识的主动性，而只将知识看作认识的结果。在杜威看来，知识就是人与环境互动的产物，既是人认识的结果，也是人认识的过程，具有行动性、情境性与生成性等特征，这便为转识成智提供了认识论基础。

2. 知识是行动的方法与手段

基于实用知识观，杜威既反对理性主义的理性形式知识观，也拒斥经验主义的感觉经验知识观，而认为知识是能够产生令人满意的行动结果的东西。杜威反对那种将知识的记录混同于知识的观点，认为这种观点犹如把人们绘制的地图当作实际的地况。在他看来，知识的记录原本是人们问题求解的结果和进一步探索的资源，但有些人无视知识记录所处的这种位置，而把它看作知识，人们的心灵就反而被其以前战胜环境的战利品俘虏，他们不再把这些战利品作为战胜未知事物的武器，却把它们用来固化知识、事实和真理的意义。②知识退化为信息，而实际上，知识只是人行动的方法与手段。正如杜威所说："当行动受着知识的指导时，它是一种方法和手段而不是一个目的。目标和目的就是利用主动控制对象的手段在经验中所体现出来的更为可靠、更为自由、更为大家所广泛共享的价值。"③杜威明确地提出，实用主义认识论的本质特征就是主张人的认识与人有目的的改造环境之间的连续性，只有那些已经组织到我们的性格、性情与意志等心理倾向中的东西才是真正的知识；知识不只是我们现在能意识到的某种东西，而且包含我们有意识地用来理解正在发生的事情的各种心理倾向；知识作为一种行动，就是通过人设想自己与生活世界的联系，调动心理倾向来清楚地发现并解决一个个困惑的问题，是人明智行动的方

---

① ［美］杜威：《知识》，见瞿葆奎：《教育学文集 第6卷 智育》，238页，北京，人民教育出版社，1993。

② ［美］杜威：《民主主义与教育》，王承绪译，204页，北京，人民教育出版社，1990。

③ ［美］杜威：《确定性的寻求：关于知行关系的研究》，傅统先译，27页，上海，上海人民出版社，2004。

法与手段。① 而那些"脱离深思熟虑的行动的知识是死的知识，是毁坏心智的沉重的负担"②。

3. 知识的价值体现在问题解决中

在杜威看来，知识的行动性、情境性、生成性等特性决定了知识并不是静止不变的永恒真理，而是人们进一步探究、解决问题的工具与资源。知识虽然表现为人思维认识的结晶，但知识的价值体现在问题解决中。"所有概念、学说、系统，不管它们怎样精致，怎样坚实，必须视为假设。它们应该被看作验证行动的根据，而非行动的结局……它们是工具，和一切工具同样，它们的价值不在于它们本身，而在于它们所能造就的结果中显现出来的功效。"③从这个意义上说，教育并非在于让学生记住、储存多少既有的知识，而在于使学生运用所学的知识解决各种问题，并在解决问题中彰显知识的价值，这是杜威倡导"做中学"的根由，也因此给人们留下轻视知识的错误印象。但实际上，杜威并没有轻视知识，在他看来，公共知识与个人知识之间存在巨大差距，那种简单告知的知识传授常常抑制、阻碍学生探求知识的欲望或兴趣。因此，知识传授的正确做法就是从被认可为知识的东西出发，批判地考察这些知识所依据的基础，关注有什么例外情况，运用新的技术揭露与原来确信不疑的东西不一致的论据，运用想象力去设想一个与祖先所信奉的完全不同的世界④，并引导学生的经验不断地向有学问的人已知的东西前进⑤。倘若人们抛弃那些被认可为知识的信念，唯一的结果只能是普遍的愚蠢行为。由此可见，杜威并没有像霍夫施塔特所认为的那样犯了"反理智主义"的错误，忽略、轻视了知识，他只是认为那种脱离人的行动、与人的生活无关的知识是一种冒牌知识，而若将知识与人的行动和问题解决勾连、融合起来，那么知识就具有了智慧的特征，转识成智也成为可能。转识成智既意味着知识与智慧有区别，也意味着知识与智慧有密切的联系。从区别上看，知识表现为人类认识的结晶，具有一定的客观性、

---

① [美]杜威：《民主主义与教育》，王承绪译，362～363 页，北京，人民教育出版社，1990。

② [美]杜威：《民主主义与教育》，王承绪译，167 页，北京，人民教育出版社，1990。

③ [美]杜威：《哲学的改造》，许崇清译，78 页，北京，商务印书馆，1958。

④ [美]杜威：《民主主义与教育》，王承绪译，314 页，北京，人民教育出版社，1990。

⑤ [美]杜威：《民主主义与教育》，王承绪译，200 页，北京，人民教育出版社，1990。

普遍性与价值公允性；而智慧则表现为一种知识加工的心理能力，具有主观性、情境性与价值指向性。因此，人们可以拥有相同的知识，却无法拥有相同的智慧。从联系上看，知识源于人生存发展的需要，是人运用已知与环境相互作用的产物，隐藏着人解决问题的立场与方法，渗透着人的思维方式与价值欲求，蕴含着人的智慧。从这种意义上说，杜威的实用知识观基于经验将人的行动与知识勾连起来，在使知识具有行动性、情境性与生成性等特性的同时，也使其界定的知识成了一种参与者的知识观，而不再是旁观者的知识观，即不再认为知识只是人的大脑对外在事物的镜式反映，或者客观、外在与静止的书面符号，而是与个体的行动、经验、感悟融为一体并持续促进人的发展和改造社会的工具。杜威界定的知识具有了智慧的意涵，让转识成智具有了现实的可能性。

从杜威的实用知识观来看，转识成智之所以可能，就是因为知识的智慧化理解。所谓知识的智慧化理解，就是从智慧的角度来看待、认识知识，它至少包含三种意义：一是知识不等同于智慧，即知识作为人认识的结晶，是外在于人的客观存在，人只有掌握、运用了知识，才能彰显出智慧；二是知识蕴含着人的智慧，即知识不仅意味着认识的结果，而且意味着认识的过程，从认识的过程来看，知识蕴含人问题求解的方法路径、思维方式与价值欲求，知识也是人智慧的结晶；三是知识有主体的情境化、行动化运用就是智慧。在杜威看来，若纯粹从逻辑的角度来定义知识，就会割裂知识与人的行动、实际考虑与人的好恶等之间的关联，知识就成了一种无主体的、脱离情境、无关行动的抽象存在。这种知识观以反作用的方式唤起实用主义哲学，实用主义哲学把这种抽象的无主体、无情境、无关行动的知识观看作唯理论(有时也叫唯理智论)所特有的观点。[①] 杜威的实用知识观则在恢复知识的行动性、情境性、生成性等特征的同时，将知识重新转化为人的智慧，使知识成为一种有主体的基于人与环境的交互作用且关乎合理、有效行动的智慧。

(二)转识成智如何可能：贯通个人知识与公共知识

知识与智慧的联系使转识成智成为可能，而知识与智慧的区别是转识成智

---

① [美]杜威：《知识》，见瞿葆奎：《教育学文集 第6卷 智育》，240页，北京，人民教育出版社，1993。

的阻碍。这种转识成智的阻碍具体表现个人知识与公共知识的差距。因为作为人类认识结晶的公共知识对于学习者而言只是一种外在的客观存在，倘若离开了学习者的主动参与、认知操作与心智内化，那么公共知识就只是一种外在的存在，并不能"为我所用"。同时，人即使拥有了相关的公共知识，也并不一定能够运用公共知识进行明智的行动。智慧作为人的一种综合心理能力，总与个体相关联，具有私人性、个体性与实践性。从这个意义上说，个人知识就成了智慧的操作概念①，个人知识是智慧彰显的前提条件。那么，何谓个人知识？如何贯通个人知识与公共知识？

1. 个人知识

波兰尼认为个人知识指个人所具有的知识，跟那种"与我无涉"的客观且普遍认可的公共知识相对，既指一种静态的知识，也指一种动态的"识知"。在波兰尼看来，任何知识的获得都是人对客观事物的一种能动的理解和领会，皆是有人的情感、意志、能力与已知参与的行为，因此，个人知识的提出消弭了公共知识给予人们的那种凡是知识皆具有客观性、普遍性与价值中立性的错觉。在恢复认知主体在知识获得中的能动作用的同时，波兰尼所阐述的个人知识同样是一种参与者的知识观，与杜威的实用知识观具有异曲同工之妙。这种参与者的知识观强调个人知识是认知主体在解决问题时逐渐建构起来的对事物、社会与自我的认知。教育作为人类知识的传承与创新，意味着要将公共知识转化为个人知识。贯通个人知识与公共知识既意味着将公共知识与个人已有的知识经验、兴趣爱好、认知结构、思维方式等联系起来，将公共知识转化为个人知识；又意味着个人知识借助概念与命题，外显、转化为公共知识。倘若人不是生而知之而是学而知之，那么教育存在的意义就在于贯通个人知识与公共知识，使公共知识转化为个人知识、个人知识转化为公共知识。用杜威的话说就是："教育的目的在于尽可能把所传授的内容同个人直接的行为及情感反应的内容融为一体，这样，前者将从后者那里获得力量、生气和直接性，前者又通过后者不知不觉地但持续地得到拓展和深化。"②这种"尽可能把所传授的内容

---

① 蔡春：《个人知识：教育实现"转识成智"的关键》，载《教育研究》，2006(1)。

② ［美］杜威：《知识》，见瞿葆奎：《教育学文集 第6卷 智育》，241页，北京，人民教育出版社，1993。

同个人直接的行为及情感反应的内容融为一体"简单地说就是贯通个人知识与公共知识。

2. 个人知识与公共知识贯通的路径选择

从知识论来看，教育所要解决的最大问题就是公共知识如何转化为个人知识以及个人知识如何转化为公共知识。杜威详细阐述了将个人知识与公共知识割裂的做法会给儿童的学习造成的三种典型弊病：一是与儿童已经看到的、感觉到的和爱好的东西缺乏任何有机的联系，致使教材成为单纯的形式和符号，这种空洞的或纯粹的符号成了折磨学生心灵的无用的古董和加给心灵的可怕的重担；二是动机缺乏，不仅没有过去有所感受的事实和真理作为吸收和类化新东西的基础，而且没有热情，没有需要和要求，这进而使知识学习成为一种苦役；三是即使是用最具逻辑的形式整理好的最科学的教材，如果以外在和现成的形式提供，它在儿童面前时也会失去这种优势。① 在如何跨越个人知识与公共知识之间的差异上，不同教育理论采取了相异的路径与做法。在"教育即塑造"观下，教育就是将公共知识传授给学生，其着眼点与起点是公共知识，其过程主要是"明了—联想—系统—方法"。这种知识传授的"教育即塑造"观提高了学生学习、掌握知识的效率，但也存在将知识传授视为目的而让学生成为知识的容器之弊端。学生虽记住了许多知识，但不知如何运用，也不知学习的意义。因此，杜威对这种以赫尔巴特为代表的"教育即塑造"观的评价是：赫尔巴特的哲学考虑了教育的一切事情，却唯独没有考虑教育的本质，没有关注人充沛的精力需要寻找机会有效发挥；一切教育皆能培养道德、锻炼智力和塑造性格，但这种道德培养、智力锻炼与性格塑造在于选择和调节人们的本能活动，不仅表现为对人先天本能的塑造，而且要通过活动进行塑造，这是一个经验重构与改造的过程。② 在自然主义教育者看来，人天生的器官和能力能独立、自然而然地发展，于是，人的教育就只能遵循自然的方法，让儿童自由自在地发展；教育的着眼点和起点落在儿童自由自在的活动上，聚焦的是儿童的个人知识，而公共知识则被排除在个人知识的视野之外。对此，杜威认为自然的或天

---

① ［美］杜威：《学校与社会·明日之学校》，赵祥麟、任钟印、吴志宏译，123～124 页，北京，人民教育出版社，2004。

② ［美］杜威：《民主主义与教育》，王承绪译，80～81 页，北京，人民教育出版社，1990。

赋的能力或潜能在教育中只能提供开启性和限制性的力量，它们并不提供必然的教育结果或教育目的。倘若除了以不学而能的能力或潜能为开始的学习，不存在任何其他的学习，那么学习就成了一种随意的行为，但是学习并不是不学而能的能力或潜能的自发溢出，而是一种有目的、有意识的活动。① 在杜威看来，教育即重构，教育是经验持续的重构与改组，其着眼点和起点是个体知识，其过程主要是暗示、问题、假设、推理与验证，其手段是按照当时社会的基本职业活动为儿童提供木工、烹饪、缝纫、编织等主动作业，让学生在做中学。但在实际操作中，倘若忽视公共知识的引导，那么这种个人知识就有可能碎片化、肤浅化，难以实现公共知识可提供的认知的系统性、丰富性与深刻性。正如杜威所言："如果'旧教育'倾向于轻视能动的素质和儿童的现在经验固有的那种发展的力量，而且因而认为指导和控制正是武断地把儿童置于一定的轨道上，并强迫他在那里走，那么'新教育'的危险就在于把发展的观念全然是形式地和空洞地来理解。我们希望儿童从他自己心中'发展'出这个或那个事实或真理。我们叫他自己思维，自己创造，而不提供发动并指导思想所必需的任何周围环境的条件。没有一个东西能够从无中发展出来，从粗糙的东西发展出来的只能是粗糙的东西。"②

3. 个人知识与公共知识贯通的第三种可能

在杜威看来，为了避免"旧教育"和"新教育"在贯通个人知识与公共知识上的偏颇，就要在二元对立中看到其连续性，看到第三种可能，即学科内容的逻辑顺序与儿童成长的心理顺序在本质上并不矛盾，而是彼此一致的。"在儿童方面，问题是要看到，在儿童经验的自身里，怎样早已包含着正如组织到系统化的科目中去的那些同类的因素——事实和真理，更重要的是要看到，在儿童经验的自身里，怎样早已包含着在发展和组织教材达到现有水平中已经起着作用的那些态度、动机和兴趣。在各门科目方面，问题是怎样以儿童生活中起着作用的各种力量和结果来解释它们，并发现介于儿童现在经验和这些科目的更

---

① ［美］杜威：《民主主义与教育》，王承绪译，126 页，北京，人民教育出版社，1990。
② ［美］杜威：《学校与社会·明日之学校》，赵祥麟、任钟印、吴志宏译，120 页，北京，人民教育出版社，2004。

为丰富而成熟的东西之间的各个步骤。"①"儿童和课程仅仅是构成一个单一的过程的两级。正如两点构成一条直线一样，儿童现在的观点以及构成各种科目的事实和真理，构成了教学。从儿童的现在经验进展到以有组织体系的真理即我们称之为各门科目为代表的东西，是继续改造的过程。"②可以说，杜威对儿童与课程的关系的理解充分体现了实用知识观，是实用知识观在课程编制与教师教学中的反映。这种基于儿童经验来贯通个人知识与公共知识的课程编制与教师教学强调知识只是一种解决问题的工具，并不是一种与生活无关的符号体系。前人所积累的公共知识只有用于解决当下的现实问题，与儿童的个人知识相联系，才能焕发出活力，从而使教育成为一种经验改造的过程。然而，即使在当下，许多人仍然囿于二元对立的思维，在课程是公共知识还是个人知识（经验）之间摇摆，在教学中迷失于是教师主导还是学生主导。杜威基于实用知识观给出的回答就是："需要把各门学科的教材或知识各部分恢复到原来的经验。它必须恢复到它被抽象出来的原来的经验。它必须心理化。"③"进入儿童的现在经验里的事实和真理，和包含在各门科目中的事实和真理，是一个现实的起点和终点。"④"成人心目中系统的和精确的经验对我们具有的价值，在于按照儿童生活直接所表现的那样来解释它，而且还继续对儿童生活进行引导和指导。"⑤

对于把儿童经验里的事实和真理作为起点，把各门科目中的事实和真理作为终点的贯通个人知识与公共知识的教育，教师需要考虑如下问题：学生拥有哪些个人知识？这些个人知识与公共知识之间有哪些关联？如何利用学生的个人知识来激活、消化公共知识？怎样运用公共知识来指导、解释学生的个人知

---

① ［美］杜威：《学校与社会·明日之学校》，赵祥麟、任钟印、吴志宏译，115 页，北京，人民教育出版社，2004。

② ［美］杜威：《学校与社会·明日之学校》，赵祥麟、任钟印、吴志宏译，116 页，北京，人民教育出版社，2004。

③ ［美］杜威：《学校与社会·明日之学校》，赵祥麟、任钟印、吴志宏译，122 页，北京，人民教育出版社，2004。

④ ［美］杜威：《学校与社会·明日之学校》，赵祥麟、任钟印、吴志宏译，116 页，北京，人民教育出版社，2004。

⑤ ［美］杜威：《学校与社会·明日之学校》，赵祥麟、任钟印、吴志宏译，117 页，北京，人民教育出版社，2004。

识？要回答这些问题，教师首先要精通所教的公共知识，明了其来龙去脉，正如杜威所言："除了教师能了解——机智地和彻底地了解体现在我们叫做课程里的种族经验以外，教师既不能了解儿童现在的能力、才能或态度是什么，也不能了解怎样使它表现出来，发挥作用，并得到实现。"①因为只有教师对所教的公共知识有了整体、透彻的把握，才能明了学生个人知识发展的方向、状况，才能选择、利用学生的个人知识。从这个意义上说，教师对所教知识及学生的全面理解和深刻洞察就是贯通个人知识与公共知识的关键。因此，从杜威的实用知识观来看，教师不仅要掌握渊博的知识，而且要成为贯通个人知识与公共知识的智者。

二、 基于怀特海智慧教育观的回答

在网络化的知识经济时代，知识越容易获得，其价值就越可能被贬损，人们就越渴望获得创生知识的智慧。于是，将知识转化为智慧就成为教育的自觉追求，但转识成智何以及如何可能的问题着实困扰着许多教育者。作为率先倡导智慧教育、具有国际影响力的教育家，怀特海的智慧教育观回答了转识成智何以及如何可能，对当下的教育具有重要的启示意义。

(一)转识成智何以可能：活化知识

转识成智，即将知识转化为智慧，前提是承认知识能够转化为智慧。但这并不意味着凡是知识皆能转化为智慧，否则就没有必要探讨转识成智何以可能了。知识犹如一把双刃剑，它既可能成为人智慧发展的助推器，也可能成为人智慧发展的绊脚石。古希腊哲学家赫拉克利特曾说："博学并不能使人智慧。"②诚如怀特海所言，倘若一个人仅仅见多识广，那么他不过是普天之下最无用之人。现实中也不乏有知识而无能力的书呆子。

---

① ［美］杜威：《学校与社会·明日之学校》，赵祥麟、任钟印、吴志宏译，128 页，北京，人民教育出版社，2004。

② 杜志清：《西方哲学史》，25～26 页，北京，高等教育出版社，2001。

　　在怀特海看来，"教育是教人们掌握如何运用知识的艺术"①，一切教育的核心问题是"使知识充满活力，不能使知识僵化"②。换言之，对于教育而言，要想将知识转化为智慧、实现转识成智，则需保持知识的活力，即活化知识。而活化知识至少有三层递进的意义。一是知识的运用，活化知识意味着知识的运用，而储存在大脑里、不能被运用的知识是死知识。因此，教育所教知识不应繁杂深奥，而应少而精，并能形成各种可能的组合。学生学习少而精的知识时，能在真实的生活情境中予以运用，能体验发现的快乐，并且能运用学习中的发现帮助自己理解生命中涌现的一连串事件。③ 而过去的知识的唯一用处就是武装我们的头脑以应对现在，没有什么会比轻视现在给年轻人的智力发展造成更严重的伤害，因为现在既包含过去，也孕育未来，它包含一切。④ 通俗地讲，学生所学的知识必须对当下的生活有用，有助于学生理解、解决其面临的各种问题，让知识显示其应用的价值。二是知识的贯通，即将知识与关联着我们的感觉、知觉、希望和欲望的生活事件联系起来，而不是强迫学生一遍遍地死记硬背一些互不关联的知识。⑤ 因为人的生活是一个独特的有机体，其构成要素是密切联系、彼此协同的，所以学生所学的各科目应保持相互贯通的状态，具体表现为互相关联的知识要在总体上加以应用，且各种命题可以按照不同的顺序反复使用。⑥ 想要消除各学科知识之间致命的孤立状态，则不能让学生仅见树木而不见森林，而要让学生通过个别树木的存在而看到整个森林。各学科知识的孤立状态会扼杀当代课程应有的活力。⑦ 深究之，各学科知识的孤

---

① ［英］怀特海：《教育的目的》，徐汝舟译，6页，北京，生活·读书·新知三联书店，2014。

② ［英］怀特海：《教育的目的》，徐汝舟译，7页，北京，生活·读书·新知三联书店，2014。

③ ［英］怀特海：《教育的目的》，徐汝舟译，3页，北京，生活·读书·新知三联书店，2014。

④ ［英］怀特海：《教育的目的》，徐汝舟译，4页，北京，生活·读书·新知三联书店，2014。

⑤ ［英］怀特海：《教育的目的》，徐汝舟译，5页，北京，生活·读书·新知三联书店，2014。

⑥ ［英］怀特海：《教育的目的》，徐汝舟译，6页，北京，生活·读书·新知三联书店，2014。

⑦ 赵汀阳：《作为创世论的存在论》，载《哲学研究》，2012(8)。

立之所以扼杀了当代课程应有的活力，是因为学科知识皆是人运用抽象的分析将完整、统一的生活割裂开来所获得的认识结果。倘若人不能将所学的学科知识融合、贯通，仅仅以某视角建构的学科知识透视现实生活，其所见的就只能是整体的、具体的生活的一个侧面，而不是完整的、统一的生活本身，就容易犯具体性误置的错误，即以抽象的概念或理论去解释、阐述具体的事实，并把抽象的概念或理论当作具体的事实本身。三是知识的创新，即教育不仅传承知识，还创新知识。知识的创新既是人追求美好生活的需要，也是人的创造本性。教育失去魅力、丧失创新的原因就在于其深陷于惰性知识——这些惰性知识仅为大脑所接受却不加以应用、检验或与其他新颖事物有机结合起来，囿于这些惰性知识的教育是无用的，甚至还极其有害。① 可以说，教育的成败在很大程度上取决于其是否传授新知，传授的新知既可能体现在知识自身的更新换代上，也可能体现在知识应用的与时俱进上。知识离不开创新，犹如鱼儿离不开水。当然，所学的知识可能是古老的生物物种，或祖辈的传统道理，但不管知识的历史有多么久远，教师在将其传授给学生时则应赋予其当下的新意，就像刚刚从大海里捕捞上来的鱼一样新鲜无比。② 从一定意义上说，知识的创新既是知识的运用与贯通的必然结果，也是活化知识追求的理想境界。

倘若用怀特海的活化知识观审视当下的教育，则不难发现目前的知识教育仍存在这样或那样的问题，主要表现为储存式的知识占有、分裂式的知识学习与再现式的知识表达。储存式的知识占有即将人的大脑视为知识的容器，知识教育就是将外在的知识灌输到学生的头脑中，学生的知识学习以占有知识为目的。此种知识学习看似让学生掌握了许多知识，但掌握的知识仅仅储存在学生的大脑里，难以运用于现实的生活，未能融入学生的思想、情感与行动。一旦知识仅仅储存在人的头脑里而难以运用，知识就会像怀特海所说的"像鱼一样腐烂"，其最好的结果就是鹦鹉学舌式的人云亦云，不能洞察知识所蕴含的生命意义。这种储存式的知识占有除了备受诟病的死记硬背，还有一种比较隐蔽的形态，即学生能理解所学的知识，在考试时也能运用知识解答题目，属于奥

---

① ［英］怀特海：《教育的目的》，徐汝舟译，6 页，北京，生活·读书·新知三联书店，2014。

② ［英］怀特海：《教育的目的》，徐汝舟译，119～120 页，北京，生活·读书·新知三联书店，2014。

苏伯尔所说的"有意义学习"，但这种知识的运用不能对学生的生活产生实际的意义。此种知识掌握仅仅表明学生对命题性知识与概念化知识结构的拥有，在此种知识掌握中，学生仅是一个认识者、一个"思"者，而不是一个创造者、一个"行"者。"'我思'只不过看见了世界，'我思'之我是个虚在；'我行'使我拥有世界，'我行'之我才是实在。只有创造了事的世界，我才有了所在之处，才有了生活。"①因此，倘若这种看似被理解、被掌握的知识不能被用来说明、阐释实际生活面对的特殊与具体的问题，那么其就难以转化为学习者理解其周遭世界的一种思想视角，这种知识就不能转化为学生的思想、情感与行动，仍然表现为储存式的知识占有，而不是真正的知识运用。

分裂式的知识学习即将具有整体性的知识人为地割裂，具体表现为各学科知识学习各自为战、画地为牢。的确，随着知识的增加，知识也呈现学科化发展，这也是人直面"吾生也有涯，而知也无涯"的现实时做出的明智选择。但知识的学科化在知识生产上取得巨大成效的同时，也给教育发展带来了一些负面影响，正如怀特海所言："专人专职的做法在古代的社会中是一种天赐之福，但在未来的世界中则将对公众贻害无穷。"②其道理是，在面对完整的生活时，任何单一的学科知识都会显得狭隘、片面与残缺，因此，怀特海极力主张消除各科目之间毫无关联的孤立状态。但事实上，由于教育体制、课程编制与评价制度的约束，当下的知识教育从小学开始就实行分科，语文、英语、数学、科学和美术等学科教师皆按照各自的学科逻辑开展教学，至于语文与英语、语文与数学、数学与科学等之间的关系，以及各学科与人们的生活的关系，则不在教育的视野里。久而久之，教师大多认同自己是教某个学科的教师，而不是教某个或某些学生的教师；教师看到的大多是学科，而逐渐遗忘作为人的学生。同时，为了应对考试，教师常常将学科知识划分为重点、难点，删去或省略考试不太可能考查的内容，只关注与考试直接相关的知识内容，从而使学生学得的知识呈点状分布，学生就难以从完整的学科或生活出发理解这些知识③，最终造成分裂式的知识学习。

---

① 赵汀阳：《作为创世论的存在论》，载《哲学研究》，2012(8)。
② 转引自陈理宣：《论知识的整体性及其教育策略——基于实践教育哲学的视角》，载《中国教育学刊》，2015(12)。
③ ［英］怀特海：《科学与近代世界》，何钦译，216 页，北京，商务印书馆，1959。

再现式的知识表达即学生在运用知识时只会重复式地呈现已学的知识，而不会创造性地运用知识解决自己面对的问题。此种再现式的知识表达既无自己的思考，也无自己的见解，其最好的结果无非是运用已有的知识解决已解决的问题。而人的生活是不断发展、变化的，总会遇到各种新情况、新问题，更别说在今天这个日新月异的时代了。从这个意义上说，已有的知识只有在创新中才能凸显其价值，而再现式的知识表达就会因缺乏创造力、生产不出新知识而退化为陈词滥调，令人生厌。然而，在有标准答案的考试的胁迫下，学生的知识学习主要表现为再现式的知识表达，学生将教师所讲、教科书所述的知识视为放之四海而皆准的永恒真理，而不思考其成立的条件或前提，只是一味地重复、再现，一遇到新情况、新问题，就只能茫然迷惑、不知所措、坐以待毙。

作为培育人的社会实践活动，教育不仅关系着个人的健康成长，而且关系着一个国家、民族乃至全人类的未来与福祉。怀特海清醒地认识到教育的重要作用，认为无论从历史的长度来看，还是从现实的广度来看，倘若漫不经心地对待教育，就会导致希望破灭、国家危亡。因为一个不注重智力教育的民族注定要灭亡，无论这个民族有什么样的英雄主义、文化魅力、战争功勋，只要它不注重智力教育，就难逃失败的命运。"当命运之神对未受良好教育的人做出判决时，将不会有人为他们提出上诉。"[1]然而，除了在知识蓬勃发展的少数时期，教育因深受惰性知识的控制、不能活化知识而变得迂腐呆板、墨守成规，进而丧失了知识创新的活力。针对教育受制于惰性知识的危害，怀特海详细阐述了活化知识的思想，认为一切教育的核心问题皆是使知识充满活力，而不能使知识僵化，为转识成智奠定了理论基础。

（二）转识成智如何可能：建构智慧教育

教育离不开知识，但不能止步于知识。怀特海指出，回望过去，先哲们在学校里倾心传授智慧；反思现在，当下的教育本末倒置地仅仅教授一些知识。

---

① ［英］怀特海：《教育的目的》，徐汝舟译，2 页，北京，生活·读书·新知三联书店，2014。

从传授智慧降低到教授知识，怀特海认为这标志着教育的失败。① 在怀特海看来，要想转识成智，则需建构智慧教育。这种智慧教育意味着将培育人的智慧放到首位，而不是将知识置于中心；洞察人心智成长的规律，统整各门课程知识；立足于五彩缤纷的生活，对知识进行充满想象的探索。

首先，将培育人的智慧放到首位，而不是将知识置于中心。虽然一个人没有知识就不可能有智慧，但一个人即使能很容易地获得知识，也可能仍然没有智慧。② 因为智慧是掌握知识的方式，智慧意味着知识的运用、经验的升华与问题的解决，它表现为对知识的掌控，是人能获得的最本质的自由。智慧高于知识，并主宰着知识。③ 也就是说，要想转识成智，则需确立知识不等于智慧、智慧高于知识的指向智慧的教育目的。正如怀特海所言："知识学习的确是智力教育的一个主要目标，但智力教育还有一个目标，看似难以把握，实则意义重大，古人称之为'智慧'。"④确切地说，教育应将培育人的智慧放到首位，而不是将知识置于中心。此种观点在学术界也许并不新鲜，在21世纪初我国学者就针对知识教育的弊端提出了智慧教育，认为智慧教育是培养创新人才的关键。⑤ 但在智慧教育的探讨中存在一种不良倾向，即仅仅看到了知识不等同于智慧、智慧高于知识，却忽视了知识也蕴含智慧、智慧的培育离不开知识。怀特海的高明之处就在于将智慧视为知识的创造性运用，认为"知识的重要意义在于它的应用，在于人们对它的积极的掌握，即存在于智慧之中"⑥，而不是简单地轻视、拒斥知识，把知识视为智慧增长的障碍。知识之所以蕴含智慧，是因为知识也是人认识自然、社会与人本身的智慧结晶。只不过作为人

---

① ［英］怀特海：《教育的目的》，徐汝舟译，42 页，北京，生活·读书·新知三联书店，2014。

② ［英］怀特海：《教育的目的》，徐汝舟译，43 页，北京，生活·读书·新知三联书店，2014。

③ ［英］怀特海：《教育的目的》，徐汝舟译，43 页，北京，生活·读书·新知三联书店，2014。

④ ［英］怀特海：《教育的目的》，徐汝舟译，43 页，北京，生活·读书·新知三联书店，2014。

⑤ 陈志平、汤重熹：《智慧教育：培养创新人才的关键——广州大学艺术设计系教学模式的启示》，载《广州大学学报（综合版）》，2000(2)。

⑥ ［英］怀特海：《教育的目的》，徐汝舟译，46 页，北京，生活·读书·新知三联书店，2014。

智慧结晶的知识的智慧含量存在差异。有学者曾将知识视为由三重结构构成的系统：一是表层的概念、命题与理论，二是中间层的方法、思想与思维，三是核心层的价值旨趣。① 可以说，表层的概念、命题与理论皆是有形的知识，其智慧含量较低；中间层的方法、思想与思维及核心层的价值旨趣则是概念、命题与理论得以产生的先决条件，具有更大的可迁移性，其智慧含量较高。

从操作上看，将智慧置于首位意味着教授知识务必精确、透彻，引入教育的主要知识要少而精，学生在内化这些知识的同时能够与当下的现实生活情境联结起来，并加以运用。② 怀特海详细地阐述了这一思想，主张教授数学课程的目的就在于凸显作为数学学习基础的一般概念，比如，"量的概念和数的概念是所有正确思维的基础"③。如果说数学是一门推理的艺术，那么其要义就在于准确洞察关键问题，抓住证明的核心概念，不断提出相关事实；一个人只有经过长久的练习，认识到牢牢抓住核心概念的价值，才有可能领悟到逻辑推理的艺术，否则就不可能成为一个优秀的推理者。④ 如果联系当下知识教育备受推崇的"大观念"，就会更加佩服怀特海的先见之明。实际上，在知识大爆炸的今天，那种试图让学生掌握一切知识的想法纯属虚妄，相反，应通过知识教育让学生明白一个道理——你学得越多，就越会感到自己的无知——从而使学生保持探究的渴望。在处理知识与智慧的关系上，智慧教育秉承的是"为道日损"，而不是"为学日益"。如果说知识教育追求多、做加法，那么智慧教育则力图少、做减法，即要教得少而精，用今天流行的话说就是聚焦于"大观念"，并在"大观念"的指导下让学生充分地进行探究活动。

其次，洞察人心智成长的规律，统整各门课程知识。人的心智成长是有规律的，智慧教育的实施不能违背人心智成长的规律。笼统地讲，遵循人心智成长的规律就是在学生心智发展的不同阶段，寻找合适的时机，采取恰当的方

---

① 李润洲：《知识三重观视域的核心素养》，载《教育发展研究》，2016(24)。
② [英]怀特海：《教育的目的》，徐汝舟译，3页，北京，生活·读书·新知三联书店，2014。
③ [英]怀特海：《教育的目的》，庄莲平、王立中译，113页，上海，文汇出版社，2012。
④ [英]怀特海：《教育的目的》，庄莲平、王立中译，116页，上海，文汇出版社，2012。

法，教授相应的课程。① 此观点如怀特海所言，乃老生常谈，是无人不知、无人不晓的，但问题是人心智成长的规律是什么。在怀特海看来，人心智的成长大致要经历三个阶段：浪漫、精确与综合。浪漫是人开始对万事万物有所领悟的阶段。在此阶段，人接触新的知识，新的知识蕴含着丰富的联系，启发着无限的可能。在此阶段，知识的学习是直接、感性的，难以形成一定的系统，是由浪漫情感主导的。② 精确意味着知识学习注重精准，更关注知识的结构条理，不像浪漫阶段那样注重知识的广泛联系，而是将已存在于大脑中的活跃而纷乱的观念进行有序排列。在此阶段，"知识的广泛的关系居于次要地位，从属于系统阐述的精确性"③。显而易见，假如没有浪漫阶段的事实积累与储存，就不会有注重分析、追求精准的精确阶段。④ 综合则是"补充了分类概念和有关的技能后又回归浪漫"⑤，即重新回到浪漫阶段那种自由的探索中，与浪漫阶段不同的是，此时人的思维不再是涣散松懈的"乌合之众"，而是训练有素的"作战团队"。由浪漫到精确再到综合，就构成一个"以研究开始，并以研究告终"⑥的循环。从人的成长来看，从幼儿期到成人期的整个心智发展是一个大的循环周期。在这个循环周期里，浪漫阶段从幼儿期延伸到 12 岁左右，精确阶段体现在中学教育时期，而综合阶段则体现在成人期的初始阶段。⑦ 由此可见，人的心智发展有自身演化的轨迹与顺序，具体表现为由浪漫、精确与综合构成的一个个循环，而且这种循环不仅表现在由儿童、青少年与青年构成的成

---

① 　[英]怀特海：《教育的目的》，徐汝舟译，22 页，北京，生活·读书·新知三联书店，2014。

② 　[英]怀特海：《教育的目的》，徐汝舟译，26 页，北京，生活·读书·新知三联书店，2014。

③ 　[英]怀特海：《教育的目的》，徐汝舟译，27 页，北京，生活·读书·新知三联书店，2014。

④ 　[英]怀特海：《教育的目的》，徐汝舟译，27～28 页，北京，生活·读书·新知三联书店，2014。

⑤ 　[英]怀特海：《教育的目的》，徐汝舟译，28 页，北京，生活·读书·新知三联书店，2014。

⑥ 　[英]怀特海：《教育的目的》，徐汝舟译，53 页，北京，生活·读书·新知三联书店，2014。

⑦ 　[英]怀特海：《教育的目的》，徐汝舟译，37 页，北京，生活·读书·新知三联书店，2014。

长时序中，而且具体表现为人对某事物或现象的认识总是由浪漫开始，经精确达成综合。然而，遗憾的是，当下的教育似乎只被精确控制，小学教育乃至幼儿教育就开始专注于精确教育，缺乏浪漫教育，未能在儿童的头脑中留下丰富、鲜活的事实表象，更别说中学的学科教育或大学的专业教育了。到了大学，本应综合发展的教育却被引向更加精细的专业教育，最终使学生的知识学习滞留在狭窄、专精的视野里，缺少了灵动、鲜活的创造智慧。从这个意义上说，重温怀特海有关人心智发展的规律，使教育适时而为，既不躐等，也不误时，对于当下教育的智慧发展就具有现实的实践价值。

同时，人的心智在经过浪漫、精确与综合的发展后，便能够摆脱知识细节而领悟、运用原理知识。正如怀特海所言，当智慧在增长时，知识将缩减，因为知识的细节会被统摄到原理之中。重要的知识细节在生活中可以临时学到，但一个人只有善于运用透彻理解的原理，才能最终拥有智慧。① 具体而言，在精确阶段，人是通过知识细节的学习来领悟原理的；在综合阶段，人不再对知识细节的学习感兴趣，而侧重于原理的灵活运用，此时的知识细节就镶嵌于人无意识的习惯中。② 通常来看，原理知识渗透、贯通于各门学科知识，并不是不同的学科知识拥有各不相同的原理知识。作为过程哲学的创始人，怀特海认为整个宇宙是由各种相互联系、互为包含的事件构成的"有机系统"，是"由性质和关系所构成的'有机体'"③。作为原理的知识应尽可能地说明、解释每一个经验事实。因此，在课程知识的选择上，怀特海主张统整各课程知识。按照知识的性质，他将课程大致分为三类：文科课程、科学课程与技术课程。他认为每一种课程都应包含另外两种课程，且"每种形式的教育都应该向学生传授技术、科学、各种一般的知识概念以及审美鉴赏力；学生在每一方面所受的训练，都应该由其他两方面的训练补充而相得益彰"④。展开来说，作为学习、

---

① ［英］怀特海：《教育的目的》，徐汝舟译，53～54 页，北京，生活·读书·新知三联书店，2014。

② ［英］怀特海：《教育的目的》，徐汝舟译，54 页，北京，生活·读书·新知三联书店，2014。

③ ［英］怀特海：《过程与实在：宇宙论研究(修订版)》，杨富斌译，24 页，北京，中国人民大学出版社，2013。

④ ［英］怀特海：《教育的目的》，徐汝舟译，69 页，北京，生活·读书·新知三联书店，2014。

研究语言的文科课程，就技术层面而言，需要掌握的是语言表达的技能；就科学层面而言，需要研究的是语言的结构以及语言与思想表达的关系；就审美层面而言，需要关注的是语言与情感之间的微妙关系，或者口头语言和书面语言所诉诸的感官的每个反应等。作为观察自然现象的艺术，科学课程主要训练学生掌握观察自然现象的方式方法，不能将科学教育锁定在两三门密切相关的科学知识学习上，而应注重传授思维的艺术，为思维而教，且教会学生思维。"最糟糕的那种科学教育一定是以一种或两种特定科学为基础的，这时教师受考试制度的影响，往往只向学生灌输这些特定学科的狭隘的成果……一个人如果只了解自己所学的学科，把它作为这种学科特有的一套固定程序，那么他实际上并不懂那门科学。"①作为运用知识生产物品的技术课程，在注重手工技能、眼和手的协调动作的同时，也需要科学知识的支撑和审美鉴赏力的激发。一句话，文科、科学与技术课程在保持自身特色的同时，应"在不损失协调的情况下，在每一种教育中融入其他两种教育的内容"②，从而使各课程知识得以整合与融会贯通。

最后，立足于五彩缤纷的生活，对知识进行充满想象的探索。对于"教育为了什么"这个问题，怀特海的回答是培育人的智慧。不过，对于进一步追问"培育人的智慧又是为了什么"，怀特海并没有直接回答，他只是间接地回答了此问题，认为智慧教育"只有一个主题，那就是五彩缤纷的生活"③。怀特海认为"通过直接经验获得的知识是智慧生活的首要基础"④，而那些通过书本学习获得的间接知识永远不具有直接实践的意义。智慧教育主张将生活中的直接事件作为一般思想的实例，而不是从概念到概念、从理论到理论的宣讲。说到教育与生活的关系，人们往往自然地联想到杜威的"教育即生活"的观点。不过，杜威的"教育即生活"更倾向于将教育与生活打通，强调两者的联系乃至将两者

---

① ［英］怀特海：《教育的目的》，徐汝舟译，75页，北京，生活·读书·新知三联书店，2014。

② ［英］怀特海：《教育的目的》，徐汝舟译，78页，北京，生活·读书·新知三联书店，2014。

③ ［英］怀特海：《教育的目的》，徐汝舟译，10页，北京，生活·读书·新知三联书店，2014。

④ ［英］怀特海：《教育的目的》，徐汝舟译，73页，北京，生活·读书·新知三联书店，2014。

等同，有混淆教育与生活各自特质之嫌疑。而怀特海则只是将五彩缤纷的生活作为教育的主题和培育人的智慧的素材，借以提升人发展的水平。用怀特海的话来说，立足于人五彩缤纷的生活的智慧教育意味着让学生通过接触来学习，即让学生通过理解一个个具体、特定的事件，逐步形成抽象的、一般的思想观念，而要避免在教育中向学生灌输与其体验、经验毫无关系的、干巴巴的教条。① 从这个意义上说，智慧教育是提升、优化学生经验的教育，并通过对学生经验的提升与优化来彰显思想的力量、思想的美，进而让学生能准确地领会一般思想及其对理解生活的作用，让学生在分析具体的事实与理解抽象的思维的过程中习得最朴素简约的审美能力。这种最朴素简约的审美能力表现为实现和约束的风格，人对所遇到的事物的精彩之处萌发一种不由自主的欣赏，它是受教育者最后学到的东西，它也是最有用的东西——风格是智者的最佳德性。② 在这样风格的指引下，人能避开无关问题的纠缠，直接达成意欲实现的目标本身。

在基于五彩缤纷的生活进行风格的养成时，为了保持知识的鲜活、不使知识僵化，让学生具有俯瞰全局的眼光以及由此及彼、融会贯通的思维，教师则需要对知识进行充满想象的探索。这不仅因为"智慧是一种特殊的思想操作，它创造着各种观念，但它却不能受其约束。当思想操作无法摆脱观点的束缚，思想就不再智慧……思想总要制造出观念，因此观念的积累是正常的，但思想却应当从问题出发而不是从观点出发，受制于观点就没有思想的自由，也就是没有智慧"③；而且因为人的大脑对外界刺激的反应向来不是机械被动的，而是能动地建构，且处于一种永无休止的活动中。④ 激发学生的好奇心，提升学生的判断力，培育学生驾驭复杂环境的能力，以及帮助学生运用理论知识对未

---

① ［英］怀特海：《教育的目的》，徐汝舟译，91页，北京，生活·读书·新知三联书店，2014。
② ［英］怀特海：《教育的目的》，徐汝舟译，18页，北京，生活·读书·新知三联书店，2014。
③ 赵汀阳：《一个或所有问题》，5页，南昌，江西教育出版社，1998。
④ ［英］怀特海：《教育的目的》，徐汝舟译，9页，北京，生活·读书·新知三联书店，2014。

来事件做出预判，这些都不是体现在各科考试中的固定规则所能传授的。① 因此，在转识成智中，教育"必须超越以被动的方式接受他人的思想，必须加强首创精神"②。或者说，智慧教育也传授知识，但它以充满想象的方式传授知识。此时，知识所表征的某个事实不再是简单的事实，而能从中发现无限的可能；所学的知识也不再是记忆的负担，而是灵动鲜活、蓬勃欲发的，像诗人那样吟诵我们的梦想，像建筑师那样勾画我们的人生蓝图。③ 人在思想的"目光"中再现或创造形象的想象无法脱离作为想象质料的事实，否则，想象就会退化为幻想。而对事实的想象意味着阐明事实，被用来发现一般规律并检验既存的客观事实，被应用于未知的新领域。想象"能使人们面对一个新世界时建构起一幅知识的图景，并通过展现令人满意的效果而使人们保持探索生命的热情"④。实际上，思想无内容则空，直观无概念则盲。⑤ 从直观杂多的事实到清晰的思想，中间存在一个想象加工的过程。用函数公式表示就是清晰的思想 $y=f(x)$。其中：x 就是人的感官所接受或被给予的直观事实，$f(x)$ 就是一个认知概念框架，而在形成清晰的思想 y 时需要想象的认知加工，将人的感官所接受或被给予的直观事实与认知概念框架进行勾连、匹配。如果说愚人因没有知识而仅凭想象办事，那么书呆子则因缺乏想象而仅凭知识行事⑥，两者的迂腐则源于知识与想象的割裂，而教育的价值就在于通过对知识进行充满想象的探索，将想象和人类的经验结合起来、融为一体，从而使学生对知识学习总充满着新鲜感与获得感，让学习的知识孕育、充盈智慧，并在转识成智中彰显知识学习的意义。

---

① ［英］怀特海：《教育的目的》，徐汝舟译，8 页，北京，生活·读书·新知三联书店，2014。

② ［英］怀特海：《教育的目的》，徐汝舟译，67 页，北京，生活·读书·新知三联书店，2014。

③ ［英］怀特海：《教育的目的》，徐汝舟译，113 页，北京，生活·读书·新知三联书店，2014。

④ ［英］怀特海：《教育的目的》，徐汝舟译，113 页，北京，生活·读书·新知三联书店，2014。

⑤ ［德］康德：《纯粹理性批判》，邓晓芒译，52 页，北京，人民出版社，2004。

⑥ ［英］怀特海：《教育的目的》，徐汝舟译，113 页，北京，生活·读书·新知三联书店，2014。

三、 基于冯契智慧说的回答

哲学是爱智慧之学，但哲学家大多对智慧本身缺乏全面、系统的阐述，常常将对智慧的论述穿插在对其他问题的讨论中。相比较而言，作为哲学家的冯契较全面、系统地探讨了智慧问题，创建了具有中国特色的智慧说。冯契的智慧说回答了转识成智何以及如何，对建构智慧教育、实现转识成智有重要的启示意义。

（一）转识成智何以可能：知识向智慧的飞跃

冯契的智慧说从广义认识论出发，着重阐释了人的认识从无知到知、从知识到智慧的两次飞跃，创建了转识成智的理论，并在此基础上论证了智慧与方法、智慧与德性的关系，阐述了"化理论为方法，化理论为德性"的观点。从冯契的智慧说来看，转识成智之所以可能，是因为知识向智慧的飞跃，即知识只有通过飞跃才能转化为智慧。

在冯契看来，知识与智慧皆是一种认识，表现为有知，与无知相对。从认识的过程来说，有知主要经历如下步骤：第一，感觉提供所与，而所与即客观的呈现；第二，人借助概念对所与进行摹写与规范，从而人"以得自所与者还治所与"①；第二，人在把握事实界的各种因果关系的基础上，揭示事实界变化的多种可能性及其可能的实现过程，并考察事实界变化的多种可能性及其实现的过程与人的需要之间的关系，从而进行价值评价、指导行动，进而从事创造活动。其中，知识是名言之域，表现为由一个个命题分别加以论断的各种事实陈述、定律揭示与规则阐明，以及事实、定律与规则等之间的相互联系。或者说，知识是人通过条分缕析的分析方法用命题加以陈述的名言之域，但条分缕析的知识难以把握、洞悉宇宙的大全、究竟或整体，还不是人认识的最高境界。② 而智慧是一种哲理，是将各种事实、定律与规则融会贯通而形成的有关

---

① 冯契：《冯契文集·第一卷：认识世界和认识自己》，327 页，上海，华东师范大学出版社，1996。

② 冯契：《冯契文集·第一卷：认识世界和认识自己》，412 页，上海，华东师范大学出版社，1996。

宇宙、人生根本道理的认识。① 由此可见，知识注重抽象与分析，目的是揭示事实或现象具有的各种属性；而智慧则注重顿悟与综合，把握宇宙、人生的整体。"由知识到智慧的飞跃亦即由名言之域到超名言之域的飞跃"②，具体表现为人认识连续性的中断和豁然顿悟的感觉。因为智慧是关于宇宙、人生根本道理的整体性认识，而整体大于各部分之和，那么由知识到智慧，人就只有借助飞跃才能顿然、豁亮地把握关于宇宙、人生根本道理的整体认识。另外，智慧是人的自悟自得，是人德性的自由表现，也是人的本质和个性的自由表现。③自悟自得的智慧并不是别人能直接给予与传授的，需要人独立思考、认真揣摩与悉心体验。这种自悟自得的智慧在呈现出共性的同时，也表现为独特的创造个性，需要知识向智慧的飞跃。再者，从人性与天道通过感性的实践活动而交互影响来说，转识成智是一种理性的直觉④，即人在理性的照耀下豁然贯通而体验到无限、绝对与永恒的东西。这种理性的直觉虽然与人拥有的知识保持天然的联系，但它显然超越了特定的知识而进入对人性、天道的整体把握，因此由知识到智慧的转识成智是一种飞跃。

倘若说转识成智意味着从知识到智慧的飞跃，那么从知识到智慧的飞跃之所以可能，就是因为作为认识的知识与智慧皆以理论思维把握世界，而理论思维的内容总表现为意念图案与命题结构。人不仅用逻辑推理、实践检验来判断意念图案与命题结构的真假，而且渴望用意念图案与命题结构来"求穷通"。"穷"是穷究，表现为不断地追问与反思，通俗地讲，就是打破砂锅问到底，探究人性与天道的根本原理。"通"则是会通、融会贯通，用来把握贯穿于自然、社会与人生之中无不由也、无不通也的道，以达到物我两忘、会通天人与天人合一的境界，从而形成了科学与哲学两种文化成果。然而，近现代以来，以科学为代表的知识取得了统治地位，而作为人对人道与天道的会通融合理解的哲

①　冯契：《冯契文集·第一卷：认识世界和认识自己》，413 页，上海，华东师范大学出版社，1996。

②　冯契：《冯契文集·第一卷：认识世界和认识自己》，418 页，上海，华东师范大学出版社，1996。

③　冯契：《冯契文集·第一卷：认识世界和认识自己》（第 1 卷），419 页，上海，华东师范大学出版社，1996。

④　冯契：《冯契文集·第一卷：认识世界和认识自己》（第 1 卷），420 页，上海，华东师范大学出版社，1996。

学智慧却受到冷落与轻视。冯契正是因为切身地感受到知识与智慧之间的矛盾，以及智慧对人的发展和社会的进步所具有的不可或缺的重要意义，才致力于研究如何通过转识成智的飞跃来获得关于人道与天道的智慧。从广义认识论来看，人的理智并非"干燥的光"，认识论也不能离开"整个的人"，因此，冯契不太赞同金岳霖将人的认识局限于采取主客分离、运用人的理智进行探究的"知识论"，而认为人的认识也应包含秉持主客融合、需要人整个身心参悟的智慧，研究理想人格如何培养、智慧如何可能等问题。① 其实，作为人认识结晶的知识，不仅蕴含着人的认知、理智，而且承载了人的情感、理想，是整个的人的再现。从这个意义上说，知识与智慧作为认识，虽然其关注的对象、表现形态与价值功能有别，但知识与智慧作为人认识的结晶自然有相通互融之处，知识通过飞跃能够转化为智慧。

从知识向智慧飞跃的转识成智来看，直面当下知识教育的现实，其问题主要表现为知识教育与人的精神成长失去了必然联系，忽视了知识向智慧的飞跃，具体表现为过于关注对具体事物的属性、性质及其关系的描述与说明，而相对忽视对具体事物的属性、性质及其关系的整体把握，未能在知识学习中达成对世界和人生的融通理解，进而使知识学习只是向外求知，而忽视了知识学习对个体精神成长所具有的意义。这种忽视了知识向智慧飞跃的知识学习至少存在四个弊端。一是学习目标的外力驱动。追求知识本来是人之为人的本性，但当下的知识学习日益被外在的功利诉求影响，知识学习似乎只是为了更好地生存，学生努力学习只是为了将来有份好工作，过上富足的生活。自然，作为普通人，此种学习目的本也无可厚非，但倘若知识学习仅仅是为了找份好工作、过上富裕的生活，那么就难免缺乏内在的学习动力，难以享受到知识学习本身带来的认识提升、情感丰富与意志锻造的乐趣。二是学习内容的浮光掠影。倘若人的认识是知、情、意的统一活动，那么作为认识结果的知识也有知、情、意三个层次。不过，知识的载体大多只能呈现知识的认知层次，而渗入知识认知层次的情感、意志却往往匿而不彰。倘若知识学习仅仅停留在知识的认知层面而不能飞跃到智慧，那么人就仅仅掌握了知识的浅表，而难以洞察

---

① 冯契：《冯契文集·第一卷：认识世界和认识自己》，7页，上海，华东师范大学出版社，1996。

知识所蕴含的情感、意志，就失去了一以贯之的内在精神的支撑。三是学习视角的僵化呆板。知识的分析思维常常让人及其一点而不及其余，在关注某事物或事实及其性质、属性的同时，往往遗忘了各种事物或事实及其性质、属性之间存在的联系，即知识学习也许让人知道了很多东西，但人对所学的种种内容难以理出头绪、不得要领。而富有智慧的人的知识学习注重洞察，把握各种事物或事实及其性质、属性中蕴含的一以贯之的道。比如，达尔文能从山中的化石、海边的贝壳、原始的种族中发现进化论，而其他生物学家又何尝不曾了解山中的化石、海边的贝壳等知识，但他们囿于视野的狭窄僵化，难以发现物竞天择、适者生存的进化规律。四是学习主体的意义迷失。人为什么活着？这是一个言人人殊的问题，但也是每个人必须回答的问题。如果说人是自为的生命，那么作为自为的生命，其价值与意义就不仅表现为对已有知识的继承，而且表现为从知识向智慧的飞跃，进而用灵动的智慧不断创造新的人生。老子曾言："为学日益，为道日损。"知识学习固然可以使人见多识广，但知识学习只能让人获得有限的丰富与充实，而智慧能使人通过对相对的把握来洞察绝对，借助有限的理解来体悟无限。因此，从知识向智慧的飞跃，就是让人在相对中寻求绝对，在有限中把握无限，从而使人生拥有定力与方向。而单纯的知识学习难以让人感到生活的意义与价值，造成学习主体的意义迷失。从这个意义上说，教育固然要传授知识，让学生学有所知；但不能止于知识学习，而要从知识飞跃到智慧，通过知识学习来启迪、滋养学生的智慧，这才是教育的真谛与价值所在。

（二）转识成智如何可能：理性的直觉、辩证的综合与德性的自证

如果说知识通过飞跃能够转化为智慧，那么知识通过飞跃转化为智慧的内在机制便值得探讨。对此问题，学术界常常误将"化理论为方法，化理论为德性"当作转识成智的内在机制。其实，在冯契的广义认识论中，"化理论"的理论是智慧，而不是知识；"化理论为方法，化理论为德性"是指化智慧为方法和德性，而不是化知识为方法和德性，正如冯契所言："我这里所说的理论是指哲学理论，指智慧，就是关于宇宙和人生的某种见解，某种真理性的认识。"[1]

---

① 冯契：《冯契文集·第三卷：人的自由和真善美》，318页，上海，华东师范大学出版社，1996。

而转识成智的真正机制是理性的直觉、辩证的综合与德性的自证。

理性的直觉是人的感性和理性的有机统一，表现为人瞬间把握、洞察主客的统一，给人以顿悟、豁然贯通之感。① 理性的直觉虽难以言表，但它并不神秘，因为理性的直觉在科学、艺术、德行与宗教等领域广泛地存在，并且能够自证。比如，科学家通过理性的直觉领悟到某种事物或事实之间的规律，便通过逻辑论证和实验设计来检验。在哲学上，理性的直觉是指在相对中把握绝对、在瞬间中把握永恒及在有限中洞察无限，具体表现为性与天道相互影响、相互作用的直觉活动，是人的亲身体验和理性观照的有机统一。在此活动中，人能觉察到在相对中把握绝对、在瞬间中把握永恒及在有限中洞察无限，体验性与天道的统一，达到"天地与我并生，万物与我为一"的境界。② 理性直觉的方法则是"破"和"立"的统一。在"破"上，冯契将庄子在《庚桑楚》《齐物论》中阐述的认识三境界——有而无之，有而一之，分而齐之——颠倒过来，阐释了如何转识成智。首先，分而齐之，即悬置各种意见的是非曲直，超越各种对立观点的界限；其次，有而一之，即消除彼此的种种区分而均齐对待，从而把握事物或现象的整体，但还存在能知与所知、主与客的差异与区别；最后，有而无之，即超越天与人、主与客、内与外、能知与所知等种种差异，真正达到超形脱相、旷然无累的境界，也就达到了理性的直觉。③ 但"破"后还需要"立"，"立"即揭示绝对就在相对之中，或者说，在相对者关联、对立的统一中就有绝对。④ 冯契基于辩证唯物主义的实践立场，赞同王夫之对老庄的批评，认为声色味等源于性与天道的交互影响与作用，理性的直觉不是视而不见、听而不闻的闭目塞听，而是既闻见又超乎闻见，从而把握性与天道。因为人的感性实践活动给予的客观现实感与实在感是人的全部认识的根基，理性的直觉无非是理性直接把握这种客观的现实感与实在感，于是感性呈现就不再只作为经验知识

---

① 冯契：《冯契文集·第一卷：认识世界和认识自己》（第1卷），422页，上海，华东师范大学出版社，1996。

② 冯契：《冯契文集·第一卷：认识世界和认识自己》，427～428页，上海，华东师范大学出版社，1996。

③ 冯契：《冯契文集·第一卷：认识世界和认识自己》，429～430页，上海，华东师范大学出版社，1996。

④ 冯契：《冯契文集·第一卷：认识世界和认识自己》，428～429页，上海，华东师范大学出版社，1996。

的原材料，仅供人的抽象认识之用，而是呈现为现实与实在之流，表现为物我两忘、天人合一的境界。① 从性与天道的交互影响与作用来理解理性的直觉，它就不再神秘，具体表现为两个方面：就其为"道之撰"来说，理性的直觉表现为辩证的综合；就其为"性之显"来说，理性的自觉则是德性的自证。

辩证的综合即运用达名来表示概念和范畴，从而展示其多样的统一。达名是类的最高表达，即在达名、类名、私名的系列中与类名、私名有限定概括的逻辑关系，"达名是名言之域之名，名言之域有限定概括的逻辑关系"②。总名则是元学的理念，是对宇宙整体、大全的称呼。运用达名所表示的概念和范畴进行辩证的综合，则能阐释超名言之域。比如，基于"类"的异同，人们阐释"相反相成"的原理；基于"故"的功能与作用，人们描述"体用不二"的原理；基于"理"的分合，人们诠释"理一分殊"的原理；等等。③ 这些原理就表现为辩证的综合，用于世界统一原理、天道等总名的陈述。从认识的发展来看，辩证的综合呈现为从具体到抽象再到具体的逻辑与历史的统一。人的认识的辩证发展规律是先从具体上升到抽象，再从抽象上升为具体。从具体上升到抽象，就是从各个方面揭示事物或现象的变化规律。但对事物或现象各个方面的规律性认识积累多了，达到了一定程度，人的认识就要从抽象再上升为具体，把已经发现的各种范畴、规律有机地联系、整合起来，进行辩证的综合，以把握事物或现象变化的整个过程，从而达到多样的具体。④ 而从抽象再上升到具体就表现为逻辑与历史的统一。冯契以马克思的《资本论》为例，简要地阐释了从抽象再上升到具体的过程。马克思的《资本论》作为对商品的批判性历史审视与总结，对历史做了双重的回顾："一是回顾、考察了从原始社会开始有商品交换以来直到资本主义商品经济的历史发展过程。这是个客观现实过程。二是回顾、考察了人们对商品经济认识的历史发展过程，即种种经济学说的历史演变过

---

① 冯契：《冯契文集·第一卷：认识世界和认识自己》，431页，上海，华东师范大学出版社，1996。

② 冯契：《冯契文集·第一卷：认识世界和认识自己》，434页，上海，华东师范大学出版社，1996。

③ 冯契：《冯契文集·第一卷：认识世界和认识自己》，435页，上海，华东师范大学出版社，1996。

④ 冯契：《冯契文集·第一卷：认识世界和认识自己》，436～437页，上海，华东师范大学出版社，1996。

程。二者是互相联系着的，一是现实的经济史，二是现实经济的认识史。马克思经过分析批判，从现实经济和经济学史中概括、提炼出范畴，全面把握其逻辑联系，揭示其辩证的发展法则，就达到了比较具体的真理性认识，实现了从抽象上升到具体的飞跃。"①因此，作为辩证综合的《资本论》的逻辑结构是与商品经济发展的历史(现实的经济史和现实经济的认识史)相一致的，《资本论》既对商品经济的历史演变做了合乎逻辑的概括与总结，也用系统的历史事实印证了其逻辑发展，做到了逻辑与历史的统一。不过，任何事物或现象的历史皆是不断发展、变化的，且人的认识也是不断丰富、拓展与更新的，即使对某个问题的认识达到了某种辩证的综合，但这种辩证的综合也是有条件、暂时的。当事物或现象所呈现的历史向前发展、人的认识更新时，对某个事物或现象的原有具体结论就有待发展与推进，从而使辩证的综合呈现为无限的前进运动。而基于辩证的综合所获得的具体认识既要分析、批判旧说，也要提出、论证新说，同时将旧说的合理成分纳入新说。

德性的自证是指人通过自我意识对自己的德性所做的不断反思和自我验证，具体表现为理性的自明、意志的自主和情感的自得，是人认知、意志、情感统一的自由活动。理性的自明意味着主体有意识地把握、洞察对象，同时也意识到自己是主体，有自我意识，并能用意识之光观照自我及意识活动和内容。意志的自主是指人能做自己的主人，在凝道成德中发挥意志的力量，能自主地做出价值判断与有效选择，并始终如一地加以贯彻与执行。人一旦有了意志的自主，德性便有了个"我"作为凝结、聚焦的中心，"我"便成了"德性之主"。情感的自得是指德性成了自然天成、生生不已的原动力，自动激发、萌生种种情趣与意向。理性自明、意志自主与情感自得三者的统一体现在自我上，自我便具有了自证其德性的意识，即自由意识。因此，德性的自证就表现为人认知、意志与情感的全面和谐发展，它以达成真、善、美的统一为目的。可以说，德性的自证具有肯定自己又超越自己的品格，展开来说，就是"我"不断地以创造性活动彰显自身的存在，把"我"的德性对象化、具体化——显性以弘道；而"我"又同时为从"我"之物吸纳、摄取营养——凝道而成德。正是在显

---

① 冯契：《冯契文集·第一卷：认识世界和认识自己》，437 页，上海，华东师范大学出版社，1996。

性以弘道与凝道而成德的交互作用中，"我"以德性之智在相对中洞察绝对，在瞬间中洞悉永恒，在有限中把握无限。[①] 要达到德性的自证，在实践上则要真诚而不自欺，如荀子所言："君子养心莫善于诚，至诚则无它事矣。"要警惕各种异化现象，尤其要防止金钱万能与权力崇拜，因为一旦产生了金钱万能与权力崇拜，金钱与权力就会成为异化人的力量而反过来支配、奴役人，让人丧失人格与尊严，将人变成金钱、权力的奴隶，让人失去真诚之心。在认识上，要解放思想、独立思考，破除种种蒙蔽与愚昧，因为在客观上有古今、远近、利害与成败等差异，人容易有所见也有所蔽；在主观上人往往因经历和个性的不同而有私意、偏见与偏爱，好其所好，恶其所恶，见其所想见，以及蔽其所不想见。因此，有限、相对的精神主体的认识总难免有所遮蔽，产生这样或那样的片面性和主观盲目性，需要自觉地解蔽与去私。

(三)智慧教育的建构路径：智慧说的教育启示

当下，建构智慧教育、实现转识成智已得到越来越多教育者的认同，但如何建构智慧教育、实现转识成智仍是一个需要持续探讨的问题。倘若从广义认识论来看，转识成智表现为知识向智慧的飞跃，具体呈现为理性的直觉、辩证的综合与德性的自证，那么要建构智慧教育、实现转识成智，则应增强理性直觉的培育意识，展示辩证综合的认识过程，涵养德性自证的自由人格。

第一，增强理性直觉的培育意识。唯物论或实在论认为人的感性经验是认识的基础，反对那种认识的天赋观。这虽然有道理，但人的认识不仅基于感性直观，而且源于理性直觉，尤其是在知识向智慧的飞跃中，倘若离开了理性直觉，人就只能认识一个个事实、一个个定律，却难以将一个个事实、一个个定律进一步关联、融通起来。理性直觉作为理性与感性的统一，虽然表现为融会贯通的"悟"能被人体验到，但其与感性直观的区别及其意义并不为大多数人所了解。按照现象学的解释，理性直觉之所以能在个别中直观到本质的一般，就是因为在认识发生中人同时存在三种意向：滞留、原印象与前摄。滞留是已发生的事在记忆中的保持，原印象是当下发生的事给予的影响，前摄是对未来要

---

① 冯契：《冯契文集·第一卷：认识世界和认识自己》，454页，上海，华东师范大学出版社，1996。

发生的事的预期。三种意向以原印象为中心汇合融通，共同构成意识之流。或者说，人在感知觉中，认识的发生以原印象为焦点，通过意识的滞留和前摄扩展到边缘域。因此，人的认识皆不是对孤立焦点的认识，而是对以原印象为中心的焦点与背景的整体感知，而对某个焦点的关注也就意味着对其的超越，而超越的意识不能空无一物，它总要指向某个对象，如边缘域中存在的诸多对象，这些对象就有可能牵引出作为个别焦点的一般本质。确切地说，在现象学看来，个别就包含着一般，而且这种一般不是从个别的东西中抽象出来的一般，而是人当下能感受、体验到的一般；不是事先预设的现成的一般，而是人现场建构生成的一般。① 的确，这种基于切身感受与体验的理性直觉所把握的一般，表面上看皆具有主观性与个别差异性，而不具有普遍有效性；不过，普遍有效性并不意味着绝对的同一性，而是不同的人对相同事物或事情的感受、体验的相似性。这种对相同事物或事情的感受、体验的相似性就具有一定的普遍适切性，否则，人们之间的交流、沟通就失去了前提条件。

然而，当下的知识教育常常注重感性直观，而忽略理性直觉；习惯于对知识条分缕析地呈现，而相对忽视各知识点之间的关联；在运用直观教学原则时，仅把生动、形象的感性材料当作抽象概念的认识基础，而遗忘了通过对生动形象的感性材料的理性直觉也能直接把握、洞察其蕴含的一般，达成主客体的暂时统一。当然，感性直观与理性直觉是相互联系的有机整体，如果说感性直观为人的思维提供了意识的对象，那么理性直觉则让人的思维有所顿悟，整体地感知意识对象。从这个意义上说，感性直观只是让人的思维有所凭借，而理性直觉能让人的思维洞察事实的本质，实现由知识向智慧的飞跃。为了培育人的理性直觉，除了冯契所说的"破"与"立"相统一的路径，还应激发学生的想象力，培育学生的感悟力。理性直觉之所以能产生豁然贯通的顿悟，是因为它不仅包含知觉，而且有与知觉密切联系的建构性想象的参与。若离开了与知觉密切联系的建构性想象，人的知觉就只能是对对象的机械、静止的反映，因为理性直觉所产生的"顿悟"或"灵感"是基于在直观中再现一个本身并不在场的对

① 张祥龙：《朝向事情本身——现象学导论七讲》，89～90 页，北京，团结出版社，2003。

象的想象而形成的。因此，只有激发学生的想象力，让学生通过自由变换的想象寻求多样的统一，学生才能在杂多中形成对事实或事情的本质的认识。同时，应培育学生的感悟力。感悟是通过对外在对象的感受感知与个人体验的融合而获得的一种对外在对象的通透理解，它诉求一种主客合一的心理状态，表现为从外在的对象思维返回内心，从而使主客融会贯通。按照格式塔心理学的解释，人的心理现象并不是一系列心理元素的集合，而是作为一个整体呈现出来的。格式塔就是使整体产生的整合要素或认知框架。人在认识中首先把握的是格式塔，且只有通过格式塔的整合作用，人才能将各种经验材料整合为一个完整的统一体，否则，各种经验就会呈现为一种支离破碎、互不关联的状态。由此可见，理性直觉的形成既需要激发学生的想象力，也需要培育学生的感悟力。

第二，展示辩证综合的认识过程。如果说理性直觉是转识成智的必由之路，那么辩证的综合则是对理性直觉所把握的性与天道的陈述与论证。因为人的认识常常要经过"百虑而一致""一致而百虑"的思维矛盾运动，表现为正题、反题与合题的辩证过程。通俗地讲，由于人认识的立场、视角与知识有局限性，人对某个事实或现象持有的某种见解自然既有所见也有所蔽。起初，当人从某一立场、视角出发，对某个事实或现象形成某种观点这一正题后，人就会基于相反的立场、视角，援引其他知识来批评或证伪已有的观念，就有了反题。而反题与正题一样，同样存在不足，进而人就在正题、反题的基础上提出一种更加合理、全面的合题。有了合题之后，人又会提出一个新的反题，从而呈现出"百虑而一致""一致而百虑"的无限的认识前进运动。冯契在《智慧学三篇》中运用从抽象到具体、逻辑和历史相统一的认识规律，对其所探讨的每个主题皆展示了辩证综合的认识过程。比如，就心性而言，他先回顾、评述了中国哲学史上存在的各种心性论，诸如先秦的"人性善恶之争，复性、成性之辩"[1]，汉魏到隋唐的"性自然说与性觉说"[2]，宋明到清的"性即理说、心即

---

① 冯契：《冯契文集·第一卷：认识世界和认识自己》，208 页，上海，华东师范大学出版社，1996。

② 冯契：《冯契文集·第一卷：认识世界和认识自己》，211 页，上海，华东师范大学出版社，1996。

理说与性日生日成说"①与近代的"心性论随历史观而演变发展"②，分别展示了每种心性论辩证综合的认识过程。在人性善恶之正题、反题提出后，《易经》的"一阴一阳之谓道，继之者善也，成之者性也"，以及董仲舒提出的性三品说、扬雄提出的性善恶混说就表现出对正题、反题的综合。而王充提出的性有善恶而学以成德之说，则又表现出对董仲舒性三品说与扬雄性善恶混说的超越与整合。王夫之的性日生日成说则表现为对程朱的性即理说与陆王的心即理说的扬弃与综合。近代哲学在人性观上则经历了由原先那种推崇"无我""无欲""忘情"的圣人向塑造平民化的自由人格的转变。这种平民化的自由人格既是平凡的，也是自由的，它虽然难免有这样或那样的缺陷，但表征着人人皆向往、追求的具有真性情的个性。自然，冯契对中国哲学史上心性论辩证综合的发展历程并不是简单地描述与呈现，而是在此基础上阐述、论证自己对人性的看法。在他看来，人的类本质是自由劳动，人性则是一个由自在而自为的过程，它既异于理性主义者"以心为性"的唯心论，也异于"生之为性"的经验论；既不同于复性说，也不同于成性说，而是把性（人性）阐释为由自在而自为的过程——在劳动与意识、理论与实践的相互作用中，性日生而日成③，从而使人性论再次获得了一种超越与综合。

因此，展示辩证综合的认识过程，不仅是对理性直觉所把握的性与天道的表达与论证，而且倘若能自觉地运用辩证综合的认识规律，则能反作用于人的理性直觉，使人的理性直觉之所得更加全面、深刻。比如，有学者在探讨普通高中教育的定位时先简述了有关普通高中教育定位的已有看法，如"双重任务观""育人观""复合性质观"与"大学预科观"，分析了其蕴含的内在矛盾："升学"与"就业"的两难，"育才"与"育人"的尴尬，"侧重基础"与"强调专业"的摇摆。在此基础上，学者基于"教育—人—社会"的整全视角，论证了普通高中教育应是"回归、坚守教育本性的'育人'教育，是以'六维四级'人才标准统摄人

① 冯契：《冯契文集·第一卷：认识世界和认识自己》，214 页，上海，华东师范大学出版社，1996。

② 冯契：《冯契文集·第一卷：认识世界和认识自己》，216 页，上海，华东师范大学出版社，1996。

③ 冯契：《冯契文集·第一卷：认识世界和认识自己》，390 页，上海，华东师范大学出版社，1996。

的发展的教育，是适应并引领社会发展的教育"①。有学者在探讨高中教育"大学预科化"的观点时运用了正题、反题与合题的辩证综合，先陈述了高中教育"大学预科化"的正论，接着分析了高中教育"大学预科化"的反论，最后论证了高中教育"大学预科化"的合论，阐述了在育人基础上筹划、建构高中教育的理想大厦的主张。② 当然，基于辩证综合的理性直觉之所得既要克服正题、反题所存在的内在矛盾，也要保存正题、反题所具有的合理内容，从而将合题提高到一个更高的层次，而且展示认识的创新性。不过，在重视知识而轻视智慧的教育中，知识学习大多呈现为结论式记忆，而忽略了知识形成过程中的辩证综合，未能把握知识要素之间的逻辑关联，使学生看似掌握了许多知识，但所学的知识因缺乏内在的关联而退化为难以运用的死知识。从这个意义上说，转识成智并不意味着不教知识，而是通过展示辩证综合的认识过程来习得活的知识。这种活的知识就表现在人的本质力量的获取上，即人能够运用知识证明自己存在的价值与意义，让人感受到尊严与高贵。

第三，涵养德性自证的自由人格。人是教育的根本，培养什么样的人的问题始终是教育的原点之问。建构智慧教育、实现转识成智就意味着教育要培育的不是知识人而是智慧人。智慧人是什么样的？不同人有不同回答。从冯契的智慧说来看，智慧人是凝道成德、显性弘道之人。凝道成德是指将各种客观规律与当然之则转化为人的德性；显性弘道则是指人通过实践活动在化自在之物为我之物中显示人的德性，从而使自在之物各循其道。在凝道成德与显性弘道中，人不断地形成自由的人格。这种德性自证的自由人格就表现为人通过对自己德性的反思与验证来达成理性的自明、意志的自主和情感的自得。从现实性上说，人的德性是借助人的创造及其作品呈现的。在创造中，人不仅在人化的自然上刻记了人的社会本质和群体精神，而且其创造活动也显示出人的个性，并越来越成为自觉的创造。冯契援引庄子所说的"庖丁解牛""轮扁斫轮"等故事来论证人通过长期锻炼就可以实现熟能生巧，由技近于道，从而使技以道为体、道以技为用，技与道达到浑然一体、水乳交融的境界，由此，外在的技能

---

① 李润洲：《普通高中教育的定位："教育—人—社会"的视角》，载《教育发展研究》，2013(22)。

② 李伟、李润洲：《对高中教育"大学预科化"的辨析》，载《中国教育学刊》，2013(3)。

就变成了人的德性。展开来说，在人的德性形成过程中，人"用志不分，乃凝于神"，体现了自主的意志；"以神遇而不以目视"，理性处于明觉的状态；"得之于手而应于心"，情感上感到踌躇满志；此乃皆因为人能"以天合天"（以我之天合物之天，即以德合道），所以人创作的作品成为主体精神的创造与自我性情的表现，创造者的德性便具有了自在而自为的品格，也就是他的德性（才能、才艺或某种本质力量）在其个性化的创造性活动中达到了自由的境界，他也因"以天合天"而感到欢欣鼓舞、踌躇满志，当下就体验到了无限、绝对、永恒（不朽）的东西，从而使德性得以"自证"。①

倘若人的德性自证是在创造中体现出来的，那么建构智慧教育、实现转识成智则需将知识的占有转变为知识的运用，并在知识的运用中彰显人的自由人格。知识难免具有抽象性、外在性，而智慧则是具体、内在的，也是主与客、天与人的统一，直接指向人的自由发展。因此，作为关于宇宙和人生的真理性认识的智慧与人的自由人格的培养具有天然的内在联系。从这个意义上说，教育不仅要让学生认识外在的世界（天道）和人道，而且要让学生认识自己，"自反"以求尽心知性，并在认识自己和认识世界的交互作用中转识成智，养成自由人格的德性。培育德性自证的自由人格，除了冯契所论述的真诚、解蔽和去私外，还需着重培育人的创造德性。因为"人是人的作品，人不得不作为创造者而存在，人不得不面对创造的难题，不得不创造自身的存在方式"②。通俗地说，人是人的创造物的结晶，人的德性是在立德、立功、立言三不朽中显现的。创造是人区别于动物的标志之一，创造使人成为人。当下，教育日益注重对创造能力的培养，不过，在对创造的认识上，有些人常常把创造视为少数人的专利，或者偏于器物和技术上的创造，而忽略了创造本是人的一种生活方式。教育学意义上的创造并不只体现在对创造能力的习得上，也不只表现在对创新型人才的培养上，它还表现为让人通过教育养成一种反思、创新的态度，过一种具有创造性的生活；否则，人的生活就会充满无意义感，让人感到白活了。若将创造视为人的一种生活方式，则能让人在创造中彰显德性自证的自由人格，知识才能转化为智慧，从而体现知识学习的真正价值。

---

① 冯契：《冯契文集·第一卷：认识世界和认识自己》，449 页，上海，华东师范大学出版社，1996。

② 赵汀阳：《一个或所有问题》，116 页，南昌，江西教育出版社，1998。

四、　基于知识三重观的回答

转识成智既意味着知识与智慧的区别，也意味着知识与智慧的联系。如何看待和理解知识这一问题常常直接影响对转识成智何以及如何可能的回答。但不管怎样，对于教育而言，学生智慧的培育需要植根于知识。因为"知识是教育的载体，教育是通过知识进行的；倘若离开了知识，教育就成了无源之水、无本之木。因此，没有知识传授的教育不是教育，传授知识在任何时候都是教育的'底线'"①。从这个意义上说，教育传授知识并没有错，其错之处则在于未能将外在的知识转化为学生的智慧。我们可以从知识三重观来分析转识成智何以及如何可能。

(一)转识成智何以可能：确立知识三重观

历史地看，在何为知识上，至少存在三种观点：一是唯理论的知识观，即认为知识源于人的理性，是经过论证的真信念；二是唯经验论的知识观，即认为知识源于人的经验，是能够得到实证的信念；三是调和唯理论和唯经验论的知识观，其代表性观点有康德的先验知识观和杜威的实用知识观。在康德看来，知识既不是理论的推导，也不是经验的直观，而是基于理性的理论与基于感性的经验之结合。倘若知识仅源于人的理性，那么这种知识就既容易产生独断论，又缺乏现实的内容；倘若知识仅源于人的经验，那么这种知识就只能具有或然性，而不具有普遍必然性，他通过对"先天综合判断"的论证，认为知识是人运用先天的形式去统整杂多的感觉经验的产物。如果说康德基于"先天综合判断"揭示了知识产生的形式逻辑，那么杜威则基于对经验的独特诠释阐明了知识产生的内在机制。在杜威看来，唯理论的知识观和唯经验论的知识观皆是二元对立思维的产物，人为地破坏了理性与感性、理智与情感、知与行、目的与手段等之间具有的统一性。倘若仅从理性的角度定义知识，那么知识具有的行动性、实践性、人的情感等因素就会被分离出去，而只剩下一些孤立的抽

---

① 李润洲：《知识与教育——兼评由应试教育向素质教育转轨所引发的论争》，载《全球教育展望》，2005(2)。

象概念。倘若仅从经验的角度定义知识，那么知识就成了被动接受的孤立感觉，而丧失了其固有的主动和情感要素。真正的知识产生于人与环境的交互作用，"既有主动的意义，也有被动的意义。它既指运算或行动，即认识的过程；又指结果，即认识的内容"①。从知识的主动方面来看，知识产生于人的生活之需，并通过与环境的交互作用来获得知识。从知识的被动方面来看，知识是人成功地发挥认识功能的结果。

的确，无论怎样看待、理解知识，知识都是人创生的产物，并不是先天就有的现成之物，这是一种人能够直观到的事实。既然知识是人创生的产物，那么知识就至少包含结果与过程两个要素。从结果上看，知识是人认识的成果和结晶，是人运用文字、数字与图表等符号表达、呈现的公共性认识，相当于波普尔的"三个世界"理论中的"世界三"，即"思想的客观内容的世界，尤其是科学思想、诗的思想以及艺术作品的世界"②。从过程上看，知识作为人创生的产物，必然要经历一个思维过程，并且要运用某种(些)方法。而且人不会无缘无故地创生知识，而是基于一定的需求、好奇，满足人的某种(些)需要而生产的。确切地说，人在创生知识的过程中，必然嵌入、携带某种(些)情感欲求、价值观念与立场，且恰恰是某种(些)情感欲求、价值观念与立场驱动、激励着人的知识创生。可以说，知识并不是冷冰冰的、抽象的符号表征，它内在地蕴含着人类的实践样态、认识方式、思维方式与情感意志，是人类在实践和认识中投入和凝聚的智慧的载体。因此，从结果和过程上看，知识就是人基于某种(些)情感欲求、价值观念与立场，运用某种(些)方法或思想，经历了某种(些)思维过程而创生的认识成果，它内在地具有三重意义：一是知识内容，即概念、命题与理论；二是知识形式，即方法、思想与思维；三是知识旨趣，即人文情怀与科学精神。

其一，知识内容，即概念、命题与理论。表面上，凡是知识皆呈现为符号表征的概念、由概念构成的命题以及由命题组成的理论。概念是人的思维对客观事物本质属性的反映与提炼，它是人认识社会、自然与自身的起点，是知识

---

① ［美］杜威：《知识》，见瞿葆奎：《智育》，238 页，北京，人民教育出版社，1993。
② ［英］波普尔：《客观知识：一个进化论的研究》，124 页，舒炜光、卓如飞、周柏乔译，上海，上海译文出版社，2005。

之网的枢纽。命题是由系词或其他连词、动词等将主语和宾语联系起来而构成的一种判断，是借助逻辑而形成的一个特定的概念链，表现为表征知识的规则、原理与定律。理论则是命题的系统化与体系化。一般而言，理论具有三个基本标准：一是概念清晰，二是命题明确，三是经得起事实和逻辑的检验。当然，文学作品更多时候是用字、词、句、篇来概括其内容，不过，文学作品的词、句、篇也类似于概念、命题与理论，因为词可被视为一个命题，句可被视为一个判断，而篇总蕴含一个主旨。

其二，知识形式，即方法、思想与思维。赫斯特曾根据知识的概念特性、逻辑结构、检验方式将知识分为数学、自然科学、人文科学、历史、宗教、文学和艺术、哲学七种形式。① 赫斯特的这种知识形式观引发了争议，如索尔蒂斯认为：“赫斯特的重点似乎全都放在认识的结构上，放在不同的知识领域所采用的抽象的形式上。用语言学习作类推，它很可能把主要注意力放在语法和词汇上，而轻视了一流文学的语言宝库。”②但有一点是明确的，即知识既有内容又有形式。潘洪建认为知识形式指知识产生、检验和表达的形态与思维方式，主要包括知识内在的思维方式、检验方式和外在的知识表达形式。③ 实际上，无论是概念的产生，还是命题的形成及理论的建构，皆需要运用某种（些）方法，凭借某种（些）思维方式，蕴含某种（些）思想。这些方法既包括一般的逻辑思维方法，如分析与综合、比较与分类、归纳与演绎、形象与抽象，也包括一些具体的方法，如数学的符号化、方程、等价转化、模型等。这些具体的方法进一步抽象、概括，可以形成指导知识建构的思想，如数学的抽象、推理与建模思想。严春友曾将人类的思维按照出现的先后次序和特性划分为五种基本形态：宗教思维、哲学思维、科学思维、数学思维与艺术思维。宗教思维奠基于世界的神秘性，哲学思维立足于世界的可理解性，科学思维则依赖于存在的可确证性。哲学思维从质的途径切入对事物的把握，数学思维从量的途径切

---

① ［英］赫斯特：《博雅教育与知识的性质》，见瞿葆奎：《智育》，103 页，北京，人民教育出版社，1993。

② ［美］索尔蒂斯：《评〈知识与课程〉》，见瞿葆奎：《智育》，112 页，北京，人民教育出版社，1993。

③ 潘洪建：《知识形式：基本蕴涵、教育价值与教学策略》，载《课程·教材·教法》，2014(11)。

入对事物的把握，而艺术思维则通过既综合质与量又将质与量赋形的途径来切入对事物的把握。① 这些方法、思想与思维以一种隐而不彰的方式助推知识内容的生产与传播。

其三，知识旨趣，即人文情怀与科学精神。知识的创生是艰难的思想之旅，需要付出时间、精力与财力等，确切地说，知识的创生是要付出成本或代价的。人之所以痴迷于知识的创生，宽泛地讲，是因为人是一种求真、向善、臻美的寻求意义的存在。也正是人的这种求真、向善、臻美的寻求意义的生存意志，驱动、激励人不断地求索未知的世界，创生各种各样的知识。因此，知识的创生不仅伴随求知者求真、向善、臻美的人文情怀与科学精神，而且求知者在知识中渗透、浸染求真、向善、臻美的人文情怀与科学精神。波兰尼主要从个体的角度用"知识热情"来表达人在创生知识中的这种人文情怀与科学精神。② 的确，任何知识的创生皆需要人的知识热情来支撑与驱动。哈贝马斯则主要从社会的角度用"认识旨趣"来阐述人在知识创生中的人文情怀与科学精神，用哈贝马斯的话说就是人的认识与旨趣并不是彼此割裂、互不相关的，而是相互贯通、相互激荡的，且人的认识旨趣决定了知识创生的结果。他把人的认识旨趣分为三种：技术旨趣、实践旨趣与解放旨趣。技术旨趣催生了自然科学，实践旨趣孕育了人文科学，而解放旨趣产生了批判性的社会科学。③ 当然，就某种具体知识的创生来说，在知识中到底要嵌入、携带怎样的人文情怀与科学精神，则需要运用知人论世的方法，通过与文本的对话进行具体的阐释与解读。

(二)转识成智如何可能：基于知识三重观的教育

倘若教育要基于知识、通过知识、运用知识来培育学生的智慧，那么学生智慧的培育就意味着将知识蕴含的三重意义转化为学生的心智结构、思维方式

---

① 严春友：《论人类思维的五种基本形态》，载《太原师范学院学报（社会科学版）》，2011(2)。

② [英]波兰尼：《个人知识：朝向后批判哲学》，159～168，上海，上海人民出版社，2017。

③ [德]哈贝马斯：《认识与兴趣》，郭官义、李黎译，12～13页，上海，学林出版社，1999。

与行为表现，培育路径至少有三条：洞察知识三重，明确知识的智慧；复演知识创生，获悉作者的智慧；创建三维课堂，培育学生的智慧。

首先，洞察知识三重，明确知识的智慧。知识是人智慧的结晶，知识自然蕴含智慧。从知识的三重观来看，知识既表现为言说内容的概念、命题与理论，也表现为如何言说的方法、思想与思维，以及为何这样言说的人文情怀与科学精神，只不过如何言说的方法、思想与思维以及为何这样言说的人文情怀与科学精神镶嵌在概念、命题与理论中，处于缄默状态。而处于缄默状态的方法、思想与思维以及人文情怀与科学精神的智慧含量更高，因为它们是形成概念、命题与理论的前提和条件。从这个意义上说，当下的知识教育教学之所以受到质疑乃至责难，是因为知识的教育教学通常聚焦于由概念、命题与理论构成的知识表层，而忽略了知识形成所运用的方法、思想与思维，淡化了知识所携带、蕴含的人文情怀与科学精神，使知识的教育教学在目的、内容和方式上存在这样或那样的问题。比如，在目的上，倘若知识的教育教学只是为了掌握特定的概念、命题与理论，而无视学生的成长，那么这种知识的教育教学就丧失了育人的教育性。在此意义上，教育则成了为了知识的教育，而不是让学生通过知识学习而获得教育。前者的逻辑起点是知识的特定内容，教育是围绕着知识的特定内容的有效传递与掌握展开的；后者的逻辑起点则是学生的成长，知识的特定内容只是学生发展的手段。那种只为了有效传递特定知识内容的教育教学颠倒了知识的特定内容与学生成长的关系。在内容上，流行的知识教育教学常常停留在知识的最表层，告知学生特定的概念、命题与理论，而不解释为什么，不分析特定概念、命题与理论的来龙去脉，只是要求学生机械记忆，而忽略了特定的概念、命题与理论创生所嵌入的方法、思想与思维，更没有揭示其所蕴含的人文情怀与科学精神，从而使知识的教育教学退化为一个个冰冷的知识符号的搬运，消解了知识蕴含的智慧。当然，这里所说的方法、思想与思维以及人文情怀与科学精神在特定的概念、命题与理论中具有具体的表现形态，不可大而化之、笼而统之地到处贴标签。在方式上，不同层次的知识需要不同的教育教学方式。比如，处于表层的概念、命题与理论需要"记中学"，中间层的方法、思想与思维需要"做中学"，而核心层的人文情怀与科学精神则需要"悟中学"。但在实际的知识教育教学中，一些教师惯用告知、灌输的方式来传授方法性与价值性知识，使知识的教育教学停留在最表层。因此，培育学生

的智慧并不是拒斥知识本身，而是洞察知识的三重意义，践行深度教学，使知识的教育教学不再停留在概念、命题与理论的知识表层，而是深入知识创生所嵌入的方法、思想与思维，并挖掘知识所携带、蕴含的人文情怀与科学精神。

从一定意义上说，知识的表层、中间层及核心层都表征了知识的智慧。比如，语文一般有三方面内容：一是必要的语文知识，包括语言文字、文学审美、人文素养等知识，表现为语文学科的概念、命题与理论；二是识字、写字、阅读与表达能力，表现为知识中间层的方法、思想与思维；三是文化传承与理解、审美鉴赏与创造，表现为知识核心层的人文情怀与科学精神。数学大致由概念、命题与理论（如数学运算、数据分析等）、数学思想（如抽象、推理与建模等）、数学的理性精神构成。物理同样包括物理学研究积累的特有的概念、命题与理论，物理学研究的方法、思想与思维，物理学研究的人文情怀与科学精神三方面的要素。生物的概念、命题与理论主要有细胞、新陈代谢、稳态与调节、生态系统、遗传与变异、进化等，其方法、思想与思维主要有获取科学事实的观察、实验、调查等方法，逻辑思维的分析与综合、抽象与概括、比较与分类、归纳与演绎等方法，以及进化思想、系统论与生态学思想。这些生物学的方法、思想与思维是联系、整合生物学概念的纽带与枢纽。而生物学的概念、命题与理论及方法、思想与思维背后渗透、浸染的是基于客观的证据、理性的怀疑、多元的思考、平权的论争和实践的检验的科学精神。[①] 诚然，为明确具体学科知识所蕴含的概念、命题与理论，方法、思想与思维，以及人文情怀与科学精神到底有哪些要素，这些要素中哪些更有智慧，则需要通过研究、辨析而形成一定的共识。不过，一旦洞悉了知识的三重意义，知识的教育教学就找到了灵魂，就能通过教知识的特定内容——概念、命题与理论——授之以鱼，让学生学会；也能通过教知识的特定形式——方法、思想与思维——授之以渔，让学生会学；还能通过教知识的特定旨趣——人文情怀与科学精神——授之以"欲"，让学生乐学。尤其值得注意的是，知识的教育教学只有站在学科知识所携带、蕴含的人文情怀与科学精神这一育人至高点上，才能让学生真正乐于学习；并且只有让学生明白了学科知识创生所嵌入的方法、

---

① 谭永平：《从发展核心素养的视角探讨高中生物必修内容的变革》，载《课程·教材·教法》，2016(7)。

思想与思维，学生才能学会学习，并最终透彻地理解和认识构成学科知识表层的概念、命题与理论。从这个意义上说，洞察知识的三重意义，明确知识的智慧，就成了培育学生智慧的重要途径。

其次，复演知识创生，获悉作者的智慧。如果说知识表层的概念、命题与理论可以通过讲解、听记与练习让学生理解与掌握，那么不仅知识中层的方法、思想与思维和核心层的人文情怀与科学精神隐匿在知识的概念、命题与理论中，而且构成知识的概念、命题与理论本身也无法全部、整体地再现知识创生的方法、思想与思维以及其携带、蕴含的人文情怀与科学精神。因此，知识的教育教学之真正困难并不在于掌握特定的概念、命题与理论，而在于学会特定概念、命题与理论所嵌入的方法、思想与思维，体验其携带、蕴含的人文情怀与科学精神。当下的知识教育教学的弊端之一就在于只聚焦于特定的概念、命题与理论是什么，而不问这些概念、命题与理论形成的过程及其运用的方法、思想与思维，更少追问这些概念、命题与理论蕴含着怎样的人文情怀与科学精神，使鲜活的知识丧失了生命的活力。通俗地说，知识的概念、命题与理论犹如钟离权用手指点出来金子，知识背后所隐藏、蕴含的方法、思想与思维以及人文情怀与科学精神才是"点石成金"本身。因此，只有复演知识创生，再现知识符号背后所隐藏、蕴含的方法、思想与思维以及人文情怀与科学精神，才能激活知识，让表层的知识内容重新转化为解决问题的过程，并通过展示问题解决的过程来获悉作者创生知识的智慧。

复演知识创生，获悉作者的智慧，简单地说就是展现特定概念、命题与理论形成的过程，挖掘特定概念、命题与理论所隐藏的方法、思想与思维，感悟作者在知识创生中表现出来的人文情怀与科学精神。有效的知识教育教学方略主要有两种。一是讲述知识创生的故事。从一定意义上说，知识的概念、命题与理论是人对认识对象的因果、包含、转化等关系进行抽象、概括、推理与论证的结果，其背后则蕴含着诸多事件之间的联系与对接。因此，要让学生的知识学习深入知识创生所嵌入的方法、思维与思想，体验知识所携带、蕴含的人文情怀与创新精神，则可以将概念、命题与理论具体转化为一个个知识创生的故事，"讲清这些故事发生的'时间'（这些知识是什么时候发现或提出的）、'地点'（在什么样的社会文化背景中发现或提出的）、'人物'（由谁发现或提出的，他/她的人生经历与这种知识之间有无内在的联系）、'事件'（这些知识的发现或提出属于什么性质的事件，是对原有知识观念的重新解释，还是对原有知识观念的颠覆）、'过程'（发现或提出这些知识的过程是怎样的，在不同观念之间的竞争中、在各种左右其学术力量和社会力量中它们是如何获胜的，它们的身上有没有遭对手攻击时所留下的'疤痕'）、'结果'（它们是如何为人们所接受和叙述的，如何产生其他的知识效果或社会效果，不同的历史时期或不同的社会文化中人们又对它们有哪些不同的评价）"①。这样，知识的教育教学就变成了边上课边讲故事，课堂通过讲述知识创生的故事来展现作者创生知识的过程及其运用的方法、思想与思维，以及作者创生知识时所携带、嵌入的人文情怀与科学精神。二是基于问题进行知识探究。概念、命题与理论的提出总基于一定的问题，是为了解决问题而建构生成的。因此，教师可以创设问题情境，引导学生自主地提出问题、设计方案、收集资料与论证检验，从而让学生亲身体验知识创生的过程，在运用各种策略和方法解决问题的过程中学会方法、思想与思维的运用，并真切地体验知识创生所蕴含的人文情怀与科学精神。在教育史中，具有代表性的基于问题进行知识探究的教育教学主要有杜威的探究性五步教学和布鲁纳的发现式教学。杜威的探究性五步教学由五个教学程序构成：创设问题情境；产生一个真实的问题；在占有资料、从事必要的观察中提出解决问题的假设；有条不紊地实施所想出的解决问题的方法；检验或验证解决问题的方法是否有效。与杜威的探究性五步教学相比，布鲁纳的发现式教学更加注重概念、命题与理论的发现，并主张简化创设的问题情境，为学生的知识探究提供必要的理论指导与操作程序。

之所以在知识的教育教学中讲述知识创生的故事，或基于问题进行知识探究，是因为两者皆濡染、映射知识的生命意义，能够激发、唤醒知识蕴含的生命基因，从而让学生了解作者的智慧，并让学生在知识学习中感受、体验知识的生命价值与人生意义。

最后，创建三维课堂，培育学生的智慧。无论如何，课堂都是知识学习的主要场所。如果说知识本身蕴含三重意义，那么知识的教育教学就应创建三维课堂。这种三维课堂既让学生掌握一定的概念、命题与理论，也让学生明白概念、命题与理论所嵌入的方法、思想与思维，还让学生体验到其蕴含的人文情

---

① 石中英：《知识转型与教育改革》，210页，北京，教育科学出版社，2001。

怀与创新精神。从操作上看，三维课堂的创建主要有三种途径。一是从教师之教来看，可以通过追问"写了什么""如何写"以及"为何这样写"来让学生理解、掌握特定的概念、命题与理论。二是从学生之学来看，可以通过组织各种活动，让学生体验知识创生的过程，运用知识创生的各种方法、思想与思维，品味知识创生所表现出的人文情怀与科学精神，从而三维地再现特定的概念、命题与理论。三是从教学来看，可以通过师生对话，紧扣文本内容，巧妙设计"写了什么""如何写"以及"为何这样写"的问题链，三维地共创特定的概念、命题与理论。① 可以说，三维课堂的创建遵循的是知识创生的逻辑，设想并创设前人创造特定的概念、命题与理论时面对的困难情境，并结合学生学习时遇到的困惑和难点，展示、再现特定的概念、命题与理论创生所运用的方法、思想与思维，并让学生感受特定的概念、命题与理论所蕴含的人文情怀与科学精神。比如，在教乘法的初步认识时，教师可以设想、创设乘法出现以前人们遇到的运算问题情境——如何更好地解决加数相同的加法？乘法蕴含转换、简化等方法、思想与思维以及人们不断进取、寻求更好更快地解决问题的人文情怀与科学精神。

　　当然，从目的上看，三维课堂就是通过恰当地展示、再现知识本身所蕴含的三重意义，将知识的三重意义转化为学生的智慧。要培育学生的智慧，则需要重新认识知识的教育教学与人的全面发展的关系。因为在知识的教育教学与人的全面发展的关系上主要存在三个误区。一是将知识占有的数量作为衡量人全面发展的标准，认为知识占有得越多，人的发展就越全面，从而形成了知识教育教学的加法思维，即不断地增加教育教学的知识容量，而无视学生成长、知识掌握的客观规律。无论是盲目增加既有知识的难度与深度，还是盲目开设各种新课程、扩充各种新知识，皆由这种误区所致。二是将人的阶段性全面发展视为人发展的终极目标。的确，人要全面发展，尤其是对于学习中的学生而言这是有道理的，但"到了一定时候，一个人就得追求片面的甚至非常片面的发展，这样，他才能有所成就，才能有非常巨大的成就——如果他还拥有巨大才能的话"②。黑格尔曾言："一个志在有大成就的人，他必须知道限制自己。

① 李润洲：《三维课堂的创生——一种三维目标的视角》，载《中小学教师培训》，2015(11)。
② 何怀宏：《每个人都要把自己培养成为某一种人》，载《人民教育》，2016(1)。

反之，那些什么事都想做的人，其实什么事都不能做成，而终归失败。"①从这个意义上说，"我们应当主要在人类而非个人的意义上理解人的全面发展"②。三是将知识的教育教学目标人为地分割为三个部分——掌握一定的基本知识、发展智力、培育正确的价值观，而不知知识的教育教学本身就蕴含三重意义，从而造成知识的教育教学顾此失彼、碎片化。因为当把知识的教育教学目标设定为掌握一定的基本知识、发展智力、培育正确的价值观时，实际上就预设了三者是可以分离乃至对立的，从而将完整知识的教育教学人为地分割为互不相关的知识掌握、智力发展、价值观培育等内容。但根据知识的三重观，知识的教育教学本身就蕴含促进人全面发展的思想。或者说，知识的教育教学本身就既包含学生对特定的概念、命题与理论的知识掌握，也包含促进学生智力发展的方法、思想与思维，还包含对学生人文情怀与科学精神的培育。因此，三维课堂的创建既不是简单地追求知识的容量，也不是盲目增加知识的难度，而是在知识的教育教学中反复地回到学科的基本概念、命题与理论，并随着学生知识的增长而螺旋式地引导学生掌握整个学科知识体系，从而通过再现完整的三重知识结构培育学生的智慧。

① ［德］黑格尔：《小逻辑》，贺麟译，172页，上海，上海人民出版社，2009。
② 何怀宏：《每个人都要把自己培养成为某一种人》，载《人民教育》，2016(1)。

第三章　智慧教育视域的学校课程建设 ————

　　智慧教育视域的学校课程建设的目标指向智慧人的培养，智慧在学校课程建设上则具体表现为在一定理论指导下因地制宜地筹划学校课程。因此，从不同的视角、依据不同的理论阐释学校课程建设就成为智慧教育建构的必然选择。

一、 学校课程建设的教育学设想

　　学校课程建设是一项系统工程。那种就课程建设课程的思路，不是把课程建设搞得支零破碎，就是即使有完好的课程也派不上用场，如为应付检查的课程开发、跟风式的课程引进、教师随性的课程开设等。这种碎片化的课程建设之所以存在，主要是因为缺乏系统的教育学思维。在教育学视野里，课程建设主要牵涉相互关联、彼此依存且螺旋式循环的四个要素：教育、课程、教学与评价。这种包含教育、课程、教学与评价四要素的课程建设可简要地概括为学校课程建设的教育学设想，也就是说，作为一项系统工程，学校课程建设应跳出课程、走向教育，从教育学的视角来筹划、创建自己的课程。其基本思路是在厘清办什么样的教育的基础上，基于对教育的独特认识来建构自己的课程，用自己的课程进行教与学，并用学校建构的理想教育图景来评价教与学。这种学校课程建设的教育学设想既能使学校的办学目标明确、清晰，又能使学校的各种课程建设有中心、主线，还因在课程建设中融入了师生的自我思考而使课程的实施自然成为学校特色的形成过程。

(一)定义自己的教育：让学校课程建设获得灵魂

　　随着学校课程改革的推进，在倡导个性化、特色化办学的今天，学校的课程意识逐渐被唤醒。但面对人类知识的汪洋大海，学校选择什么样的知识、谁的知识、怎样的知识等问题就现实地摆在学校决策者面前。要回答选择什么样的知识、谁的知识、怎样的知识，则需要学校定义自己的教育，解决办什么样的教育这一根本问题。从这种意义上说，定义自己的教育就成了学校课程建设的首要问题，而且只有定义了自己的教育，学校课程建设才能有灵魂。因为定义自己的教育实际上是学校对自身教育目的及存在价值的确认与承诺，是学校对核心价值、教育信念的澄清与坚守，也是学校对办学理念、办学目标的浓缩与提炼。学校一旦定义了自己的教育，选择什么样的知识、谁的知识与怎样的知识也就有了标准与尺度，学校课程建设也就获得了灵魂。

当下，一些学校已清楚地认识到定义自己的教育对学校课程建设具有的重要意义，并且自觉地通过回溯学校的发展历史，分析政治、经济、文化等方面的社会需求，把握学校生源状况，诊断师资水平，厘清自己要办什么样的教育。比如，江苏省苏州市第十中学把自己所办的教育定义为诗性教育，认为诗性教育是指对受教育者进行的旨在树立他们崇高理想和远大志向，促进其人性境界提升、理想人格塑造以及个人与社会价值实现的教育，其实质是素质教育，其核心是涵养具有人文意识的创造、创新精神，具有本真、唯美与超然三个特征。并且学校在诗性教育的引领下，建构了诗性的课程文化，即"课程目标的制定首先考虑学生的需求，体现学生的个体差异性，遵循'时代性、基础性和选择性'的原则，追求课程内容与社会进步、科技发展、学生经验的紧密联系，关注学生的生活体验，满足学生理智、情感、审美、道德生活的需要，以促进学生良好心理品质的形成、健康审美情趣和生活方式的养成"[1]。山东省潍坊市第四中学根据地处城乡接合部、生源多样且能力水平有待提高的现实，确立了"崇美崇实，信心铸就成功"的信心教育。这种信心教育旨在点燃天赋各异的学生的自信心，使每个学生成为内心向往的精彩自己，培养释放正能量的合格公民，让不同家庭都看到教育的希望。在信心教育的观照下，学校遵循"精"与"实"的原则，从学生的天赋与差异出发，开发了一系列贴近生活、走进社会的课程，如"生活处处有经济""法律连着你和我""造型与体验""历史就在我们身边""企业学子行"等。[2] 上海市复旦中学则结合百余年来注重学生人文精神培育的办学传统，勾画了"文理相融，人文见长"的人文教育，建构了独

---

① 柳袁照：《我对诗性教育的理解与追求》，载《人民教育》，2011(21)。
② 韩忠玉：《点燃自信——山东省潍坊四中信心教育思考与实践》，载《人民教育》，2014(10)。

具特色的文化主题轴综合课程。该课程由四大模块构成：人文视野模块包括"西方文化掠影""文化与人生""跟着环球游画看世界"等课程；文化探究模块由"寻梦复旦园""相辉文化讲谈""史料解析入门"等课程组成；科学素养模块包括"数学与人文""掌中求索""绿色家园""燃烧与爆炸"等课程；艺术素养模块则由篮球、舞蹈等课程组成。① 可以说，学校一旦定义了自己的教育，那么这种被定义的教育就犹如一盏灯，照亮学校课程建设前行的道路，并且使学校课程建设获得灵魂。

当然，学校定义自己的教育并不是一件容易之事。实际上，学校定义自己的教育既意味着对学校办学历史的回顾与梳理，又意味着对当下学校发展困境的诊断与把握，还意味着对学校未来发展的前瞻与指引。同时，学校定义自己的教育既要反映教育自身的普遍性，又要展示学校的独特性，还要获得师生的广泛认同。从这种意义上说，学校定义自己的教育就是一个不断探索、研究的过程。虽然学校定义自己的教育从理论建构上说也许相对容易，但要想将自己定义的教育落实到实际行动，就需要课程、教学和评价等紧跟其后；否则，定义的教育就只是贴在墙上或挂在嘴边的空洞口号，不具有任何生命活力。

(二)建构自己的课程：让学校课程建设拥有特色

如果说定义自己的教育让学校课程建设获得了灵魂，那么这个灵魂所要依附的"体"就主要是学校的课程，而且由于灵魂是独特的，学校的课程建设就自然地有了特色。换言之，在由普通学校转变为特色学校的过程中，学校定义自己的教育只是万里长征的第一步，要想将定义的教育转化为现实，就需要在自己定义的教育的观照下建构自己的课程，渗透、体现自己所定义的教育的课程就会拥有特色。这其中道理也许并不难理解，而难的是如何建构自己的课程。

在建构自己的课程的过程中，许多学校已形成了分层、分类的思想。比如，按课程功能分，有基础性课程、拓展性课程与研究性课程；按知识类别分，有人文课程、科技课程、社会课程与身心课程；按管理主体分，有国家课程、地方课程与校本课程；按学习方式分，有必修课程、选修课程与自修课程；按课程形态分，有学科课程、活动课程与综合课程等。当然，就某具体的

---

① 姜新杰、李立基：《复旦中学：人文高中的求索之路》，载《上海教育》，2013(31)。

课程而言，可以按不同的标准归到不同的课程类别中。学校面对的主要问题是如何根据自己定义的教育来建构自己的课程。可以说，当下学校课程建设的主导理念是变选拔适合教育的学生为创办适合学生的教育。无论是苏州市第十中学的诗性教育，还是潍坊市第四中学的信心教育，抑或是上海市复旦中学的人文教育，其核心理念皆是创办适合学生的教育，但体现这种理念的学校课程建设的具体做法是丰富多彩、各具特色的。除上文所述的三所学校课程建设的做法外，广东省深圳中学在创办学术性高中的过程中逐渐建构了"本校的课程"。这种"'本校的课程'由基础学术课程和文凭课程两部分构成。基础学术课程是参加高考和学业考试所需要学习的各学科课程。文凭课程由认知技能、自我成长、文化审美、体育健康、实践服务、研究创造六项课程群组成"①。该课程结构线条清晰，便于管理与评价。山东省聊城市第二中学在"生本教育"理念的指引下，打破了多年来单一培养文化科学生的传统，逐渐形成了"宜文则文、宜理则理、宜艺则艺、宜体则体"的多元成才机制，并根据学生知识基础薄弱的特点，设立了从初中到高中过渡的"桥梁课程"，对国家课程进行了校本化实施，开发了符合校情学情的校本教学素材，开设了各种学科延展类课程。"桥梁课程"是指站在高中课程的角度，让学生重新学习初中学过的知识，以实现初中所学的"旧知"与高中将学的"新知"有效对接。校本教学素材是根据"低重心、分层次、高效率"的课程原则，对国家课程进行校本化重组与创新的成果。学科延展类课程不是学科内容的预习、复习与训练，而是从学科知识中找一个点，通过这个知识点将学习扩展到社会生活的应用层面，整合涉及这个知识点的各种鲜活实例，让学生学会从生活应用的角度把握学科知识。② 这种课程建设虽然看似并不精致，但也更加有利于教师对课程的初级开发。师资水平较高、课程建设积累了一定经验的学校则可以进行课程的有机整合。比如，上海市建平中学着眼于学生各种能力的提升，对课程从四个方面进行了整合。一是"4S"，即社会实践、科技人文讲座、项目设计与学生社团的整合。学生在社会实践中发现问题，然后在科技人文讲座中展开讨论；一个学生搞研究往往势单

---

① 柳袁照：《我对诗性教育的理解与追求》，载《人民教育》，2011(21)。

② 朱忠琴、袁桂林：《基于学生发展的普通高中课程体系建构——以山东省聊城二中特色发展为例》，载《当代教育科学》，2013(24)。

力薄，需要团队合作，最终完成项目设计，开展课题研究。二是"3C"，即创新、创造与创业三门课程的整合。三是"DBL"，即基于设计的学习。四是思维广场，即通过设计一些问题，将语文、历史、政治三个学科整合在一起。[①]

可以说，建构自己的课程、让学校课程建设拥有特色是创办适合学生的教育的必经之路。但拥有特色的课程建设并不是信马由缰的标新立异，而是学校自己定义的教育的有机组成部分，它服务、服从于学校的办学目标和价值定位。从实际操作上看，建构自己的课程、让学校课程建设拥有特色需要立足于学校发展的实际，着眼于学生发展的需求，准确定位各类课程的价值功能，充分调动师生参与课程建设的积极性，制定完善的课程建设规则。就某门具体课程的建设而言，有的学校已摸索出成功的操作流程：申报课程—制定课程纲要—设计课程研发方案—实施课程—反思与改进课程。[②] 此流程有利于提升课程建设的针对性和有效性。

(三)创新自己的教学：让学校课程建设落地生根

建构自己的课程、让学校课程建设有特色显然不是目的，将有特色的课程转化为学生素养才是学校课程建设的旨归。因此，课程改革不仅要改课程，而且要改教学。倘若教学不能随课程改革而变化，那么再好的课程设置也只是摆设。从现实层面上看，课程改革的推进不仅受到课程建设的羁绊，而且要面对"教师讲、学生听"这种教学形态固化的障碍，这种固化的教学形态会让课程改革浅尝辄止、止步不前。可以说，学校只有创新自己的教学，才能让课程建设真正落地生根。

许多学校在建构自己的课程的同时，已探索、尝试了各种教学创新。苏州市第十中学在建构诗性教育时创建了闪耀道德光彩的审美课堂。这种审美课堂遵循诗性教育的三个特征——本真、唯美与超然，尊重学生的身心发展规律，把课堂生活与社会生活融为一体，让"教师在一种回归自然、返璞归真的状态下上课，学生们不知不觉地进入了'学习'状态，进入了'化境'去探求知识、发

---

① 杨振峰：《基于批判的课程建设》，载《今日教育》，2014(4)。
② 张广利：《校本课程如何全面实施》，载《人民教育》，2014(5)。

现真理"①。虽然这样的审美课堂确实具有诗性、让人神往，但其具体操作不甚明了。潍坊市第四中学在信心教育的统摄下给出一个相对清晰的教学创新样式。其教学创新以重建课堂结构、凸显学生主体地位为重点，"以典型示范、分类指导、同步研讨、分层推进、评价引领为基本策略，形成'三案导学、六步探究'的教学流程……'三案导学'包括课前预习学案、课堂探究学案、课后拓展学案三部分。'六步探究'包括检查预案—合作探究—精讲点拨—当堂训练—提炼升华—课后拓展，突出培养学生的问题意识、探究意识和实践意识"②。复旦中学为了使课程落地生根、培育学生的人文素养，研制了由引导、等待、倾听、组织、协助五个基本要素构成的"课堂转型教师践行参考系"。研制"课堂转型教师践行参考系"，而不是"课堂转型教师践行评价指标"，这种做法不仅符合好的教学靠教师来创造的真谛，而且体现对教师的人文关怀。正如复旦中学校长周国正所言，教师的课堂教学需要通过引导逐渐改变，而不是直接通过评价强行推行；犹如年轻妈妈照顾婴儿，起初她也没有什么具体的行为准则，更多是通过关注婴儿的表情与言行，从中寻找适合婴儿的行为，而"课堂转型教师践行参考系"带给教师的就是这样一种引导性理念，在"课堂转型教师践行参考系"的引领下，不同学科的教师形成了不同的教学样式，如语文教学的"读—问—行"、数学教学的"体验—生成"、物理教学的"实做—探究"等。③ 建平中学则在整合课程的基础上，"经过近四年的主题性教研和四轮课堂研讨实践……逐渐形成了'基于情境、基于问题、高效互动、高阶思维'的智慧课堂模式"④。由此可见，创新教学的具体做法各有千秋，但其精粹都在于把课堂还给学生，发挥学生的主体性，让课堂成为教学相长、师生精神愉悦的地方，使教学成为师生共同成长的过程。

创新自己的教学既意味着对各种教学模式进行探索与尝试，也关联着教学组织形式的重组与转变。例如，为了创办适合学生的教育，增强学生学习的选择性与主动性，浙江省许多中小学校实行了选课走班。相较于固定的行政班教

---

① 柳袁照：《我对诗性教育的理解与追求》，载《人民教育》，2011(21)。

② 韩忠玉：《点燃自信——山东省潍坊四中信心教育思考与实践》，载《人民教育》，2014(10)。

③ 姜新杰、李立基：《复旦中学：人文高中的求索之路》，载《上海教育》，2013(31)。

④ 杨振峰：《基于批判的课程建设》，载《今日教育》，2014(4)。

学，学生的选课走班给教学带来了一系列新变化，如没有固定的教室和课桌，教师不再以固定的行政班为单位上课，而是以由学生选择的课程形成的教学班为单位授课。通常情况下，一名学生一学期选择了几门课程，就会有几个教学班。这样不仅有利于学生的个性发展，而且扩大了学生的交往范围。[①] 自然，无论是教学模式的创新，还是教学组织形式的重组，都不可能一帆风顺、立竿见影，其中的艰辛与阻力、迷惘与困顿也许只有实践者才能真正体味。不过，学校课程改革勇敢的先行者已探索出了各种可行之路径，并取得了初步的成效。

(四)优化自己的评价：让学校课程建设开花结果

假如教育获得了新的认识，课程内容得到了重塑，教学样式也进行了更新，那么评价就得相应地跟进优化。因为学校课程建设回避不了泰勒的四个追问：学校要达到什么样的教育目标？提供哪些教育经验才能实现这些目标？如何有效地组织这些教育经验？怎样才能确定这些目标得到实现？[②] 可以说，评价引导着课程建设的方向与进程，因此，学校只有优化评价，才能让课程建设开花结果。

人作为一种追求价值的存在，做事前常常要问此事是否值得，对于学校课程建设来说也是如此。在有些人看来，如果人才选拔不改革，学校定义自己的教育、建构自己的课程、创新自己的教学、优化自己的评价等就是理论的空谈，教育教学行为就仍然是考什么就教什么，怎样考就怎么教，升学才是硬道理。实事求是地讲，这种现实的教育考量也无可厚非，确切地说，升学本身并没有错，其错在于将学校课程建设与考试完全对立起来，而没有看到学校课程建设恰恰能够更好地提升学生的成绩。这其中的奥秘就在于优化自己的评价，让学校课程建设在开花结果中，在促进学生健康、个性发展的同时，提高升学率。比如，浙江省青田中学在课程改革之前，每年考上大学的只有十几个学生。据邓加富校长介绍，开设航模、石雕篆刻等选修课起初是为了让学生有事

---

① 李希贵、郭学军：《普通中学学校转型：路径选择与实施策略的研究》，载《课程·教材·教法》，2014(4)。

② 施良方：《课程理论：课程的基础、原理与问题》，13 页，北京，教育科学出版社，1996。

可做，避免他们在学校里虚度青春，但航模、石雕篆刻等选修课的开设极大地激发了学生学习的内在兴趣。因为航模制作涉及数学、物理等知识；石雕篆刻则与语文、艺术等素养密切相关。航模、石雕篆刻等选修课的开设不仅迎合了学生的兴趣爱好，而且驱动着学生对相关文化知识的深入学习，从而使该校的高考成绩连年攀升。如今，青田中学已确定了办"大志向教育"的学校定位，建构了由基础课程、拓展课程和研究课程组成的课程体系，进行分层、分类的选课走班教学，尝试新的教学样式，如翻转课堂、微课程等，课程评价推行学分制，采用多元评价方式，把过程性评价和终结性评价有机结合起来。再如，潍坊市第四中学也曾遇到高考升学率下滑、所在社区的学生外流的问题，但学校在信心教育的统整下，通过开设多样的校本课程，建构"高效生态课堂"，进行多元成才评价，高考升学率显著提升。用家长的话说就是："从四中校园走出来的孩子，身上有一种特别的气质，大气、阳光，有风范。"①

不过，考试制度确实对学校课程建设起着重要作用。在不改革的情况下，有些学校即使开发课程，也大多围绕着考试转，如针对各种竞赛和考试的课程等。如今，国家教育决策层已充分认识到考试制度对深化学校课程改革的意义。比如，全国考试招生制度总体设计方案已制定完成，2014 年，上海、浙江率先进行了新高考改革，可以预期，随着考试制度的不断完善，学校课程建设可以避免不必要的徘徊与阻抗。实际上，那些先行课程改革的学校已证明优化自己的评价是课程改革的应有之义。比如，上海市格致中学在 2010 年确立了"全员、全面、全程"的绿色评价理念，基于数据库和网络技术，建立了包括全体学生、涵盖五个方面、立足三年跟踪终身的格致中学全面质量评价与保障体系。评价内容由道德、学能、身体、心理、实践创新五个方面的素养和二十个二级评价指标组成，采用学生个人输入、教师定期认定、家长辅助参与、学校学期评价的方法，网络系统根据评分以雷达图的形式直观展示学生的综合素质、个性特长的发展历程。

简言之，在学校课程建设的道路上，已有一些学校走在了学校课程改革的前列，它们通过定义自己的教育，让学校课程建设获得灵魂；建构自己的课

---

① 韩忠玉：《点燃自信——山东省潍坊四中信心教育思考与实践》，载《人民教育》，2014(10)。

程，让学校课程建设拥有特色；创新自己的教学，让学校课程建设落地生根；优化自己的评价，让学校课程建设开花结果。这些学校取得了丰富的课程改革经验，并获得了广泛的社会认同。作为课程改革的后来者，其他学校也不必妄自菲薄、悲观失望，只要找准学校课程建设的前行方向与途径，后来者也能赶超先行者。

二、 学校课程建设的教学论解读

为了深化课程改革，许多学校以课程建设为抓手，谋求学校特色发展，力图推动学校的整体改进。这种做法既受到诸如北京市十一学校、清华大学附属小学等成功经验的引领，又受到学术界关于课程建设的理论的激发，其意义是不言而喻的。但学校课程建设只有转化为教师的教与学生的学，才能真正实现其预期。因此，从教学论的视角审视、考察学校课程建设具有天然的合理性。

(一)廓清课程愿景，明确教与学的意义

教师为什么教？学生为什么学？这是两个看似清楚、实则模糊的问题。之所以说它们清楚，是因为宏观上有国家教育目的、教育方针的相关阐述，微观上有教师和学生个人的独特理解；之所以说它们模糊，是因为不仅教师和学生个人有不同乃至对立的观点，而且学校常常缺乏明确的主张。廓清课程愿景意味着清楚地回答办什么样的学校、做什么样的教育与培养什么样的人这三个问题，从而为教师之教与学生之学指明方向与目标。

一般而言，学校课程建设是指在重组与整合国家课程、地方课程和学校课程的基础上，建构适合学生发展需求、反映学校特色的课程体系的过程。它主要由课程愿景、课程结构、课程实践与课程评价等要素构成。通俗地讲，学校课程建设是在课程愿景的指导下对国家课程、地方课程与学校课程的二次开发与重构。课程愿景是课程蕴含的价值取向，也是课程所具有的育人价值，体现了学校对自身使命的价值判断，具体表现为对办什么样的学校、做什么样的教育与培养什么样的人的回答。从表述的中心词来看，课程愿景主要有三种类型。一是阐释学校的特性和功能的课程愿景，如"人文高中""综合高中"等。该类课程愿景以办什么样的学校为切入点，进而阐述学校的课程结构与课程设置

等问题。二是诠释某种教育的课程愿景，比如，江苏省苏州市第十中学的诗性教育[①]、山东省淄博市金茵小学的和悦教育[②]等。该类课程愿景以办什么样的教育为突破口，通过对某种教育的阐述来统领学校课程的发展。三是阐述培养目标的课程愿景，比如，上海市七宝中学的"全面发展，人文见长"、北京市清华大学附属小学的"高尚、聪慧"等。这类课程愿景直接以学生的核心素养为着眼点，侧重回答培育什么样的人，并据此来诠释学校的课程设置与实施等问题。当然，三类课程愿景只是阐释的视角、侧重点有所差异，实际上，无论是哪种类型的课程愿景，最终都要回答培养什么样的人这一问题。

改革开放前，那种封闭、统一的课程设置与实施并不是没有嵌入课程愿景，只是嵌入的课程愿景仅反映了国家培养统一的建设人才的要求，这也是"千校一面、万人同语"的深层原因。改革开放后，随着社会主义市场经济的兴起，原先那种培育统一、标准化人才的课程愿景与社会对多样化、个性化发展的人才的需求相冲突，培育全面且有个性的人才成了学校教育的使命。为了培育全面且有个性的人才，学校需要办出个性，需要走出不同的道路，这就迫切需要廓清课程愿景。学校一旦廓清了课程愿景，教师之教与学生之学就有了明确的价值指向，不仅明确了教什么、学什么，而且清楚了为什么教、为什么学，就不再仅为了知识而进行教与学，在教与学中对人的发展与成长有了明确的期待。反过来说，倘若学校对课程愿景不进行深入思考与清晰定位，那么教与学就是"只管埋头拉车，不管抬头看路"，只关注既有课程的知识体系，倾向于解决确定的、线性的、静止封闭的学科知识问题，而忽略学生成长的需求。当然，教师之教、学生之学与学校课程愿景的对接并不是直接、线性的，而是间接、复杂的。因为在日常教学中，教师之教与学生之学皆有具体的教学目标，而不是抽象的"聪慧、高尚"或"志存高远、思想活跃、言行规范的社会栋梁和民族脊梁"等课程愿景。从这种意义上说，廓清课程愿景还意味着将课程愿景渗透、体现于具体的课程目标、课程内容之中，将抽象的课程愿景细化、具象化为课程目标和课程内容。比如，清华大学附属小学将抽象的"聪慧、高尚"在语文教学中具体化为"一手好汉字、一副好口才、一篇好文章"，并进一

---

① 柳袁照：《我对诗性教育的理解与追求》，载《人民教育》，2011(21)。
② 杨世臣：《创建和悦教育　塑造幸福人生》，载《中小学校长》，2013(11)。

步将"三个好"具体化为每年级一册的《小学语文质量目标指南》，不仅回答了教什么、学什么的问题，而且回答了为什么教、为什么学的问题。[1]

提出一两个课程愿景也许并不难，难的是提出符合学校实际、满足学校学生成长需要、契合教育发展规律的课程愿景。在课程建设的相关文本中，大多数学校都有对课程愿景的阐述，但其阐述的课程愿景往往缺乏学校办学的历史和现实的根基，表现主要有两种：其一，课程愿景相互抄袭、趋同；其二，课程愿景与课程结构、师生的教与学脱节。课程愿景之所以存在抄袭、重复及脱离课程结构、师生的教与学的问题，主要是因为这些课程愿景不是内生的，而是外借的。从操作上看，廓清课程愿景至少需要做好以下工作：一是研读国家教育目的与课程方案的相关文件，国家教育目的体现了当前社会对学生发展的基本要求，而国家课程方案规定了各学科课程的性质、功能与目标等，此乃廓清课程愿景的前提；二是全面了解校史，明了学校的文化传统、资源优势与办学特色，这些是学校赖以生存、发展之本，此乃廓清课程愿景的基础；三是把握当地社会经济、文化发展的需求，研究本校学生成长的现实需要，了解各地经济和文化发展水平的差异，摸清不同的课程资源和人才需求，此乃廓清课程愿景的抓手；四是组织师生讨论，合理提炼内容，不断丰富内涵，此乃廓清课程愿景的举措。可以说，廓清课程愿景是一个复杂的认识过程，既关联着国家的教育目的，又涉及地方政府、社会对人才的期望，还关联着学校的发展历史与现实需求，更关注学生成长的需要。因此，组织师生广泛讨论，合理提炼内容，并在学校课程建设中不断完善课程愿景就成了廓清课程愿景的重要举措。

(二)优化课程结构，展示教与学的框架

通常来看，课程结构是指学校的各种课程类型或具体课程及其之间的相互关系。新课程改革前，学校课程结构存在的主要问题有三个：一是在课程类型上，学科课程、必修课程占据绝对主导地位，而经验课程、选修课程则微乎其微，课程结构显得单一、封闭，缺乏选择性；二是在具体课程上，学校各种课程的权重失衡，常常只重视学术课程(如语文、数学、英语)，而忽视素养型课

---

① 清华大学附属小学、清华大学教育研究院：《小学语文主题教学指导纲要》，载《人民教育》，2015(13)。

程（如音乐、体育、美术），而且课程之间缺乏有机的联系；三是在课程内容上，繁、难、偏、旧现象突出。针对课程结构存在的问题，在宏观的层面上，国家基于综合性、均衡性与选择性三项原则，提出了构建多样化的课程类型、均衡化的课程以及完善课程内容的建议①。课程结构完善三项原则的贯彻以及课程类型的多样化、课程的均衡化和课程内容的完善，则需要学校根据自身确定的课程愿景进行优化。

实际上，优化课程结构既寻求课程愿景与课程类型或具体课程的相互契合，又是教与学的内容逐步清晰、具体化的过程。对于前者，北京市十一学校在培养志存高远、思想活跃、言行规范的社会栋梁和民族脊梁的指引下，紧紧围绕国家课程标准和学校育人目标，"把国家课程、地方课程和学校课程全部校本化，变成一套可供学生选择的课程体系。其中包括理科的分层次，文科、体育、技术的分类型，还有很多综合课程，如音乐、美术、舞蹈综合而成的艺术综合课——戏剧课，另外还有根据个别学生的特殊需求形成的特需课程。最终形成的课程体系包括 269 门学科课程、34 门综合课程和 70 门职业考察课程。这样的课程体系使得 4300 名学生有了 4300 份课程表。学生通过选课形成了 2062 个教学班、200 多个社团"②。对于后者，清华大学附属小学把课程结构进一步具体化为学科教学指导纲要，以展示教与学的框架。学科教学指导纲要的形式也多种多样，但皆需要回答为什么要学习该课程、该课程由哪些内容组成、如何学习这些课程内容以及怎样评价课程学习的效果等问题。比如，清华大学附属小学的数学学科采用"1＋X 课程体系"，"1"是指基于课程标准，通过对教材进行优化、重组与整合而建构的"生活数学""数—科整合""数学实践""文化体验""小课题研究"等课程；"X"则具体化为"清华少儿数学""数学阅读""数学与探索"（一至四年级）和"数学建模"（五、六年级）等课程。并且各课程阐述了其目标、内容及教学流程等。以"生活数学"为例，其目标在于引领儿童用数学的眼光从生活情境中发现问题、提出问题，并能解决现实的问题，让儿童"从头到尾"地想问题。其内容有购物、过河、观察物体、节余多少钱、里程

① 钟启泉、崔允漷、张华：《为了中华民族的复兴 为了每位学生的发展——基础教育课程改革纲要（试行）解读》，55～70 页，上海，华东师范大学出版社，2001。

② 李希贵：《营造生长性学校生态（上）》，载《中国教师》，2015(22)。

表、去游乐园等，其教学流程是自主发现问题—共同梳理问题—制定单元目标和计划—尝试独立解决—经验分享—交流评价，并由此形成了问题梳理课、单元目标计划课、小组探究课、分享交流课、梳理评价课。① 对于语文学科，清华大学附属小学制定了小学语文主题教学指导纲要，详细地阐述了语文素养目标、主题教学的类型与价值、主题教学的课堂实践典型样态等内容②，从而为教师的教与学生的学提供了明确的内容框架。

从学理上说，课程结构的优化可以基于课程的育人愿景，沿着"学习领域—课程平台—课程模块—微型课程"的建构路径进行，即基于学生的学习领域，开发出若干课程平台；每个课程平台包括若干课程模块，每个课程模块又包括若干具体的微型课程。其中，课程平台的组合设计是关键。③ 按照不同的标准，可以给予课程平台不同的名称。根据课程的性质与功能，可以将课程平台分为三类：基础型课程、拓展型课程与研究型课程。根据学校课程愿景，可以给课程结构命一个总称，再按照逻辑推演出课程平台。比如，重庆市玛瑙学校基于"尊重本性，适应社会，给每一个孩子创造个性发展机会"的课程愿景，建构了由共时性的"1＋N"组合课程（"1"即国家课程，"N"即特色课程）和历时性的"432"螺旋课程（"4"即低段课程，"3"即中段课程，"2"即高段课程）构成的本心课程。本心课程又分为心雅课程、心智课程与心向课程。④ 一旦理清了课程愿景与课程类型或具体课程之间的逻辑关系，学校就可以尝试用流程图、矩阵图等形象地呈现出来，为教师之教与学生之学提供一个概念框架与行动图式。

当然，学校课程结构的优化是一个长期且复杂的过程。在学校课程结构优化的过程中，课程建设处于起步阶段的学校可在国家预留给学校自主开发的校本课程上做文章，即根据当地的课程资源、办学优势及学生发展的需求，开发满足学生成长需要的特色课程。伴随校本课程的开发，教师的课程开发能力逐

---

① 汤卫红、姜国明：《整合数学：改变学生的学习样态》，载《人民教育》，2015(13)。

② 清华大学附属小学、清华大学教育研究院：《小学语文主题教学指导纲要》，载《人民教育》，2015(13)。

③ 李松林、贺慧：《中小学校课程建设的顶层设计》，载《课程·教材·教法》，2015(6)。

④ 熊德雅、龚春燕、胡方：《特色课程开发的逻辑起点与关键要素——探讨中小学特色课程开发的几个关键问题》，载《中小学管理》，2015(11)。

渐提升。在此基础上，学校则要对国家和地方课程进行校本化转化，实现基于课程愿景的课程整体联动，其有效策略就是基于国家课程标准和学校的课程愿景进行课程整合。比如，山东省晏婴小学基于国家课程标准和学校课程愿景逐步开展了学科内整合、多学科整合、跨学科整合和超学科整合。学科内整合即对学科知识进行增、删、换、合与立；多学科整合即在各学科教学过程中合理地融入其他学科的教育；跨学科整合即将有内在联系的不同学科、不同领域的内容或问题统整成一门新的学科；超学科整合即基于现实生活选择有意义的问题或主题进行研究型学习。[①] 在国家、地方课程校本化的过程中，学校可以在课程愿景的统领下，对学校课程进行整体规划，形成既体现国家和地方教育要求，又符合学校实际的个性化课程体系，使课程真正成为本校课程，进一步彰显学校课程的特色。

(三)创新课程实践，提升教与学的品质

无论是课程愿景的澄清，还是课程结构的优化，都内在地要求课程实践有所创新，并指向教与学品质的提升。因为理想的课程愿景和完美的课程结构皆需要通过课程实践贯彻与落实，且体现为教与学品质的提升；否则，理想的课程愿景和完美的课程结构就只能是镜中花、水中月。

有品质的教与学至少具有五个特征：教学内容的真理性、教学方式的对话性、教学过程的游戏性、教学情境的审美性与教学评价的包容性。教学内容的真理性主要表现为维护课程内容的学术尊严，保持对课程知识真理性的敬畏与尊崇，在理解课程内容的基础上，明确课程内容的主旨和意涵，明确课程内容呈现的教学意义，而不是随意、主观地更换甚至扭曲课程内容。教学方式的对话性主要表现为师生就课程知识展开平等研讨，明确师生共同面对教学问题所承担的不同责任，营造协商互助的教学氛围，彰显师生各自的个性魅力，促进教学关系中的沟通、合作与分享，激发师生共同的创造潜能。教学过程的游戏性凸显的是人在教学的目的性、组织性和计划性的规约下，在教学这种制度化场所中，师生的教学与学习自由得到释放，师生的创造性展现出来，最终达成预期的教学目标。教学情境的审美性推崇的是教学的趣味盎然，趣味是教学引

---

① 陶继新：《孙镜峰：与教师携手走在课程整合之路上》，载《基础教育课程》，2015(20)。

人入胜的源泉，丧失了趣味，教学就会变得沉闷、干瘪。教学评价的包容性旨在使所有学生在教学中都能得到相较于自身的最大发展，是基于学生发展的相对性及个体差异性的适度评价，而不是采用统一的评价标准衡量所有学生，这种包容性评价催生的是学生的自我发展与自我超越。[①]

从逻辑上讲，作为课程实践的教与学至少有四种类型：一是"教师教，学生学"；二是"教师教学生学"；三是"学生自学，教师辅导"；四是"师生互动，对话生成知识"。在"教师教，学生学"中，教师的教在先，学生的学在后，学生及其学习天然地处于被动地位，因此，学生即使在事实上是学习的主体，也不会有主人的感觉。在"教师教学生学"中，那种教师的教和学生的学平行、不交融的状态，转化为教师之教关注与指导学生之学，从而使教师之教有了教育之意味。在"学生自学，教师辅导"中，学生不仅成了知识学习的主体，还是课堂生活的主人，教师不再是示范和说教的纯粹教者，这一点区别于"教师教，学生学"。同时，因为有理性的设计，"教师教学生学"也能够落到实处，"教"实实在在地成为学生学习的条件。在"师生互动，对话生成知识"中，教师之教与学生之学统一在整个问答过程中。[②] 此时的教不再是示范、言说或指导，此时的学也不再是记忆、模仿与训练，而是师生在问答中相互激发、共同成长。当下课程实践的最大问题在于教师之教只是简单地呈现、传递课程既有的内容，而无自己的思考、理解，学生之学则表现为将自己的头脑变成既有知识的储藏室，也无自己的思考与创见，盛行的是"教师教，学生学"的平行结构，久而久之，教师之教就变成了"教死书、死教书与教书死"，而学生之学则退化为"读死书、死读书与读书死"。因此，从教学论的视角来看，课程愿景的廓清、课程结构的优化与课程实践的创新皆秉承一种共同的价值旨趣，即充分发挥师生的主体作用，激发其创造的潜能，并最终提升教与学的品质。

在课程实践中，为了提升教与学的品质，从教师之教的角度看，至少需要实现以下几点。一是教学目标对接课程愿景。在日常教学中，有些教师，尤其是任职初期的教师，常常知道某节课或某个单元的教学目标，但对整门课程在

---

① 杨晓奇：《聚焦品质的课堂变革：价值厘清、内涵阐释与路径选择》，载《教育发展研究》，2015(12)。

② 刘庆昌：《教学活动：结构与过程》，载《太原师范学院学报(社会科学版)》，2012(3)。

学生发展中的地位与作用知之甚少，甚至置之不理。在这种对教学目标的"碎片化"把握下，教师往往只能使学生掌握一个个知识点，却难以让学生在头脑中形成完整的、纵横交织的知识体系，更不可能让学生从思维上洞察知识的来龙去脉。避免这种教学目标"碎片化"有四个策略。一是按照课程愿景—学科课程总目标—本学科的课程目标—各学段、各学期的课程目标—单元、课时课程目标的顺序逐层分解细化，从而使教学目标能够对接课程愿景，明确当下的教与学在学生成长中的地位与作用。二是基于本学科的课程目标，融入自己的思考与理解，对教学内容进行增减、重组和创生。课堂教学缺乏生机与活力，学生厌倦学习，感到无聊。其原因是多方面的，其中重要的一点是，当教师对所教知识缺乏亲身的体验与思考，只是充当既有知识的传声筒时，教师自己都会感到厌倦与无聊，学生则更不可能对学习感到兴趣盎然。而当教师全身心地投入教学时，教师对知识之思、好与见就会深深感染、触动学生，教师的"爱智"就会培育学生的"爱智"，从而让学生喜欢学习。三是将"教师教，学生学"转变为"教师教学生学""学生自学，教师辅导"或"师生互动，对话生成知识"，其核心就是充分发挥学生的主体作用，让学生获得学习的内驱力。当下，有些学校形成了具有一定影响力的教学流程，其主旨就是发挥学生的学习自主性与能动性，如清华大学附属小学研制的"预学、共学、延学"动态教学流程，洋思中学的"先学后教，当堂达标"教学模式等。四是教学反思常态化。教学是一门有缺憾的艺术，没有最好，只有更好。倘若教师能够在教学结束后整理自己的教学实录，写写教学反思，对上过的课进行"再设计"，并对将要上的课进行适当的预测与调整，把自己日常的经验之思进行系统理论提升，那么假以时日，教师就能创生出自己特有的教材，就有可能成为本校课程中的一门特色课程。

三、 学校课程建设的课程论阐释

三级课程管理体制实施以来，学校课程建设成为深化课程改革、促进学校内涵式发展的重要抓手。无论是校本课程的踊跃开发，还是学校特色课程的主动创建，抑或是学校课程的统筹设计，皆表明学校课程建设已深入人心，转化为学校的实际行动。不过，当下的学校课程建设仍存在诸如行政主导的主体缺位、功利取向的舍本逐末与专业缺失的技术虚妄等现实问题。[①] 学校课程建设是一项需要专业理论支撑的活动，从课程论的视角探讨学校课程建设具有一定的适切性。

(一)课程开发的目标模式与校本课程开发

学校课程建设源于新课程改革对学校课程开发的实质性赋权，《基础教育课程改革纲要(试行)》明确指出，改变课程管理过于集中的状况，实行国家、地方、学校三级课程管理；学校在执行国家课程和地方课程的同时，应视当地社会、经济发展的具体情况，结合本校的传统和优势、学生的兴趣和需要，开发或选用适合本校的课程。这便拉开了学校课程建设的序幕。校本课程的开发成为学校课程建设的突破口，但这也导致了将校本课程开发等同于学校课程建设的窄化认识。

虽然校本课程开发不等同于学校课程建设，但校本课程开发既是学校课程建设的标志，也是学校课程建设的重要组成部分。在校本课程的开发中，大多数学校秉承一种传统的课程观，即认为课程意味着学科，是对学生学习的一种事先筹划与设计。这种作为学科的课程原先只由学科专家编制，新课程改革后学校也拥有了与学科专家相同的权力，可以根据学校的办学定位与价值追求、学生成长的现实需要以及社会发展的未来趋势等，自主地开发作为学科的校本课程，其课程开发的理论基础通常是课程开发的目标模式。以泰勒为代表的课程开发目标模式聚焦于回答四个问题：①学校拟实现什么样的教育目标？②提供什么样的教育经验最有可能实现教育目标？③怎样有效组织这些教育经验？④如何确定教育目标正得以实现？这四个问题演化、推导出目标模式的课程开发基本程序：确定课程目标—选择学习经验—组织学习经验—评价学习效果。课程目标的确定既要明确学生的学习需求，又要洞察当代社会发展的需要，还要倾听学科专家的建议。学习经验的选择要适合学生当前的认知水平及心理倾向，能够使学生有机会实践课程目标所隐含的行为，而且能使学生有机会处理该目标所隐含的问题。学习经验的组织要注重连续性、序列性与整合

---

① 孙宽宁、徐继存、张莉：《论基于现实问题的学校课程建设》，载《课程·教材·教法》，2017(7)。

性。连续性是指不断呈现、重复重要的学科概念；序列性是指不仅相继的学习经验具有内在联系，而且后续的学习经验拓展、扩大学生先前对有关问题的理解与认识；整合性是指学习经验之间具有横向联系，即能与其他学科的学习经验建立有机的关联，最终实现组织学习经验的知识逻辑与心理逻辑的和谐统一。学习效果的评价要运用多种方式方法，而不是只进行纸笔测验，且要进行多次评价，从而使课程开发成为一个在评价反馈的基础上不断完善的动态过程。课程开发的目标模式不仅切合教育是一种有目的、有计划的社会实践活动这一根本属性，而且思路清晰、简洁明了，易于人们理解与运用。后来，有学者对课程开发的目标模式进行了修改、完善，主要有塔巴、坦纳的课程开发模式。塔巴将泰勒提出的课程开发的四个步骤扩展为八个步骤，即诊断需求—陈述目标—选择内容—组织内容—选择学习经验—组织学习经验—确定评价的对象与方法—检查平衡性和顺序性，从而使目标模式更易于操作。坦纳则认为泰勒直线式排列的课程开发模式未能反映各构成要素之间的依赖关系，并将泰勒模式修改为立体互动模式，认为课程开发以某种教育哲学为核心，目标、内容、组织与评价相互联系、彼此依赖、相互作用，从而增强了目标模式的灵活性。[①] 但上述两种模式皆未超出泰勒设想的基本框架，皆是围绕着目标进行的，故将它们统称为课程开发的目标模式。

在国家课程开发中，我们也能看到课程开发目标模式的痕迹和身影，如学科课程标准呈现的课程目标、课程结构、课程内容与课程评价是对课程开发目标模式四个问题的回答，而教材则是对课程标准中四个问题的更加翔实的解答。因此，学校校本课程开发大多遵循课程开发的目标模式也在情理之中。可以说，课程开发的目标模式至少为校本课程的开发提供了可操作的流程，使校本课程开发有章可循。在课程开发的目标模式下，校本课程开发同样需要回答上述四个问题。比如，有教师在开发"高中生与性健康"这门选修课时，首先澄清了选修课的性质与功能，认为选修课是为了"让学生在必修课的基础上有个性地发展，让学生在当下学习中规划未来发展，让学校在共性的基础上朝着多样化、特色化发展"；其功能是"让学生在选择中张扬个性，在选择中实现自我发展；让学校在选择中彰显自己，在选择中实现特色发展"，这便为制定课程

---

① 张华：《课程与教学论》，112～113、114～120 页，上海，上海教育出版社，2000。

目标提供了前提。"高中生与性健康"选修课开发的步骤是：①有的放矢，找准选题，主要是对学生学习、学校发展与社会进步的需求进行诊断，开发"高中生与性健康"选修课旨在回答学生普遍存在什么重要的、急需解决的而目前社会、学校、家庭没能有效解决的问题；②制定课程目标，"高中生与性健康"选修课的课程目标是学习性健康知识，帮助学生正确认识性生理、性心理、性道德和异性交往，学会管理自己，提升爱的能力和责任，为未来的幸福人生奠基；③建构课程的内容体系，"高中生与性健康"选修课的内容体系主要包括高中生与性生理、高中生与性心理、高中生与性道德、高中生异性交往等，尽量做到逐层深入、环环相扣，形成一个较为完整的内容体系；④编制课程，内容体系确定后，就要收集、选择与处理相关资料，然后按照章节进行编制；⑤制定课程评价方案，一般而言，课程评价要将终结性评价与过程性评价结合起来，设计生活性、趣味性、探究性、开放性、体验性的思考题，增加课程的生活宽度和思维深度，提升课程的品质和学习的效度。[①] 不难看出，这个案例中的课程开发主要遵循目标模式。从一定意义上说，运用课程开发的目标模式能较好解决一门具体课程的开发问题，但对于学校课程建设来说，一门门课程的开发有可能使学校课程建设处于松散乃至碎片化状态，而学校课程建设的价值旨趣在于创生本校课程。

(二)课程开发的实践模式与本校课程创生

　　直面校本课程开发的表面繁荣与实质贫困，人们逐渐认识到学校课程建设并不只意味着校本课程的开发或某项特色活动、项目的开展，其最终形态应是创生适合本校学生的课程体系。这种适合本校学生的课程体系即本校课程，它具有全面性、统整性、具体性与扎根性。[②] 全面性是指学校全体人员共同参与，统筹规划学生学习的时空与内容，为每个学生创生合适的课程。统整性是指在有效实施国家/地方课程的过程中，立足于学校的教育哲学，通过国家/地方课程的校本转化，实现国家/地方课程与校本课程的有机统一。具体性是指扎根于学校的特定生态与学生的个体性，重构、再生适合学校发展的课程。扎

---

①　　缪仁票：《1/200 的梦想：一个普通教师的课程开发之路》，载《中小学管理》，2014(1)。
②　　李臣之：《论本校课程建构》，载《课程·教材·教法》，2017(11)。

根性是指学校课程建设立足于学校现状，上接学校历史传统，下达学校未来发展。

对于本校课程的创生而言，思路清晰、操作性强的课程开发目标模式因其理论视域的局限显得有点捉襟见肘，而运用课程开发的实践模式则能为本校课程的创生提供诸多有益的启示。因为本校课程的创生需要综合考察各类课程背后所蕴含的理论基础，而不能简单地以某种理论为准绳。课程开发的实践模式是课程专家施瓦布针对传统"理论的"课程开发模式提出的，在他看来，"理论的"课程开发模式把课程建构在推导出来的目标之上，而无视由某种理论推导出的目标皆具有片面性这一弊端。比如，学科课程与活动课程的理论基础就有区别，前者视课程为学科知识，注重对已有知识与技能的掌握，却往往忽视学生的个体经验；后者则视课程为学习经验，关注学生的个体经验，却常常忽视系统的知识与技能。课程开发的实践模式则运用"实践—准实践—择宜"的运作方式，通过集体审议，实现学科、学生、环境与教师四个基本要素的协调和平衡。所谓"实践—准实践—择宜"的运作方式，就是围绕学校课程建设的问题展开，先运用"实践的艺术"识别、表述问题，并提出解决问题的各种备选方案；接着运用"准实践的艺术"明确问题属于哪个个别情境，并邀请利益相关者阐发对问题的看法与解决之策；最后运用"择宜的艺术"辨识各种课程背后所蕴含的理论"盲区"与"偏见"，再在各种课程背后所蕴含的理论之间架起一座暂时的、尝试性的桥梁。集体审议强调学校课程建设是一个集体讨论的过程，而不是个体或无集体的文本撰写；是一项公共事务，而不是少数人的私事。同时，集体审议下的学校课程建设既要考虑目的，通过各种事实判断和价值判断形成暂时的共识（确定目的），也要考虑各种可能的途径，拟订各种备择的解决方案（明确手段），最后，通过对各种备择方案进行思想预演来加以权衡，反思已确定的目的，做出行动的抉择，从而实现学科、学生、环境与教师四个基本要素的协调和平衡。[1] 可以说，课程开发的实践模式并不把学校课程建设当作一套技术程序的操作，而将之视为持续地识别、表述与解决问题的过程，并以集体审议、解决学校课程建设中的现实问题为旨归。这种课程开发模式蕴含三种意

---

[1] 施良方：《课程理论：课程的基础、原理与问题》，194～207页，北京，教育科学出版社，1996。

识：一是主体意识，即通过问题的识别、表述与解决彰显学校在课程建设中的主体地位；二是问题意识，即将学校课程建设视为问题解决的过程，而非某种用于炫耀的结果；三是集体意识，即学校课程建设并不是某个人的事，而需要学校全体员工及相关利益者共同协商与集体审议。

学校课程建设作为学校对课程的筹划，以确立学校的主体地位为前提。然而，在学校课程建设中，有些学校却人为地窄化了自身的主体地位，将三级课程管理制度赋予学校的课程管理权窄化为校本课程的开发权，学校从课程管理的主体变为几门孤立的校本课程开发的主体，而非本校课程创生的主体，使学校课程建设变为国家课程、地方课程与校本课程的拼盘，这也是有些学校将校本课程开发视为学校课程建设的根本原因。课程开发的实践模式则以彰显学校的主体地位为前提，以聚焦学校发展的现实问题为抓手，通过集体审议来确立学校的课程哲学，并在持续的问题解决中创生本校课程。当下中小学课程建设所面临的主要问题就是如何解决国家课程方案的统一要求与地方、学校、学生的个别需求之间的矛盾，实现统一的国家课程方案对不同地区、学校及学生的个别需求的适应性，此乃实施三级课程管理制度的初衷。① 从这个意义上说，学校课程建设就是有效地实施国家课程与地方课程，合理地开发校本课程，从而建构满足本校学生发展需求的本校课程的过程。本校课程的创生离不开全体师生的参与，它并不是学校领导或少数骨干教师之事。比如，作为学校课程建设灵魂的课程愿景并不是学校领导或少数骨干教师的奇思妙想，而需要发动全体师生对自己从事的活动和面临的现实问题进行公开讨论，从中发现大家对学校课程建设的共同要求，再根据这些共同要求形成学校课程愿景。或者，由个人愿景出发，通过对个人愿景的集体审议与协商建构课程愿景，即某位学校领导或教师先阐述自己的个人愿景，引导大家进行讨论，再通过讨论、协商形成共同的课程愿景。不管是哪种方式，倘若没有全体师生的共同参与、讨论与协商，再美好的课程愿景都难以内化为师生的信念并指导其行动，课程愿景仅停留在外在的文本上。倘若当下学校课程建设面临的主要问题是解决国家统一的课程方案与学校、学生的个别需求之间的矛盾，那么学校课程建设就应以国家/地方课程的校本化实施为主线。以国家/地方课程的校本化实施为主线的学

---

① 郭华：《学校应成为课程管理的主体》，载《中国民族教育》，2016(Z1)。

校课程建设从宏观到微观可以分为三个层次。一是本校课程方案的研制，即学校根据自己的课程哲学对全校学生在该阶段要学习的全部课程进行整体规划，其内容主要包括校情分析、课程目标、课程结构、课程实施、课程评价与课程保障等。二是学期或学年课程纲要的编写，即教师对学生在某一学期或学年要学习的某门课程的目标、内容、实施与评价进行的整体设计。课程纲要不同于教学进度表，因为前者是学校课程建设的具体体现，而后者只是使用教材的具体安排。三是单元或课时方案的设计，即教师依据国家课程标准中的内容标准，对某个单元或课时进行教学设计。三个层次自上而下逐步分解，不断具体化；自下而上不断整合，融为一体。[①] 每一层次的国家/地方课程的校本化实施都注意将抽象的学生具体化为本校的学生，且使课程内容不断充实、更新并更加鲜活，进而创生出本校课程。

(三)课程开发的过程模式与教师课程建构

学校课程建设是一项集体事业，其中，学校领导者，尤其是校长，是学校课程建设的第一责任人。作为课程建设的第一责任人，校长要负责引领师生共同确立学校的价值追求，形成课程愿景，设计整体课程结构，制定课程制度规范，统筹课程资源，等等。在学校课程建设中，学生也是课程建设的参与者与贡献者。此外，学校课程建设要想取得预想的成效，真正促进学生全面且有个性的发展，则需要建构教师课程。正如古德莱德所指出的那样，从层次上看，课程实际上存在五种形态：理想的课程、正式的课程、领悟的课程、运作的课程与经验的课程。其中，领悟的课程、运作的课程皆是教师课程的表现形态。从教师作为课程开发者或实施者来看，学校课程建设从根本上来说是教师基于自己的专业知识不断优化其课程实践的过程，也是教师课程的建构过程。因为无论是校本课程的开发，还是国家/地方课程的校本化实施，离开了教师课程的建构，都将是一句空话。

如果说教师在本校课程方案指导下编制的课程纲要、单元或课时设计是教师课程的物化形态，那么教师的课程实践即师生互动、生成的教学则是教师课程的活化形态。如果学生的发展从根本上说取决于活化形态的教师课程，那么

---

① 崔允漷：《学校课程建设：为何与何为》，载《中国民族教育》，2016(Z1)。

教师课程的建构就成了学校课程建设的根基。课程开发的目标模式和实践模式虽然有利于教师课程的建构，但未切入教师课程建构的核心，即教师课程的建构是教师自我精神世界的塑造。而课程开发的过程模式有助于我们深入、全面地理解教师课程的建构及其意义。课程开发的过程模式是由课程论学者斯滕豪斯系统阐述的。在他看来，课程开发的目标模式既误解了知识的本质，也误读了课程实践的过程性质。目标模式认为知识是需要学生接受的现成的东西，而不是需要学生思考的对象；而过程模式认为知识的本质在于学生通过知识的运用发展创造性思维，知识学习的价值在于产生新颖的观点，因此，课程就意味着知识的不确定性，知识只是学生个体化、富有创造性的学习的凭借，知识及其学习不被视为预定目标的达成。同时，虽然目标模式尝试通过目标设置的清晰化来改善课程实践，但课程实践的改善从根本上说并不取决于那些远离课程实践的学科专家事先设置的课程，而取决于真正进行课程实践的教师发现自己实践中的问题，并运用自己的智慧创造性地解决问题，正如人们不可能只提升横杆而不改善跳高动作来跳得更高。鉴于此，过程模式将教师是否改变看作课程建设能否成功的首要条件，为了解决目标模式在其理论框架内无法解决的问题，过程模式不把预先设定的课程目标作为起点，而是着重对课程实践的过程做出有效说明，其理论依据是知识及教育本身具有内在价值，不需要通过学习结果加以证明，其本身就具有完善标准。从这个意义上说，课程建设并不是没有目标，它将目标视为学习过程或输入，而不是预期结果或输出。对课程内容的选择并不基于其所实现的学习结果，而基于学习内容本身的价值。对于课程实践而言，斯滕豪斯引用了学者拉思鉴别具有某种内在价值的活动的 12 条标准，来判断实践的优劣。例如，在其他条件相同的情况下，如果某项活动允许学生在活动过程中做出自己的选择，并对选择所带来的结果做出反思，那么此项活动比其他活动更有价值。为了进一步说明课程实践，斯滕豪斯认为指导课程实践的不应是预期目标，而应是程序原则。例如，教师应与学生一起在课堂上讨论、研究具有争议性的问题，处理具有争议性的问题的主要方式是讨论而不是灌输式讲授，并通过澄清有价值的教育活动所应包含的程序原则，使教师在课程实践中不断反思这些原则及其所隐含的价值，发展教师对课程实践的理解和判断力，使教师成为研究者、反思性实践者。可以说，课程开发的过程模式基于对知识和教育的内在价值的确认，将发展学生的主体性、创造性作为课程的广泛目标，尊重并鼓励学生的个性发展，并把这一目标与课程内容的选择、课程实践统一起来，进而又统一于教师主体作用的发挥。[①] 由此可知，在过程模式看来，倘若学校课程建设离开了教师对课程实践的卓有成效的研究，那么学校课程建设就会好看而不中用。

在学校课程建设中，有些学校领导认为课程建设主要是上级教育主管部门的事，即使是校本课程建设，也是学校聘请专家设计好课程，再由教师实施课程。许多教师也认为自己的职责就是教学，学校课程建设与自己无关，这便造成学校课程建设中教师主体的严重缺位。[②] 从课程开发的过程模式来看，学校课程建设即使获得了完善的物化形态，诸如完整的学校课程规划、系统的教材等，但由于教师是学校课程建设的承担者和实施者，教师是否自己建构了课程也直接决定学校课程建设品质的高低。因此，为了建构教师课程，一方面，学校课程建设的领导者或组织者应明确教师是学校课程建设不可或缺的主体，邀请教师全程参与，让教师有机会充分表达自己对本校课程方案、课程纲要等的看法，使教师明确课程建设的目的与意义，清楚自己的工作与学校课程建设的关系；同时，在学校课程建设中合理分解、分配课程建设的任务，组建各种课程建设团队，共同创建学校课程建设的各种文本，让教师在各种文本中看到自己的贡献或留下的印记，进而激发、培育教师的主人翁精神。另一方面，课程开发的过程模式也深刻揭示了课程并不仅意味着课程方案、课程标准和教材等外在的静态文本，而且意味着师生互动生成的教育过程，从而使课程实践成了课程开发本身。因此，教师作为课程实践者，也应主动承担起学校课程建设的责任，将学校课程建设视为促进自身专业成长的平台。教师需要转变自身的角色定位，由课程计划的执行者或课程知识的传递者转变为课程知识的阐释者、反思者与转化者。教师应基于对已有课程知识的阐释与反思，在实现学科知识课程化、课程知识教学化、教学知识学科化等知识转化中充分彰显自己的课程理解与专业素养。作为课程知识的阐释者、反思者与转化者，教师要根据校情分析、学情分析将自己的思考嵌入已有的课程知识，创生适合本校学生的教学

① 张华：《课程与教学论》，112～113、114～120 页，上海，上海教育出版社，2000。
② 孙宽宁、徐继存、张莉：《论基于现实问题的学校课程建设》，载《课程・教材・教法》，2017(7)。

知识，从而建构教师课程。当然，在教师课程的建构中，教师既要认识到每个学生都是一个独特的鲜活生命，教师的育人职责是教好一个个具有独特生命的具体学生，而不是作为统计单位的量化符号的抽象学生；又要认识到课程实践并不是独立于学生生命发展的活动，而是与学生的生命需要、理想追求、意义提升直接融合的活动，从而使课程实施成为师生的知识、经验、情感与意志相互激荡、彼此融合的过程。从这个意义上说，教师课程的建构就不仅意味着教师对课程实践的设计、教学反思的撰写，而且意味着教师对自己与学生的生命体验、经验进行选择、整合和重组，使教师自己与学生在此过程中感受到彼此激发、相互启迪的愉悦与惊喜，体验共同探究与共创精彩观点的意义，享受当下的幸福教学生活。

第四章　智慧课堂的创生

无论学校课程建设得多么富有智慧，其成效的实现最终皆需要课堂教学的确证。或者说，课堂教学是否智慧，直接影响学校课程建设有无成效。如果说课堂教学包括教师、学生和作为客观对象的知识，那么我们可以从教师、学生及知识二重性的角度来思考应如何创生智慧课堂。

一、智慧课堂创生的教师之维

教师之教不仅离不开知识，而且因知识而存在，正如李长吉所言："从教学的起源来看，知识需要传播，所以出现了教师；知识需要延续，所以出现了学生。在这个意义上，教师与学生都是为了知识而由社会设定出来的……教学永远是关乎知识的教学。"[1]如此看来，教师之教之所以会遭受批评，并不是因为其传授了知识，而是因为其未能将外在的知识转化为人的智慧。那么，从教师之教来看如何转识成智、创生智慧课堂这一问题值得思考。

(一)灌注问题，展示求解

在教学中，有些教师想当然地认为教授知识就等于传授智慧，教的知识越多，学生获得的智慧就越多，这种把知识简单地等同于智慧的做法实际上遮蔽了知识与智慧的差异。

的确，一个人若愚昧无知，他也谈不上有什么智慧，但是有知识并不意味着有智慧。有学者曾讲了这样一个笑话：有这样一集动画片，讲一个书呆子不小心碰翻了蜡烛，烧着了脚上穿的鞋子，极其尊重知识的他急匆匆地翻书，要从书中找灭火的法子，好不容易从书中找到了'陈皮，性凉，可去火'的句子，于是就一个接一个地大吃橘子，把橘子皮扔在脚下，橘子皮扔多了，就把鞋子

---

① 李长吉：《教学论思辨》，34 页，北京，教育科学出版社，2009。

上的火压灭了，于是，他不无得意地说："还是得多看书!"①这种食古不化、机械搬运书本知识的人，虽然有知识，但难以说有什么智慧。在知识等同于智慧的误导下，教师教的是知识，学生学的也是知识，似乎学生只要掌握了大量的知识，就拥有了丰富的智慧，师生并不明白知识不等同于智慧的道理。一般而言，知识是人们对客观事物认识的结晶，正如《辞海》中的解释：知识是人类认识的成果或结晶，包括经验知识和理论知识。智慧则是"对事物能认识、辨析、判断处理与发明创造的能力"②，即人们对知识的理解与运用。从这种意义上说，知识是静态的、显性的，而智慧则是动态的、内隐的。因为知识是人们对客观事物的认识与反映，大多可以用规范的方式呈现与表达，是外显的、确定的，所以知识是可以交流、传授的；而因为智慧是人们对知识的理解与运用，是动态的、内隐的，它通常表现为洞幽烛微、融会贯通与豁然开朗，所以，智慧是难以言传的。比如，一个人即使熟读兵法也未必能打胜仗，典型的事为马谡失街亭。由此观之，知识虽然是智慧的养料，但知识多未必就意味着智慧多，知识与智慧不能画等号。教师若不明白这个道理，那么就会简单地把知识等同于智慧，认为传授的知识越多，学生获得的智慧就越多。

虽然知识不等同于智慧，但知识蕴含着智慧。从原初意义上说，知识的产生与智慧的生成都源于问题的激发，因为任何知识都源于人们认知的好奇与求解的意志，是人们对某一(些)问题或困惑进行尝试性解答的结果；运用知识以求解的智慧则更与问题的解决密切相关。知识一旦脱离了问题的求解，割断了其与问题的关联，那么就只剩下求解的结论，知识就会变成死知识，变成怀特海所言的"惰性知识"，恰如庄子所说："书不过语，语有贵也。语之所贵者，意也，意有所随。意之所随者，不可言传也，而世因贵言传书。"③正是在此种意义上，庄子借轮扁之口，说桓公之所读者，"古人之糟魄已夫"。知识的确蕴含着智慧，知识蕴含的智慧就是生成知识的问题以及看待、解决问题的立场、方法与思维方式，最终凝聚为人的精神气质与素养；而知识一旦转化为人解决问题的立场、方法、思维方式以及人的精神气质与素养，也就变成了智慧。从

---

① 张华、石伟平、马庆发：《课程流派研究》，309页，济南，山东教育出版社，2000。
② 叶圣陶：《语文随笔》，8页，上海，中华书局，2007。
③ 袁振国：《教育新理念》，49~50页，北京，教育科学出版社，2002。

这种意义上说，"知识就是力量""知识改变人的命运"才是确切的，否则，不能转化为智慧的知识越多，则越有可能成为人的累赘，让人变成"书呆子"。

因此，教师之教不仅要传授知识，而且要把知识转化为智慧。转识成智，用冯契先生的话讲，就是"化理论为方法""化理论为德性"，即让人们通过对知识的理解、运用与体认，使知识"化"为主体人的思维方式与言行准则，将认知的"知识"转化为人做事、求知的"素养"。通俗地说，转识成智就是把显性的、外在的知识转化为隐性的、解决问题的立场、观点与方法。要想把显性的、外在的知识转化为隐性的、解决问题的立场、观点与方法，就需要把知识放置于问题的求解中。这种灌注问题、展示求解的知识教学将问题的发现与提出作为出发点，把问题的求解贯穿于言语的陈述与表达中。可以说，知识之所以蕴含着智慧，就是因为二者皆以问题为起点，并以问题为中介拓展自己的空间。只不过人们在求解问题而获得知识后，却遗忘了知识产生的本源，隐藏了知识背后的问题提出与解决过程，仅以占有越来越多的已有知识为目的，这便阻隔了知识转化为智慧的通道。正如数学家 H. 弗洛登塔尔所言："没有一种数学思想以它被发现时的那个样子发表出来。一个问题被解决以后，相应地发展成一种形式化的技巧，结果使得火热的思考变成了冰冷的美丽。"[①]教师之教的转识成智就要通过关注问题、展示求解，让"冰冷的美丽"重新变成"火热的思考"。

(二)参悟知识，跃迁教学

如果说知识作为外显的符号是可以传授的，那么智慧作为知识蕴含的解决问题的立场、观点与方法以及情感、价值取向则难以直接传授。或者说，智慧是不能直接教的，这也是教师之教转识成智的难题。直面智慧不能直接教的难题，在知识教学中，教师则需参悟知识、跃迁教学。

所谓参悟知识，是指教师不能仅把知识看作外显的符号表征，还要透过知识符号来洞察其逻辑形式和意义，也要明了知识的四个层面和四个水平。知识之所以蕴含着智慧，是因为知识自身就具有三层结构、四个层面及四个水平。知识的三层结构的第一层是符号表征。作为人类的认识成果，任何知识都是以

---

① 汪堂家：《"问"之阐释——从现象学与诠释学的观点看》，载《华中师范大学学报(人文社会科学版)》，2013(1)。

特定的符号进行表征的。第二层是逻辑形式。知识的逻辑形式是指人认知世界的方式，具体包括知识构成的逻辑过程(分析与综合、归纳与演绎、分类与比较等)和逻辑思维形式(概念、判断和推理等)。第三层是意义。知识的意义是知识生产者投射、浸染在知识符号中的情感、态度与价值观。在知识的三层结构中，符号表征是知识的外在表达形式，逻辑形式是知识构成的规则，意义则是内隐于符号的价值系统。① 知识的四个层面是事实性知识、概念性知识、方法性知识与价值性知识。四个水平是(仅仅是"照面"时的)现象水平、(当注入概念与原理时的)概念水平、(当注入方法时的)方法水平和(当注入价值取向时的)价值水平。知识的四个层面决定着一个知识点的完整性，而知识的四个水平则表明个体对知识的理解程度。② 在知识教学中，有些教师也是基于问题并在求解中演绎知识的，但这种看似关注问题、展示求解的知识向智慧转化的运作有时难以真正转化为智慧，是因为这种知识教学仅仅停留在事实性知识、概念性知识的知识符号表征上，还未能到达知识的逻辑形式和意义层面，未能将事实性知识、概念性知识提升到方法水平和价值水平。比如，若教师讲授物理时仅局限于一些物理概念、定理、定律与原理的知识，而忽略了这些物理概念、定理、定律与原理形成背后的逻辑思维过程及其独特的意义，未能将这些物理知识提升到方法水平和价值水平，那么这些物理知识就难以转识成智。具体而言，如果仅仅告诉学生 2010 年安德烈·盖姆因发现了单层石墨而荣获诺贝尔物理学奖，那么这个知识就仅停留在事实性知识层面，而盖姆为什么能获得诺贝尔物理学奖、诺贝尔物理学奖的标准是什么等问题则深入方法性知识与价值性知识层面，也只有搞清楚了后两个问题，明确了盖姆获得诺贝尔物理学奖的独特思维方式和价值追求，事实性知识才有可能转识成智。

所谓跃迁教学是指教师在重新界定教学的基础上，提升知识教学的层级，由符号表征到逻辑形式再到意义，全面观照知识的四个层面和四个水平。知识教学显然从属于教学这一概念，因此，只有重新认识、理解教学，知识教学才能呈现出新气象。在对教学的已有认识中，有学者把教学理解为"教师引导学

---

① 陆华山：《问题驱动：让语文课堂"春暖花开"》，载《小学语文教学》，2013(25)。
② 俞正强：《数学教学，我们缺在哪里》，载《人民教育》，2013(19)。

生按照明确的目的，循序渐进地以掌握教材为主的一种教育活动"①。也有学者认为"教学，乃是教师教、学生学的统一活动；在这个活动中，学生掌握一定的知识和技能，同时，身心获得一定的发展，形成一定的思想品德"②。还有学者把教学界定为"教的人指导学的人进行学习的活动"③。通常来看，这些教学定义都具有一定的合理性，都概括了教学的三要素——教师、学生与知识，但其最大的弊端在于，这些教学定义都把教学放置于一种"特殊认识活动"的大框架里。在这个大框架里，"学生不是独立的，而是在教师指导下进行学习的；学习的内容不是随意、自发产生的，而是经过选择和教育学加工的人类已经创造出来的、最基本的文化知识；教学过程是有目的、有计划、有组织的活动过程，不是日常生活中随机进行的认识过程"④。这便使教学呈现出两个特征。其一，关注知识与技能，而相对忽略了知识与技能形成的过程及其运用的方法，即使进行情感、态度与价值观教育，也往往脱离特定的知识与技能而孤立、抽象地宣讲，而不是通过揭示特定的知识与技能所蕴含的情感、态度与价值观来感染学生。其二，无论是教师还是学生，在知识与技能的授受中，都不是作为有意识、有情感、有意志的完整的生命体而存在的，而是仅作为既定知识的传授者和接受者这种抽象的认识者而存在的，这便使教学退化为一种技术性操作活动，无法彰显师生的生命活力，最终使授受的知识仅停留在符号表征上，未能将知识延伸到逻辑形式及意义，更没有全面观照知识的四个层面与四个水平。这样授受的知识就只能是死知识，难以转化为智慧。

因此，要想转识成智，教师就要走出狭隘的教学即"特殊认识活动"这一大框架，而把教学放置于师生生命活动的视野里，把教学视为一种反思性的交往活动。在这种反思性的交往活动中，教师不仅要熟练掌握知识的符号表征，而且要在洞察知识背后的逻辑形式与意义的基础上，使自己的教学从教知识跃迁到教知识的方法、教知识的思维与教知识的意义，最终实现知识的四个层面与四个水平的有机整合，让死知识重新回到知识的形成过程，彰显知识形成中

---

① 蒋保华、张俊平：《一棵树摇动另一棵树——江苏省金坛市华罗庚实验学校"促进式教学"解读》，载《人民教育》，2013(19)。
② 石中英：《知识转型与教育改革》，372页，北京，教育科学出版社，2001。
③ 费孝通：《重建社会学与人类学的回顾和体会》，载《中国社会科学》，2000(1)。
④ 石中英：《教育哲学》，127~129页，北京，北京师范大学出版社，2007。

人的思考、思维、方法、情感与意志的作用。

(三)温故知新，以身传道

对于好教师是什么样的这个问题，向来没有一个统一的答案。因为每位好教师都有其各自的优秀之处。但从知识教学的转识成智来看，好教师必须要温故知新，以身传道。

智慧之所以优于知识，是因为"知识是一种从生活中分离、结晶出来的东西，是已然生成的东西，而智慧则是一种活生生的、永不封闭的、永不僵化的精神状态，这种精神状态是向一切可能性敞开着的"①。那些仅有知识而无智慧之人，通常是"举一知一"，而不能"举一反三"；"闻一知一"，而不能"闻一知十"；"见微知微"，而不能"见微知著"。就知识教学而言，唯有智慧之人才能将知识转化为智慧，做到温故知新，让知识为自己的成长服务。正所谓"温故而知新，可以为师矣"。的确，教师承担着传承"故知"的职责，但也有生成"新知"的使命。更为重要的是，作为学生学习的"重要他人"，只有那些能够转识成智的温故知新的教师，才能因其能够将外在的知识转化为自己的智慧而感染、引导学生将外在的知识转化为学生的智慧。这样的教师就不是教书，也不是教学生，而是教学生学。用海德格尔的话来说就是"真正的老师让人学习的东西只有学习"。这种"教学生学"或"让人学习的东西只有学习"的教师，就是通过自己的温故知新来展示知识转化为智慧的过程。具体而言，温故知新的教师通过展示知识的运用过程，让学生明了知识生产、运思的过程，从而使学生获得知识转化为智慧的方法性、价值性的启迪。比如，一位教师在教鲁迅的小说时，抓住小说中的人物关系这个关键，通过自己的反复阅读和感悟，发现鲁迅小说的一种结构——环型向心结构，发现鲁迅的小说中总是一批不同层次的各色人物围绕着中心人物一起演绎故事，据此明白了解释鲁迅小说的真谛：揭露当时国民的劣根性，表达哀其不幸、怒其不争的复杂情愫。这种对鲁迅小说的解读因融入了教师个人的思考与发现，不仅走进了作者的内心，而且渗透了教师个人的观点，在温故知新中实现了知识的智慧化。

---

① 佐藤学：《教师的挑战：宁静的课堂革命》，钟启泉、陈静静译，6 页，上海，华东师范大学出版社，2012。

以身传道，就是以"身"体现出转识成智之"道"——灌注问题，展示求解；参悟知识，跃迁教学；温故知新，身体力行。韩愈曾将教师的职责概括为传道、授业、解惑。而韩愈所言的传道的"道"并非符号化的知识，而是儒家符号化知识背后所蕴含的儒家精神。这种儒家精神，若借用张载的说法便是"为天地立心，为生民立命，为往圣继绝学，为万世开太平"。具体而言，以身传道意味着教师要将外在的知识转化为自己解决问题的立场、思维方式以及情感、态度与价值观，并通过温故知新来彰显知识所蕴含的解决问题的立场、思维方式以及情感态度与价值观。

温故知新、以身传道的教师也传授知识，但他是以自己的整个人来体现自己所教授的知识。他站在讲台上时，他就是他所教授的学科，比如，语文教师站在讲台上，他就是语文。这种温故知新、以身传道的教师，用范梅南的话讲，就是他"不仅仅是向学生传授知识，他实际上以一种个人的方式体现了他所教授的知识。从某种意义上说，老师就是他所教授的知识。一个数学教师不仅仅是碰巧教授数学的某个人。一个真正的数学教师是一位体现了数学、生活在数学中、从一个很强的意义上说他本身就是数学的某个人"[1]。之所以温故知新、以身传道的教师就是某个学科，是因为温故知新、以身传道的教师不仅信奉自己所教的知识，而且对自己所教的知识拥有自己的体认和证成，并通过对所教知识的体认与证成而把外在的知识内化成了自身的素养。这种温故知新、以身传道的教师自身就是转识成智的典范，而跟随、接受这样教师的教育之学生，在耳濡目染、潜移默化中也会慢慢体悟、习得转识成智的门径。

二、 智慧课堂创生的学生之维

转识成智既是教师教之事，也是学生学之为，而且教师教的转识成智最终皆要体现为学生学的转识成智。那么，从学生学的角度来看如何把知识转化为智慧、创生智慧课堂这一问题值得思考。

---

① ［加］范梅南：《教学机智：教育智慧的意蕴》，75 页，李树英译，北京，教育科学出版社，2014。

(一)培育问题意识，开启智慧之门

　　知识之所以蕴含智慧，是因为知识与智慧都源于问题。知识是问题解答的结果，而智慧是运用知识、解决问题的能力。倘若没有问题，知识的生成和智慧的激发就没有着力点。因此，学生只有获得问题意识，才能开启智慧之门。然而，当下学生普遍缺乏问题意识，突出表现是：学生在学习时常提不出问题，即使有问题，也将掌握已有的知识奉为圭臬，提不出创新性的问题。因此，我们有必要思考何为问题意识、学生如何培育自己的问题意识。

　　问题即疑难、困惑或矛盾，它具有主观和客观双重属性，是主体与客体交互作用而建构、生成的。从实践论来看，问题即人的理想与现实的差距。人是应然和实然的复合体。人的应然向度让人对万事万物总有着一种属人的理想化诉求，而当人用理想化的眼光审视现实时，就难免会发现现实的诸多不足及困惑之处，于是就萌生了问题。从认识论来看，问题即人的已知与未知的张力，是人基于已知而觉察到的无知状态。从价值论来看，问题既能定向，规定人们如何回答或预示回答的方向，又能开启新知，使人们获得原先未知的知识。问题意识就是人们对实践上的理想与现实的差距或者认识上的已知与未知之间的张力的敏感性与洞察力，是运用已知解决问题、彰显智慧的思维品质。问题意识通常有三种含义。一是多问。动物不会提问，只有人会对万事万物发问。从这种意义上说，提问就成了人之为人的特性。人只有通过提问才能揭示对象世界的未知性，进而通过探索解答对象世界的未知，从而获得知识、形成智慧。二是深问。问题有不同层次，既有"是什么"的"知其然"之问，也有"如何是""为什么"的"知其所以然"之问，还有"应是什么""应如何"的"知其应然"之问。"是什么"的"知其然"之问是问的第一层次，而"如何是""为什么"的"知其所以然"之问不仅问"是什么"，而且问"如何是""为什么"。可以说，只有当人们知道了一个事物"如何是"或"为什么"时，才能对一个事物的"是什么"有详尽的掌握和理解。而"应是什么""应如何"就不仅包括了"是什么"的"知其然"之问以及"如何是""为什么"的"知其所以然"之问，而且试图在掌握了事物"是什么""如何是""为什么"的基础上，实现人的理想化诉求。三是新问。所谓新问，是指此问不仅为问者未知之问，而且为他者未知之问。这种新问不仅能带来新的知识，而且蕴含创造性地解决问题的智慧。

倘若用问题意识来反观当下学生的学习状态，就不难发现学生要么少问或不问，要么浅表性地问，要么重复性地问。少问或不问表现为课堂上学生很少提问，大多只是被动地应答教师的提问，也很少有学生就教师所讲内容提出自己的质疑，下课后也鲜见学生就某一问题与教师进行深入的交谈、辩论。浅表性地问是指学生不是问那些有确定答案的考试内容，就是问教材上的事实性或概念性的"是什么"的问题，较少问某一问题"如何是""为什么"或"应是什么""应如何"的问题。重复性地问是指学生之问大多是为了澄清、记住已有的知识，而很少变换视角，从新的角度提出一个新的问题。追根溯源，学生问题意识的缺乏是学而不思的表现，学而不思所获得的知识也许可以有效地应付各种考试，但在考试成功、获得各种证书之后，这些知识不是还给了教材，就是变成了机械的教条。从这种意义上说，学而不思所获得的知识不仅不能转化为人的智慧，反而成了涵养人的智慧的阻碍。可以说，学而不思的人也许看起来很有知识、很聪明，但他遇到实际问题时往往一筹莫展，甚至成事不足、败事有余。例如，战国时期的赵括熟读兵法，谈起兵法时头头是道，但真打起仗来却损兵折将、一败涂地；三国时期的马谡，"口头兵法"相当娴熟，但在街亭刚愎自用、墨守兵法，最后大败。像赵括、马谡等人，之所以有知识而未将知识转化为智慧，是因为知识作为人理性认识的成果并不是智慧本身。用叔本华的话说就是："记录在纸上的思想，就如同某人留在沙上的脚印，我们也许能看到他走过的路径，但若想要知道他在路上看见些什么，就必须用我们自己的眼睛。"[1]也就是说，只有用我们自己的眼睛，才能看到知识之路上的风景，才能体悟出知识背后蕴含的智慧。自己的眼睛其实就是人人拥有的"思"。正所谓"心之官则思，思则得之"。然而，在客观、普遍、价值中立的现代性知识观的形塑下，在标准化考试的挟持下，学生慢慢放弃了自己"思"的欲望和乐趣，逐渐形成了一种"无思"的学习方式。"无思"的学习或许能获得大量的知识，但学

---

① 周树山：《叔本华论读书》，载《书屋》，2013(7)。

生难以将这些知识转化为智慧，最终使学生成为有知识却无智慧之人。

如果说学生问题意识缺乏的根源在于"无思"，那么学生要想培育自己的问题意识，开启智慧之门，就得将思融入学，在学中思，在思中学。因为问题意识是学与思融合的必要环节，没有问题，就难以产生思考，就难免受到既有知识的蒙蔽，不仅不能产生新的知识，而且深受既有知识的限制。同时，这种"无问""无思"之学所获得的知识只是学生的身外之物，并没有内化为学生自己的素养，也就无法生成智慧。带着问题进行知识学习，这种知识学习就不再是简单地记忆、复述，而是追问某种知识是针对什么问题的，是从哪个视角进行论证的，作者为什么提出这样的观点，其论据是什么，这些论据是否足以论证其观点，倘若我遇到类似的问题会有何看法，等等。在追问上述问题的过程中，外在的知识学习与学生自身的问题和已有的知识发生碰撞、融合，学生将外在的、他人的知识整合到自己的思考，变成自身成长的营养和解决问题的依据，从而开启转识成智的大门。因此，在转识成智的过程中，学生问题意识的有无就成了能否开启智慧之门的关键。

(二)有主见的自学，在学习中获得智慧

学习犹如吃饭、走路，归根结底是学生个人之事，他人无法代替、置换，从这种意义上说，学习就意味着自学。用柏拉图的话讲，学习就是回忆，即人的灵魂对其生前所见、所知的一种回忆，而教师之教只是为人的记忆恢复提供必要的帮助而已。用杜威的话讲就是："只有学生自己观察，自己反思，自己提出建议，自己检验建议，他已知的事物才能得到发挥和证实。思维和食物的消化同样是一件个人的事情。"①然而，在现代教育背景下，学生的学习日益为各种规范、制度所限定，学生的学习似乎不再是个人自我成长的需要，而逐渐变成一种外在的要求和规定，即使是大学生的学习，通常也处在被动地为考试而学习的"要我学习"的状态，这便遮蔽了为了自我成长而主动学习的"我要学习"。"要我学习"在使学生的学习成为一种外在规定和要求时，知识学习就不再是"为己"之学，而成了"为人"之学。"为人"之学也许能够使学生取得优良的

---

① [美]杜威：《民主主义与教育》，王承绪译，318页，北京，人民教育出版社，1990。

考试成绩，但因为优良的考试成绩不是"为己"之学的结果，学生不知学习除考试外还有什么用处，所以学习的知识在考试成功后大多自动被忘却，难以内化为学生个人的素养，更不用说将外在的知识转化为学生的智慧了。

倘若学习本是学生个人出于自我成长的需要主动进行且他人难以替代之事，那么学习就内在地与转识成智相关联。因为知识是外在的东西，而智慧是人的认知与德性的统一。人学习知识并不是为了知识，而是为了生成智慧。从这个意义上说，转识成智的学习就是一种有主见的自学。有主见的自学是针对"死读书"下不思考、不怀疑、不提问的"记忆学习"而言的，它是一种让学生带着自己的假设、猜想、先见甚至偏见去面对已有的知识，使自己的学习发生康德所说的"哥白尼式的革命"——让学习的对象围着学生转，而不是让学生围着学习的对象转，从而实现"六经注我"，而不是"我注六经"。或者说，有主见的自学是在问题的驱动下，在对问题的事先假设的引导下进行的自主探究。它可以使已有知识围绕着学生转，而不是让学生围绕着已有知识转。① 从学理上说，这种有主见的自学既是一种深层学习，也是一种体验学习，更是一种研究性学习。如果说深层学习是一种深入探究、寻求意义和学以致用的学习，那么有主见的自学则突出了深入探究的假设，明确了学以致用的路径。如果说体验学习是一种基于体验，直面学习的各种困惑，不断解决认知冲突的学习，那么有主见的自学则因事先有主见而使体验学习的目的更加明确。如果说研究性学习是一种批判性地检视已有知识的学习，那么有主见的自学则凸显了研究性学习中的假设，使研究性学习更有成效。这种有主见的自学，用杜威的反省思维来看，大致表现为："第一，学生要有一个真实的经验的情境——要有一个对活动本身感兴趣的连续的活动；第二，在这个情境内部产生一个真实的问题，作为思维的刺激物；第三，他要占有知识资料，从事必要的观察，对付这个问题；第四，他必须负责有条不紊地展开他所想出的解决问题的方法；第五，他要有机会和需要通过应用检验他的观念，使这些观念意义明确，并且让他自己发现它们是否有效。"②简要地说，这种有主见的自学就是问题＋假设＋方法＋

---

① 刘良华：《论"思维教学"》，载《湖北教育（教育教学）》，2013(3)。
② ［美］杜威：《民主主义与教育》，王承绪译，174页，北京，人民教育出版社，1990。

检验。

如果说培育学生的问题意识只是开启了智慧的大门，那么有主见的自学则能让学生在学习中生成自己的智慧。之所以有主见的自学能够生成学生自己的智慧，是因为在有主见的自学中，学习不再由外在动机（如考试、奖惩等）驱动，而是由学生的好奇心、求知欲等内在动机驱动；学习不再是简单地记忆、复制已有知识，而是批判性地检视已有知识，并力求从旧知中生成新知；学习由外在的被动要求转化为内在的主动索求，学生的知识学习与问题解决之间实现无缝对接，并在解决问题中涵养学生的智慧。比如，笔者在思考"智慧课堂创生的学生之维"时，就先预设了"培育问题意识，开启智慧之门""有主见的自学，在学习中获得智慧""直面不确定性，在行动中生成智慧"的论点，然后查阅了知识与智慧、当下学生的学习状况等相关资料，发现问题意识缺乏、盲目地接受知识和惧怕行动的不确定性是造成当下学生难以将知识转化为智慧的主要原因；于是，笔者运用已学知识对自己的观点进行了论证，最终回答了学生如何转识成智这一问题。

从一定意义上说，当下并不缺少刻苦好学、潜心求知的学生，但这些学生中有的只是把自己的头脑当成装载各种知识的容器，当成各种既有知识的跑马场，而很少带着问题进行有主见的自学，于是未能将知识学习与问题解决有机结合起来。他们虽然学习了很多知识，但难以将知识运用于解决问题。而在有主见的自学中，学生通过运用已知解决某个认识或实践问题，真正将知识转化为智慧。这也是有些学生学有所成而有些学生学无所成的原因。因此，在学习中，学生不仅要培育自己的问题意识，而且要就某个问题提出自己的见解或假设，并且在自己的见解或假设的引导下进行有主见的自学。在有主见的自学中，温故知新的转识成智就会水到渠成。

（三）直面不确定性，在行动中生成智慧

人不仅"我思故我在"，而且"我行故我在"。前者彰显了人认识的主体性，后者则表明了人行动的主体性。如果说"我思故我在"能够让人显示其认知智慧，那么"我行故我在"则能够让人体现其实践智慧。然而，人要行动，就不得

不面对不确定性。正如杜威所言："不管我们怎样透彻地进行判断、计划和选择，也不管我们怎样谨慎地采取行动，这些都不是决定任何结果的唯一因素。"①换言之，凡有行动，就有危险，或成功，或失败。正所谓"谋事在人，成事在天"。那么，我们有必要思考如何直面不确定性，在行动中生成智慧，达成预设的目标。

就学生的转识成智而言，直面行动的不确定性即对"是做还是不做""若做的话，是这样做，还是那样做""如何做得更好、更有意义"这些问题的回答。倘若从智慧生成的视角来看，大致要遵循洞悉问题—创新作为—行动反思的路径。所谓洞悉问题，是指对行动所面对的问题有着清晰、准确的把握和理解；具体而言，即对于行动中的问题不是消极回避，而是积极应对。倘若消极回避问题，那么智慧就无法生成；而积极应对问题则可为智慧的生成提供前提。当然，这种对行动中的问题的积极应对是在对问题的准确理解和把握的基础上的作为，而对问题的准确理解和把握至少意味着对行动嵌入的社会情境和相关他者的感受、体验的感知和洞察。所谓创新作为，就是对洞察到的问题进行创造性解决。倘若用人人都知道的方式应对、解决问题，即使该问题得以解决，也很难说是智慧的表现。通常情况是，洞悉了某一情境中的问题并不意味着能智慧地解决该问题，因为从洞悉问题到智慧地解决问题，还需要创新性思维的嵌入，需要一种新思路或新想法。许多时候，学生之所以在面对问题时不能智慧地解决问题，并不是因为不清楚问题是什么，而是因为没有新思路和新想法。所谓行动反思，是指对洞悉问题、创新作为的反思，这既表现为在新思路和新想法产生时对其进行逻辑和效果的检验，也表现为在新思路或新想法产生后的第二次或第若干次的相继行为。从这种意义上说，行动反思摆脱了"灵机一动"这种智慧的昙花一现，而使智慧地解决问题的过程形成某种特定的心智模式。

同时，智慧地解决某一问题也意味着合乎道德地解决某一问题，因为智慧内在包含善的诉求。可以说，人在行动时之所以需要直面不确定性，是因为"做事是及物动词，必定卷入他者……如果我的行为没有卷入他人，没有邀请

---

① ［美］杜威：《确定性的寻求：关于知行关系的研究》，傅统先译，4 页，上海，上海人民出版社，2004。

或强迫他人共同行为，就根本做不成任何事情，甚至无事可做……这意味着，我行之我虽是语法上的主语，但在存在论意义上，我却并非唯一当事人，他人也必定是当事人（通常是无数他人）"①。或者说，某人行动的结果并不只取决于某人的知识或意志，还取决于相关他者对该行动的接受或悦纳。既然人的行动必然要卷入他者，那么人的行动就需要考虑相关他人的意志和需求。从这种意义上说，学生要想智慧地解决某一问题，就需要增强他者意识，实现"你—我"需求的对接。不过，人作为独立的个体，人与人之间是陌生的，正所谓"知人知面难知心"，但人与人又是相通的，正所谓"人同此心，心同此理"。人与人由陌生走向熟悉，由疏离走向亲近，其条件主要有三个：一是认识自己，清楚自己是谁；二是了解他者，体察他者的内心；三是实现"你—我"需求的对接，在"你—我"需求的对接中实现合作。

可以说，学生实现转识成智意味着由为知识而学转变成为智慧而学，而智慧的形成既需要问题的激发和引导，也需要在问题的激发和引导下进行有主见的自学，还需要直面不确定性，在行动中生成智慧。有了问题的激发和引导，所学的知识就有了用武之地；而在用武之地上能否学有所成，使知识的种子开花结果，则在于能否进行有主见的自学，能否在有主见的自学中生成自己对某一问题的独特看法。直面行动的不确定性、洞悉问题并采取创新行动是智慧的试金石。这种智慧形成之路，用《中庸》的话讲就是"博学之，审问之，慎思之，明辨之，笃行之"。"博学"孕育智慧的胚胎；"审问""慎思"培育问题意识，并通过反思去除已知的蒙蔽而产生新知；"明辨""笃行"则能洞察问题，明辨是非，创造性地行动。倘若学生能循智慧生成之路而学习，那么他们就可能获得一双"慧眼"，把纷扰、繁杂的世界看得清清楚楚、明明白白、真真切切，转识成智也就不期而至了。

三、 智慧课堂创生的知识二重性考察

智慧课堂的要义在于将外在的知识转化为学生的智慧，而外在的知识不仅

---

① 赵汀阳：《作为创世论的存在论》，载《哲学研究》，2012(8)。

不会自动地转化为学生的智慧，而且倘若学生理解、掌握知识的方式方法不恰当，反而会遏制、有害于学生的智慧。这是因为知识本身具有内容与形式相互嵌套、客观性与主观性辩证统一、创见与遮蔽共生共存的二重性。于是，我们有必要思考，从知识的二重性来看何谓智慧课堂，智慧课堂的创生会遇到什么样的障碍，以及如何创生智慧课堂。

(一)智慧课堂的知识二重性分析

从不同的角度看，智慧课堂具有不同的内涵。有学者基于教育信息化，从课堂主体、课堂空间、课堂对话、课堂评价四个方面，将智慧课堂界定为"面向全体，拓展教学空间，尊重生命个体，清晰课堂评价，让每个学生在课堂学习中动脑、动手、动口，发展智慧，提升生命质量"①的课堂。而从知识的二重性来看，智慧课堂则是连接知识的内容与形式、贯通知识的客观性与主观性、洞察知识的创见与遮蔽的课堂。

其一，智慧课堂是连接知识的内容与形式的课堂。从要素上看，知识由可见的有形内容和不可见的无形形式构成。可以说，既不存在无内容的知识形式，也不存在无形式的知识内容。从内容上看，知识呈现为研究对象及其问题，以及对研究对象所存在问题的解答。这种解答表征为一系列概念、命题与理论组成的体系。概念是对某研究对象本质属性的揭示与概括；命题是由判断连接的两个或两个以上概念的集合；理论则是由推理将各个命题联系起来，组成一个逻辑前后一致的命题体系。从形式上看，由概念、命题与理论组成的知识背后皆潜藏着人的思维方式、价值取向。当人们的思维方式与价值取向不同时，即使人们面对相同的研究对象及其问题，也会形成不同的知识体系。比如，在解答人如何学习这个问题时，行为主义从刺激—反应出发，强调客体对主体人的认识的决定作用，那么，知识就成了人类经验认识的结晶；认知主义着眼于刺激—意识—反应，揭示了主体人对外部客观刺激并不是被动地反应，而是能动地建构，从而形成了人知互动的知识观；人本主义则不仅强调人的已

---

① 潘保翠：《开启未来教育的一扇窗——以〈我的伯父鲁迅先生〉为例谈"智慧课堂"的探索》，载《江苏教育》，2015(1)。

有认识对客观刺激的能动反应，而且强调人的情感、意志的参与，更加强调人对知识的建构。因此，知识学习不仅要学习知识的内容，而且要明了知识创生的思维方式与价值取向等形式。知识的内容是可见的，而知识的形式是隐藏的，且知识的形式在知识的形成过程中通常起着决定性作用。从这种意义上说，智慧课堂就是连接知识的内容与形式的课堂。

其二，智慧课堂是贯通知识的客观性与主观性的课堂。对于知识是客观的还是主观的这一问题，不同人持有不同看法。从趋势上看，新课程改革之前，大多数人推崇知识的客观性，秉持知识是客观的这一看似不证自明的信念。新课程改革之后，为了消解客观知识观对人的主体性、能动性的抑制，知识的主观建构观逐渐引起人们的关注，并成为一种新的知识观。但实际上，知识既是客观的，也是主观的，具有主客观双重属性。从知识的创生来看，不仅认识的过程伴随、渗透着人的认知、情感与意志，而且作为人认识活动的产物，知识也嵌入了人的思维方式与价值取向。正如康德在认识论中发动的"哥白尼式的革命"，他将人的认识由以往的以客体为中心、让主体围绕客体转，改造成以主体为中心、让客体围绕主体转。他主张认识对象不是主体对客体的被动反映，而是主体在整理加工来自客体的质料时能动地建构起来的。但从知识的内容来看，知识又是客观的，由概念、命题与理论组成的知识内容体系是对客观世界的反映，是不以人的意志为转移的。因此，知识从内容上看是客观的，而从形成上看又是主观的。倘若知识具有主观性与客观性的对立统一，那么知识教学的价值就在于重新将客观的知识转化为主观的知识，并通过主观知识的外化来转变为客观的知识。从这个意义上说，智慧课堂就是贯通知识的客观性与主观性的课堂。

其三，智慧课堂是洞察知识的创见与遮蔽的课堂。"知识就是力量"揭示了知识对人认识、改造世界与人自身的重要作用，但人的已有知识无不受时代、社会与人自身的知识基础、认识能力等的限制，知识在揭示人、事与物某方面特性的同时，往往也遮蔽了人、事与物其他方面的特性，这便使知识的创见与遮蔽总相伴而形。同时，人在面对一种新事物或现象时，总习惯性地以原有的知识来看待、理解它们，将新事物或现象纳入、同化在已知的框架中，这便阻碍了对新事物或现象的认识。比如，居里夫妇发现了中性射线，但他们以一种传统的解释来理解、看待它，结果错失了发现中子的机会。从这个意义上说，对于人而言，真正的智慧就是自知无知。知识的创见与遮蔽共生共存的特性让人们"生活在一种理智的牢房中，一座由我们语言的结构规则构成的牢房……就我们通常未意识到它而言，它是个奇异的牢房。通过文化碰撞我们才意识到它。另外，正是这种意识本身使我们能冲破这个牢房，如果我们希望这样做的话：我们能通过研究这种新语言并把它与我们自己的语言进行比较来越出我们的牢房。结果将是一座新的牢房，但它将是大得多、宽阔得多的牢房；而且，我们不会受到它的禁锢；更确切地说，每当我们受到禁锢，都毫无拘束地、批评地审查它，从而再次逃脱，进入更宽阔的牢房"①。鉴于此，智慧课堂就是洞察知识的创见与遮蔽的课堂。

(二)智慧课堂创生的知识二重性障碍

将外在的知识转化为学生的智慧，创生智慧课堂，自然会遇到这样或那样的障碍。从知识的二重性来看，智慧课堂的创生常常遇到知识内容与形式的割裂式呈现、知识客观性与主观性的对立式理解以及知识创见与遮蔽的单向度信奉的障碍。

第一，知识内容与形式的割裂式呈现。知识的内容与形式是融合在一起的，但由于人可以通过思维抽离、分析出知识的内容与形式，知识教学就有可能产生知识内容与形式割裂式呈现的现象。一种是轻视知识内容的形式教学。有些教师误解了"授人以鱼，不如授人以渔"的内涵，脱离知识的载体，单纯地讲授各种知识形式。比如，写作是人思想的表达，思想是写作的生命，但在偏重写作知识考查的引导下，写作教学往往只注重写作方法、修辞手段等形式知识的宣讲与记忆，而忽视了写作内容的思想指导与引发。这种偏误会延伸到语文阅读教学，集中于语言表达形式的阅读教学"教散文时，就让学生找出文中运用的修辞手法和优美的词句，然后说出'美在何处'，继而进行仿写；教小说

---

① ［英］波普尔：《通过知识获得解放》，范景中、李本正译，83 页，杭州，中国美术学院出版社，1996。

时，就让学生找出文中的各种描写，按其类别一一贴上标签，并说出哪里是伏笔，哪里是铺垫；教古诗词时，就让学生围绕修辞手法、表现手法(如借景抒情、托物言志等)进行'赏析'，找出其中的'美点'；教议论文时，就让学生找出论点和论据，归纳文中运用了哪几种论证方法，说出文章的结构方式"①。另一种是轻视知识形式的内容教学。有些教师在结果思维的驱动下只关注知识的结论，而遗忘了知识形成的过程及其运用的思维操作，仅将记住相关的知识内容作为学习的目标，进而将知识教学简化为知识灌输。比如，教师讲授"同分母的分数相加减"，当学生出现同分母的分数相加减不仅分子相加减而且分母也相加减之错误时，教师只是让学生回顾、再现"同分母的分数相加减只是分子相加减"的算理，而未能分析为什么分母不能相加减的道理。同时，知识体系是通过人的思维方式和价值取向，将不同的知识点贯通、连接在一起而形成的，但在考什么就教什么的引导下，有些教师人为地割裂了知识形成过程中的逻辑关联，仅仅关注某个知识点的讲解，而忽略了各知识点之间的内在联系。比如，讲授椭圆这一上接圆下达圆柱、圆锥的知识时，倘若教师撇开椭圆与圆、圆柱、圆锥之间的逻辑关联及其蕴含的价值取向，仅采用讲解、练习与测试的教学方式，孤立地呈现各知识点，那么学生头脑中的知识就是机械的概念、命题的堆砌，就难以转化为学生解决问题的智慧。

第二，知识客观性与主观性的对立式理解。倘若知识的内容和形式是交织在一起的，那么知识就是客观性与主观性的对立统一。确切地说，知识的内容是人们对客观世界的反映，具有客观性；而知识的形式是人思维的产物，具有主观性。但在对待、理解知识的客观性与主观性上存在两种对立的看法，并导致了两种有所偏颇的知识教学。一种看法将知识视为人对客观世界的镜式反映，认为知识是客观、普遍与价值中立的。这种客观主义的知识观将知识凌驾于人之上，就难免导致知识中心、教师中心与课堂中心的"见物不见人"的知识教学。这种知识教学的表现就是教师忠实地执行课程标准及教学用书的教学建议，甚至把教学用书上的教学设计当作自己的教学模板，知识教学成了原原本

---

① 杨先武：《究竟什么样的课才是语文课——与郑逸农老师商榷》，载《语文学习》，2012(12)。

本地诠释教师用书中的教学设计的过程。教师关注的是自己所教的知识，学生聚焦的也是自己所学的知识。师生因知识而发生关联，他们均依附在知识上，而其自身缺乏直接的联系，这便使知识教学演化为导入新课—讲授新课—课堂练习—布置作业的工艺流程。另一种看法将知识视为人主观的建构，主张知识不是客观事物的表征，而是人建构的结果，进而形成了一种主观主义的知识观。这种主观主义的知识观倾向于将知识进行文本化处理，强调学习者的视界对知识意义的决定性作用，认同基于对话的共识真理观，有助于培养学生的独立思考和判断能力，可激发、唤醒学生学习的主动性与创造性。在这种主观主义知识观的主导下，教师的知识教学不再追求统一的标准答案，而是探寻学生对某个问题的看法，尊重学生对某个知识点的自我理解。但这种主观主义知识观极易导致五种不良的倾向：①知识意义的虚无化，即知识被主观建构斩断了客观"所指"，失去了知识言及的事物本身所具有的客观性，使知识本身具有的意义变得虚无；②知识理解的随意化，即一旦知识本身丧失了客观性，那么对知识的理解就难免呈现为"怎样都行"的随意性；③读者话语的霸权化，即在知识丧失了客观性的同时，各种主观看法就有可能跃迁为新的话语霸权；④对话共识的相对化，即倘若每一种主观的看法都有存在的必要性，那么就难以真正地达成共识；⑤质量标准的缺位化，即倘若知识仅是一种主观建构，那么对哪种知识更接近真理的判断就丧失了衡量的标准。①

第三，知识创见与遮蔽的单向度信奉。知识创见与遮蔽共生共存的具体表征为知识是一个开放的系统，是确定性（绝对性）与不确定性（相对性）的辩证统一。但在知识教学中存在两种不良倾向：一是盲目的知识创见论，即不问知识产生的条件或前提，一味地推崇既有的知识，而且不准学生质疑，只准学生记住已有的结论，这便抑制了学生的创新意识；二是不可知论的知识遮蔽观，即认为知识并不是对客观世界的正确反映，而是人的一种主观看法，对于作为一种主观看法的知识来说，并没有什么正确或错误之分，这便否定了人们能够获得某种真理的可能性，陷入一种不可知论的相对主义。实际上，从知识创

---

① 杨道宇：《主观性的兴起与客观性的衰落——试论新课程背景下中小学课程理解的趋势与问题》，载《当代教育科学》，2015(13)。

见和遮蔽的二重性来看，知识的创见是有条件、有前提的，且具有可错性。比如，牛顿的万有引力定律的前提条件之一是速度没有上限，而爱因斯坦提出了如果速度有上限事情将会如何的问题，由此问题他提出了著名的相对论。同时，知识作为对某(些)问题的解答，也是不断发展变化的。从地心说到日心说，从太阳系九大行星到太阳系八大行星，无不反映了知识的这种变化特性。如果把知识的创见置于至高无上的地位，追求亘古不变的成效，那么它就可能成为禁锢人们思想的枷锁，影响新知识的学习、接受与创生。不过，从认识到知识创见的可错性并不是不可知论者的主张——人不可能获得对客观事物或现象的正确认识，进而走向不可知论的知识遮蔽观。这种不可知论的知识遮蔽观在知识教学中具体表现为教师面对某个问题的多种回答时不再坚守真理的标准，而推崇怎样都行的相对主义，抛弃了坚持真理的信念。尤其是在人文学科的知识教学中，在这种不可知论的知识遮蔽观的误导下，知识学习不再着眼于重新认识作者的原意，不再循名责实，不再探寻作者所言事物本身并将作者所言事物本身呈现出来，而是注重依据学习者自己的理解来建构出各不相同的主观意义，且对这些主观判断不置可否、不加辨析，进而否定了知识是对客观事物的正确反映这一知识创见观。

(三)智慧课堂创生的知识二重性路径

从不同的角度看，智慧课程的创生具有不同的路径。从知识的二重性来看，智慧课堂的创生主要有三步。

首先，确立完整知识观，奠智慧课堂创生之基。知识难以转化为人的智慧的原因之一就是人对知识的片面理解。无论是轻视知识内容的形式教学，还是轻视知识形式的内容教学，其错误都在于人为地将完整的知识割裂地呈现，使知识的习得要么停留在知识形式的记忆上，要么满足于知识内容的浅理解。前者让学生记住了知识的形式，却无法有效地应用，知识成为机械的教条；后者则使学生一知半解、囫囵吞枣，备受理智的煎熬。完整的知识由形式与内容共同构成，知识的形式引导、规范着知识的生产，知识的内容则表征、诠释着人对某个对象及相应问题的解答。从知识生产的过程来看，知识的内容要素与形式要素之间需要不断调试与匹配。具体而言，在人的价值取向的驱动下，人对某个对象及相应问题的解答必定要寻求相应的思维方式、表达样式，但人对某个对象及相应问题解答的内容要素与思维方式、表达样式的形式要素之间的匹配不可能一步到位，而是一个不断修补裂痕、克服困难、逐步磨合的过程。从这种意义上说，知识的内容与形式是互构的，知识的内容因形式而有形、有神，知识的形式因内容而有体、有气。

因为知识的内容和形式是你中有我、我中有你的互构，所以在完整知识观的视野里，知识教学就不是割裂地呈现知识的内容与形式，而是二合一地、有机地呈现完整的知识。这种二合一的知识教学形态，简单地讲就是由知识的内容了解知识的形式，以知其所以然；或者由知识的形式阐释知识的内容，以知其然。从知识生产的过程来说，知识对某个对象及相应问题的解答大致要经历从"眼中之竹"到"胸中之竹"再到"手中之竹"的两次变形。洞察从"眼中之竹"到"胸中之竹"的变形，可以领略作者的意图与旨趣；理解从"胸中之竹"到"手中之竹"的变形，可以把握作者的思维方式与表达样式。[①] 要洞悉从"眼中之竹"到"胸中之竹"再到"手中之竹"的知识变形，并深刻理解知识的内容与形式的有机统一，其有效的方式就是掌握、熟悉特定知识发展与演变的历史，明了特定知识的来龙去脉，清楚特定知识是谁、在什么条件下、为了什么而创造的，经历了怎样的过程，如何逐步完善，等等，如此由特定知识的内容与形式所构成的完整知识图式就会呈现在眼前。

其次，洞悉人知互生律，遵智慧课堂创生之理。知识不仅是内容与形式的有机统一，而且具有主观性与客观性的双重属性。这是因为知识是人创造的，而人是知识建构的，两者之间表现为一种人知互生律。这种人知互生律是知识的主观性与客观性有机统一的内在理据。展开来说，知识是人创造的，那么人所创造的客观知识在其根基上就潜藏着人的价值诉求、思维方式。确切地说，客观的知识并不是外在世界静态、简单的给予物，而是人的主观世界与外在客观世界互动的产物。或者说，知识作为人智慧的外化，是一种客观存在；但知

---

① 李维鼎：《重形式，重内容，更要重关系》，载《语文学习》，2014(1)。

识作为人创生的产物，必然蕴含着创生者的情感、意志、思维方式，是创生者整个身心的结晶，正如鲁洁所言："知识，原本是人之生命活动的产物，人在进行知识生产时不仅投入他的智力，同样也寄予自己的热情、期待、理想，投射着自己的生活目标，这也即是说，人们在他们所建构的知识中必将自己的需要、本质和一切生命活动对象化于其中，知识中所表现的不仅是认识的对象，同样也现实地复现了人自身，作为人之精神成果的知识只能是人全部生命的结晶，它不可能只是单纯由智力和理性结出的果实。"①因此，知识的客观性包含着人的主观性，只不过知识的客观性否定了人主观性的外在独立性，而把人的主观性变成了实现知识客观性的一种手段和方式。

基于知识主观性与客观性融合共生的特征，将知识转化为学生的智慧至少需要注意两点。一是再现知识创生的过程。人创生的知识有一个发展、演化的过程，这期间也难免会经历些波折，遭遇些反对之声等，这些都是知识教学的有效资源。教师只有再现知识创生的过程，才能让学生体验、感受知识的概念、命题与理论产生的必要性和可能性，引导他们去重历或模拟知识创生者所面对的问题及其解决过程，并从前人解答问题的过程及应用的方法中受到启发，从而将特定的知识转化为学生自己解决问题的智慧。二是利用学生的已知激活、消化新知。学生的知识理解、掌握与运用总基于已知，将已知与新知进行嫁接、勾连不仅是学习新知的途径，而且是增长学生智慧的关键。因为只有与已知嫁接、勾连的新知才能内化为学生自身的素养。基于已知来嫁接、勾连新知的方式至少有三种：①由前及后，纵向联结，即采取"退"的教学策略，退到知识发生、生长之处，发现新旧知识的联系；②由此及彼，横向联结，即任何知识都不是一个孤立的点，而是由点及链，由链及网，倘若由点及链再及网地网罗更多的知识，那么各个独立的知识点就不再孤立，学生的知识掌握就更加牢固、贯通；③由表及里，内部联结，即知识是由内容和形式构成的，通过知识的内容来体会和感悟知识的形式，知道知识的所以然，提升学生运用知识

---

① 鲁洁：《一个值得反思的教育信条：塑造知识人》，载《教育研究》，2004(6)。

的能力。①

最后，培育批判性思维，彰智慧课堂创生之要。如果说智慧是指创造性地运用知识的能力，那么培育批判性思维就是智慧课堂创生的关键。这是因为只有批判性思维能让学生在习得知识创见的同时意识到其存在的遮蔽，学生才能在已知的基础上创造出新知，才能创造性地运用知识。批判性思维并不是有些人望文生义所联想到的人身攻击，而是指"在确定相信什么或者做什么时所进行的合理而成熟的思考"②，用康德的话说就是："批判是理性的职责和使命，是对理性本身的召唤，正是对理性的召唤，叫它重新负起它最艰巨的任务，认识自己这个任务，并且要它建立一所法庭，来保证理性合法的要求而驳回一切无根据僭妄。"③通俗地讲，在批判性思维下，任何知识都可以且应当受到理性的质疑和批判，任何知识都应通过理性的论证来为自身辩护。这种批判性思维就是基于证据的说理，主要包括批判精神和批判技能。批判精神主要指习惯性质疑、善于反思、具有创造性、善于联想、评价客观且公正等思维习惯。批判技能主要有分析、推理、解释、归纳、演绎、评价和自我调控等。批判精神表现为勇于批判，敢于提出问题；批判技能则表现为善于批判，能够在无疑处生疑。批判性思维具体表征为对"是什么""为什么是""除此之外是否有其他可能"等问题的不断追问和独立思考，而拒斥鹦鹉学舌般的人云亦云，推崇"独立之精神，自由之思想"。

培育批判性思维的关键，就是将知识中心的教学转化为问题中心的教学。知识中心的教学通常压缩学生学习的过程，让学生高效地掌握更多的结果性知识；当学生有疑问或不同观点时，教师不是鼓励学生进一步追问和思考，而是认为此乃浪费时间的无益之举。可以说，这种知识中心的教学在专注于具体知识传授的同时，往往缺乏思考的过程，从问题到结论的过程中没有说理、判断的环节，将知识教学的思维过程压缩成结论的抢答。在知识中心的教学中，即

---

① 金一民：《从"经验"走向"科学"——数学教学的应有转向》，载《教育研究与评论（小学教育教学）》，2015(6)。

② ［美］本斯利：《心理学批判性思维》，李小平等译，4页，北京，中国轻工业出版社，2005。

③ ［德］康德：《纯粹理性批判》，韦卓民译，5页，武汉，华中师范大学出版社，2000。

使有问答，也大多是教师问、学生答。若学生答出了教师预设的答案，教师就大加称赞；而若学生回答有误，教师或质疑或引导，最终就是"请君入瓮"。这种知识中心的教学看似教给了学生很多知识，但学生缺乏运用知识的能力。学生只是外在地占有了知识，而非真正内化了知识。问题中心的教学以启发、引导学生的思考为旨归，不仅以问题为起点，而且以问题为主线，还以问题为归宿，让学生带着问题走出课堂。以问题为起点，教师让学生带着问题进行知识学习，单向的知识传授就转变为双向的知识探究。以问题为主线，教师将知识学习过程恢复为提出问题—分析问题—解决问题—提出新问题的知识创生链，让学生领悟、体验知识创生的思维过程，从而使知识学习跃迁为智慧涵养。以问题为归宿，知识教学不再满足于问题答案的获得，而是激发学生发现更多问题，产生更多疑问。学生一旦拥有了让自己着迷的问题，那么在这些问题的引导、牵引下，学生就会行走在从不知到知再到不知的智慧之路上。因为智慧不仅意味着自知无知，而且人只有在自知无知的驱动下才能不断创造新知，明智地解决各种新问题。

第五章 智慧型教师的成长

智慧型教师是培育智慧型学生的必要条件。本章主要探讨智慧型教师是什么样的以及智慧型教师成长的内在机制。

一、 智慧型教师成长的教育学阐释

智慧是一个令人向往乃至崇拜的。我们说某个人有智慧，就是对他的赞赏与褒奖。教师自然也希望自己能够成为一名智慧型教师。但关于智慧型教师是什么样的，不同学者有不同观点。有学者认为智慧型教师是指"通过教育科研不断探索教育规律，寻求教育实践活动所必需的教育智慧，从而具有高情商、高智商、高效能的一类教师"①。有学者认为"与知识型教师相比，智慧型教师更具有创造性、伦理性和实践性特征"②。还有学者认为智慧型教师是"具有一定的资源意识和处理资源的能力，积极地发现、引入、激发和创生资源来生成有利于学生积极探索的课堂情境，并能利用这些资源来理解情境和对情境做出适当回应，以培养学生发现问题和解决问题的能力的教师"③。这些智慧型教师的定义都从某一视角揭示了智慧型教师所具有的特性，但无论是"高情商、高智商、高效能"，还是"创造性、伦理性和实践性"，抑或是"具有一定的资源意识和处理资源的能力……以培养学生发现问题和解决问题的能力"，这些描述和阐释都从静态的维度对智慧型教师给予了界定，但智慧型教师是通过教师的做来达成的。因此，在探讨智慧型教师是什么样的时，从动态的角度洞察智慧型教师形成的过程，就比简单地描述、阐释智慧型教师的特征更有优先性。

(一)智慧型教师是具有教育学意向的教师

从目的上看，智慧型教师是具有教育学意向的教师。众所周知，人是有意

---

① 陈云恺：《智慧型教师与教师类型转换》，载《上海教育科研》，2003(9)。
② 毛菊：《智慧型教师的特征》，载《教育科学研究》，2007(11)。
③ 毛齐明：《试论智慧型教师的内涵及其基本素养》，载《教育科学》，2011(2)。

识的存在，而人的意识总是针对和关于某对象的意识。具有教育学意向的教师是指教师的意识指向的是教育，而不是其他事物；或者说，教师的意识是立足于教育、从教育出发又回归教育的意识。之所以强调智慧型教师的意识是针对和关于教育的意识，是因为智慧在不同的对象上呈现为不同的形态。确切地说，教育智慧不同于政治智慧、商业智慧。倘若把从政、经商的智慧运用于教育，就有可能把教育办成政治、商业。因为政治、商业与教育有不同的行动逻辑，所以需要不同的智慧。比如，从政者要在任期内做让人民满意的事情，于是开展各种惠民工程；经商者要考虑投入与产出，追求利润，企业文化也主要为获利服务。

具有教育学意向的教师具体表现为其言行指向学生的好，虽然学生的好在不同情况下有着不同的内涵，但教师的言行只有指向学生的好，才能表明教师具有的是教育智慧，而不是其他智慧。自然，教师的言行要想指向学生的好，则必须心中有学生，搞清楚学生现有的知识基础，明白学生的学习需求与学习困难。也就是说，教师的教育智慧需要立足于学生的知识基础，从学生的学习需求出发，解决学生的学习困惑，引导学生由已知进入未知再获得新知。倘若教师心中没有学生，那么智慧型教师就失去了根基。比如，一位老师初次上公开课时只是依据教参上的教案，按部就班地上完了一节数学课。她本以为按照教参上的课效果肯定差不了，谁知当时的区数学教研员当着校长的面严肃地对她说："课堂上，眼中没有学生，自说自话，这样教下去，学生根本学不会，哪像在上数学课？"①教研员的一席话惊醒了梦中人。从那时起，这位老师明白了课是为学生而上的，离开了学生，教师的教育教学就失去了意义。

具有教育学意向的教师除了其言行指向学生的好、心中有学生，还有对教育的热爱、自信与整体理解。教师对教育的热爱即热爱自己的学生，热爱自己所教授的学科，热爱这个以自己所爱教自己所爱的教师职业。可以说，教师对教育的热爱是教育智慧生成的源泉。教师对教育的自信即对自己从事的教育教学工作有坚强的自信、饱满的热情和探究创造的渴望。而教师对教育的热爱与自信根植于其对教育的整体理解。教师对教育的整体理解即教师对教育意义（"我一定要触动我的学生"），对自己所教学科特有的教育意义（"我对学生的

---

① 李勤：《儿时梦，我的梦》，载《江苏教育》，2013(9)。

触动怎样体现我所教授学科的特点"），对自己正在教的内容在整个学科体系中的位置、它们怎样整体地显现其教育意义以及教育意义怎样在自己的学生身上得到实现等都具有清醒的意识。[①] 也就是说，具有教育学意向的教师深知教育的意义在于促进学生发展，而学生的发展既仰仗于教师对学生之爱、对自己所教学科和教师职业之爱，也贯穿、体现在日常教育教学生活中。

(二)智慧型教师是问思行创新的教师

从过程上看，智慧型教师是问思行创新的教师。教育是以知识为中介的师生互动交往实践活动，因此，适宜的教育教学至少是教师、学生和学科知识的和谐共振。但问题是，无论是教育教学实践中的主体(人)，还是师生共同面对的学科知识，都存在多种可能性。且不说教育教学实践中的主体(人)是"斯芬克斯之谜"，即使是看起来相对确定的学科知识，无论是教师还是学生也都会有不同的理解。从这种意义上说，教师的教育教学实际上是一个充满多种可能性的冒险之旅。为学生好的教育学意向只为教师教育智慧的生成指明了方向，教师的教育智慧是在日常的教育教学中呈现的。

如果说教育学意向为成就智慧型教师提供了前进方向，那么问思行创新则为智慧型教师的成长描绘了行动路线。所谓问创新，主要有两层含义：其一，教师心中有问题；其二，教师提出的问题相对新颖。通常来说，一位教师的智慧主要表现在其日常教育教学行为上。或者说，当一位教师能够机智地化解一个矛盾，或者出人意料而又在情理之中地做出某种行为时，人们就能感受到该教师的教育智慧。因此，人们在赞叹某位教师具有智慧时，总会以其恰当、合适的行动来佐证。在相同的教育教学情境下，为什么有的教师做出了恰当、合适的选择，表现出教育智慧，而有的教师墨守成规，不仅未能解决某一矛盾，反而激化了该矛盾呢？其中的原因也许有很多，不过，从认知的角度来看，面对同样的教育教学情境，有的教师能机智地应对，而有的教师却把事情搞砸，关键在于教师的问题意识及其在问题意识的引导下对同样的教育情境重新进行的思考。可以说，外在的事物或现象本身不会提问，只有人才会提问。心中有

---

① 宁虹、王志江：《重新理解教育：来自教师发展学校的报告》，58～65页，北京，教育科学出版社，2011。

问题的教师大多能够在看上去没有问题的地方发现、提炼问题，并能变换角度、视野提出新的问题，诚如孙双金在谈"情智语文因何而诞生"时所言："情智语文是针对当时的语文教学状况有感而发的。工作以来，听了很多语文课，我发现语文课堂存在的问题主要表现在：一是缺乏情感和情味……二是缺乏思维和智慧的挑战，缺少真问题，语文课堂就像在一条水平线上滑动，学生在课堂上没有经历登山、发展和提高的过程。"[①]可以说，不仅语文课堂"缺乏情感和情味""缺乏思维和智慧的挑战"，其他学科的课堂教学也存在类似的弊端，之所以孙双金可以提出这个问题，并成就了他的"情智语文"，是因为问题激发、引导人的思维，若没有问题，人的思维就没有了着陆点。所谓思创新，就是在问题的引导下，在头脑里对既定的教育情境绘制一幅崭新的图画。孙双金在发现语文课堂存在"缺乏情感和情味""缺乏思维和智慧的挑战"后建构了"情智语文"，绘制出一幅语文课堂的新图画——"四小课堂"，即语文课要让学生"小脸通红""小眼发光""小手直举""小嘴常开"。教育作为一种实践活动，其智慧主要表现在行动上。也就是说，教师对教育教学问题的发现以及对教育教学问题的思创新最终都要体现、落实为教育教学行为，做到行创新，这是教育智慧作为一种实践智慧的必然要求。孙双金"情智语文"在课堂教学中具体表现为"创设画面，制造场景""紧扣语言，'披文入情'""精彩问题，开启智慧""挑起矛盾，善用冲突"[②]。由此可见，从过程上看，智慧型教师走的是一条由问而思再到行的创新之路。

诚然，智慧型教师的问思行创新既表现为一个序列，也融为一个整体。作为整体的问思行创新主要体现在教师的教育教学行为上。因为教师是有意识的存在，所以其教育教学行为背后都蕴含着某种观念、假设、信念与理论，这种观念、假设、信念与理论本来是为解决某个(些)问题而建构的。而当教师习惯了某种教育教学行为，很可能就不再反思、质疑其行为背后的观点、假设、信念与理论的正误，更不会追问某种观点、假设、信念与理论所针对的问题是什么，进而在自身教育教学行为模式化、格式化的同时，丧失了问思行创新的冲

---

① 陶继新、孙双金：《情智教育十日谈》，3页，上海，华东师范大学出版社，2014。
② 陶继新、孙双金：《情智语文：语文教育的一片绿洲》，载《教师博览：中旬刊》，2013(11)。

动。但由教师、学生与学科知识构成的现实教育情境呈现出复杂多变、动态生成的样态，需要教师随时保持一种问思行创新的心态，以在教师、学生与学科知识之间保持一种动态的和谐共振。因此，"问思行创新"就成了判别教师是否有智慧的行动指标。

（三）智慧型教师是有自己的教育主张的教师

从结果上看，智慧型教师是有自己的教育主张的教师。教师一旦洞悉了为了学生好以及热爱、自信、整体理解的教育学意向的真谛，并在教育教学的过程中进行问思行创新，那么有自己的教育主张就是水到渠成之事。有无自己的教育主张也是区分教师有无教育智慧的标志，因为无自己的教育主张的教师的教育教学就只能跟随、迎合他人的教育主张，而不能根据自己特定的教育教学情境而随机应变、机智应对，其教育教学就会陷于各种教育教学模式而不能自拔，这恰恰遮蔽了教育教学是一种创造性劳动的真相，就谈不上有教育智慧。

教师有自己的教育主张主要有两层含义：一是这种教育主张是自己深信、坚守的个性化观点和看法；二是自己的教育主张体现在自身的教育教学实践之中，并取得了预想的教育教学效果。比如，王凌老师认为数学教学需要"立足教学，走向教育"，要从数学知识的社会属性关注数学知识。他认为数学知识的社会属性即社会对数学教育的要求。在他看来，如果一位教师认为数学教学是让学生掌握数学知识，那么他就会理解并认可学生反复练习的行为；如果教师能够时刻记得数学教育对于培养一个活生生的人所应有的贡献，那么他就会摒弃冷冰冰的机械练习。教师在考虑教学内容时，选择的教学方法、挖掘的教学材料（包括数学史料等）、安排的学生活动都会兼顾学科知识的传授、学力的培养、价值观的引导、高尚情操的熏陶。教师会在数学教学中贯穿充满生命活力的数学活动，让学生领会数学的趣味、奇妙、严谨、秩序、辩证，感受数学的魅力以及在数学发展过程中人们对真理、对科学孜孜以求的精神，培养学生的数学素养，使学生形成对待事物的严谨负责态度。如果能在活动中涵养公平、利他的精神就更理想了。王凌老师把自己的教育主张贯彻在自己的数学教学中，在"整百数乘一位数的口算"一课中，王凌老师的教学就定位在"立足算理、发展思维"上，并用行动体现、验证着自己的教育主张。①

当然，教师形成自己的教育主张需要一个过程，而不可能"毕其功于一役"，它是一个理论与实践双向互动、相互建构的过程。比如，李吉林老师在意境说的启发下，从刘勰的《文心雕龙》中提炼、归纳出真、美、情、思四大元素，并创造性地把真、美、情、思运用于小学教育，创建了情境教育理论，生成了自己的教育主张。李吉林老师情境教育理论的建构凝聚了她30多年的心血，经历了从情境教学到情境教育再到情境课程，后又涉及学习科学领域的情境学习的过程，最终建构出具有中华民族文化特色的情境教育理论框架和操作体系，为解决小学阶段儿童创造潜能发展的问题提供了可贵的思想和途径。②孙双金老师走的则是从实践到理论的提升之路，他最初认为小学生在课堂上学得好的表现应当是"小脸通红""小眼发亮""小手常举""小嘴常开"。这些描述虽然形象生动，但也只是现象的罗列，而非理论的概括。经过理论学习、思考以及研讨，他提出了"情智语文"的主张，从情感与智慧两方面追求他所认为的理想的语文教学。③ 从一定意义上说，在自己的教育主张孕育、生成的过程中，教师会逐渐由教育的必然、外在的世界进入教育的自由、自觉的世界，并使自己的教育教学因有教育主张的统领与引导而呈现出独特的教育教学风格和个性，让教育教学成为教师展示其教育智慧、挥洒其教育才情的舞台。

二、 智慧型教师成长的教学论审视

智慧作为一种综合心理素质，是人的才智与良善的统一体。从这种意义上说，智慧型教师就是其才智与良善这个统一体的体现者。倘若教师缺少才智的积淀，那么其所有美好愿望都将落空；倘若教师缺少良善的引导，那么其即使有高超的才智也可能误入歧途。从字形上看，智由"知"和"日"构成，即日知，智也。知识乃智慧的必要构成，但知识不等同于智慧，需要转识成智，将外在的知识转化为人解决问题的能力。慧则由"彗"和"心"构成，对其字形的一种解

---

①　王凌：《立足教学 走向教育》，载《江苏教育》，2013(5)。
②　李吉林：《教育科研是学者型教师成长的摇篮》，载《人民教育》，2013(6)。
③　成尚荣：《名师应当是思想者——谈教学主张与名师成长》，载《人民教育》，2009(1)。

读是："彗"表示用草制作扫帚，与"心"连用，可理解为时时清扫蒙在心灵上的灰尘，拥有一颗良善之心。因此，智慧与知识学习、品德修养密切相关，判断一个人是否拥有智慧，则需要从其言谈举止来衡量。或者说，一个人的智慧是通过其外在行为表现出来的。同理，一位教师的智慧也是通过其教学展现出来的。从这个意义上说，从教学论视角来审视智慧型教师的成长就具有内在的合理性。

(一)知识转化：生智慧型教师之才智

智慧型教师是拥有丰富的知识的人，但教师拥有丰富的知识并不意味着他一定能成为智慧型教师，这是因为智慧型教师是知识转化者。不能将外在的知识进行教育教学处理的教师难以成为智慧型教师，正所谓"学者未必为良师"。人们常说教师是教书的，但教师的教书不是念书、背书。要想教好书，教师则需要对所教知识进行一系列转化。其一，教师要将学科知识进行个体化解读。学科知识作为一种体系有其内在结构和逻辑关系，也就是说，学科知识的概念、命题与理论之间具有内在的联系，只有掌握了学科知识之间的内在联系，教师才能从整体上认识、理解所教学科的性质与功能，才能清楚自己究竟要教给学生什么、将学生带到哪里去。其二，教师将对学科知识的个体化解读进行教育教学处理。教师要想把自己拥有的知识转化为学生的知识，则需要进行教育教学处理，即根据所教学生的身心特点、认知需求与当下的现实需要等进行学习化转化。准确地说，教师从学生学习的视角对学科知识重新进行审视，将所教的学科知识以最适合学生学习的方式进行增减、重组与创生。其三，教师要将经过教育教学处理的学科知识进行活动化设计。教育教学最终呈现为师生的教学行为，在把学科知识进行教育教学处理后，教师还要设想什么样的教学行动是恰当、适切的，想好教学的起点在哪里、落点在哪里，如何从起点走向落点，将学科知识呈现为师生的共同活动。

然而，有些教师在普遍、客观与中立的知识观的胁迫下，再加上自身知识储备的局限，常常将教书变成了念书与背书。所谓念书与背书，即照本宣科，将教材中用抽象语言概括的概念、命题与理论等，不经过自己的理解与消化，照搬到课堂上，向学生生硬地灌输知识，从而把教学当作知识的搬运。学生之所以对教师的念书与背书感到无聊和无趣，是因为用规范的书写方式记述的学科知识过滤掉了人们发现知识时所经历的惊奇、曲折、失败与顿悟等，以及由此带来的喜怒哀乐与认知过程，只剩下干巴巴、枯燥的概念、命题与理论，缺少生命的感染力与穿透力，诚如国际数学教育委员会前主席弗赖登塔尔所言："没有一种数学思想，以它被发现时的那个样子发表出来。一个问题被解决以后，相应地发展成一种形式化的技巧，结果使得火热的思考变成了冰冷的美丽。"①实际上，从知识演化来看，任何学科知识皆存在三种形态：本初形态、学术形态与教学形态。本初形态是指知识创生者在发现、建构知识时进行的曲折、复杂的思考；学术形态是指知识创生者按照一定的书写规范对知识的发现、思考过程进行归纳、整理而形成的文本；教学形态是教师根据自己对学术形态知识的理解，通过寻找知识与学生经验、学习方式的切合点，用适合的形式呈现出来的教学设计。从这个意义上说，教师所教的学科知识就是客观性与主观性、确定性与可变性、确证性与可错性的统一。确切地说，当知识尚处于发现阶段时，它嵌入了知识发现者的主观欲求与流动思考，知识就是主观、可变与可错的。当知识被作为发现的结果，用一种明确的表述形式记录下来时，知识就具有了某种客观性与确定性。而当知识要重新被人理解和学习时，学习者需要借助自己的直接经验来嫁接已有的知识，知识就又恢复了其动态的可变性。教师对知识进行转化，就是重新将具有客观性、确定性的知识转化为学生学习过程中对知识形成的思考与建构。从知识构成上看，作为人智慧的产物，任何知识皆包含三个层次：一是概念、命题与理论；二是概念、命题与理论产生的过程及其运用的方法；三是概念、命题与理论所嵌入的情感与价值诉求。概念、命题与理论作为显性知识，是用语言文字或符号按照一定的书写规范呈现在人们眼前的；概念、命题与理论产生的过程及其运用的方法和嵌在其中的情感与价值诉求作为隐性知识，隐藏在概念、命题与理论的背后。但作为隐性知识的过程和方法、情感与价值诉求是人创生知识的工具与动力，具有优先性与根源性；而概念、命题与理论无非是人基于某种情感与价值诉求，运用某种(些)方法获得的研究成果的外在语言表征。从这个意义上说，完整的知识学习就是先感知特定的概念、命题与理论，再体会特定概念、命题与理论形成的过程及其运用的方法，之后体悟特定概念、命题与理论蕴含的情感与价值诉

---

① 马知恩：《怎样讲好一堂课》，载《中国大学教学》，2013(6)。

求，最后应用特定的概念、命题与理论解决问题，这一逐步深化、螺旋上升的过程。

因此，智慧型教师并不是直接将学科知识教给学生，而是对学科知识进行教育教学处理，再通过知识形成的过程展示出来，即将学术化知识转化为教学化知识，将概念、命题与理论的来龙去脉展示出来。教师既讲授特定的概念、命题与理论，授人以鱼；也揭示这些概念、命题与理论是怎么来的，授人以渔；还阐释这些概念、命题与理论所蕴含的情感、价值诉求，授人以欲；从而让学生学会、会学与乐学。倘若教师之教仅聚焦于知识的概念、命题与理论，那么这样的教师就会因知识的搬运而成为教书匠；倘若教师之教关注了概念、命题与理论的形成过程及其运用方法，那么这样的教师就能培养学生的学习能力，就能让学生学会学习，自己则成为优秀的教师；倘若教师之教能深入知识所含的情感、价值诉求，那么这样的教师就能因知识触动了学生的灵魂、走进了学生的精神世界而成为智慧型教师，这样的知识教学就与人的生命诉求、意义探寻关联起来，也就与人的精神世界相通。当然，这种让学生学会、会学与乐学的知识转化并不否认知识的客观性，因为知识的客观性是人拥有智慧的根本，那种虚幻、荒谬的知识只能让人更加愚昧。但是，否认具有客观性的知识是永恒的，因为知识是人创造出来的，并不是对客观世界的镜式反映，不仅其生产的过程嵌入了人的情感、价值诉求，而且具有客观性的知识可以以不同的形态与方式呈现出来，这也是教师能够进行知识转化的前提。

(二)心有学生：育智慧型教师之良善

如果说知识转化让教师拥有了才智，那么心有学生则让教师的才智有了良善之用。因为教师所教的知识"如果不适合学生自身经验中已经激发起来的兴趣，或者不能引出具有某种意义的问题，则在理智的发展上是有百害而无一利的"①。心有学生指教师之教是为学生之学服务的，教师之教是促进学生自主、能动学习的手段，学生自主、能动的学习是目的，而不是反过来。因此，心有学生意味着教师不是教书，也不是教学生，而是教学生学。很少有教师承认自

---

① [美]杜威：《我们怎样思维·经验与教育》，姜文闵译，212页，北京，人民教育出版社，2005。

己心无学生，但在实际教学中，若教师备课仅仅关注教什么、怎么教，而不管学生学什么、怎样学，教师心中就只有知识的逻辑而无学生学习的逻辑，就不能说教师心有学生；若教师上课只讲述知识，让学生洗耳恭听、专心记笔记，就不能说这种教师心有学生；若学生的回答与教师心中的答案不一致，教师置之不理或"循循善诱"地引导出标准答案，而不是站在学生的立场设想学生是如何理解的，追问其为什么这样回答，就难以说这种教师心有学生；若教师面对教学失误或难以回答学生的提问时，不是诚实地承认并与学生一起研讨，而是有意掩过饰非、明知不知却自以为知时，就难以说这种教师心有学生。由此可见，虽然许多教师并不承认自己心无学生，但其教学行为反映了他们心无学生。

心有学生的教师把学生的学习需求贯穿于自己的备课、上课与课后反思。首先，心有学生的教师在备课时主要思考的内容为学生学什么和怎样学，并把所教知识转化为学生的学习活动。比如，教"直线、线段与射线"时，教师可设计四项学习活动：①查字典并记录每个字（直、段、射）的意思；②根据字典的解释，分别画出一条直线、一条线段与一条射线；③与同学说说直线、线段与射线的异同；④想一想成语"一望无际"、日常用语"一直走"与学习的内容有什么联系。这四项活动的主体皆是学生，整节课的教学都围绕这四项学习活动开展，学生可以自发地提问、自主地操作、自由地交流，教师期望通过这些活动使学生理解直线、线段和射线的共同特征"直"的含义，同时理解直线和射线"无限延伸"的含义，并且学会使用直尺画出线段。① 当然，不同知识内容的教学设计也不同，心有学生的教师所做的教学设计会根据学生的学习需求重构教学内容。其次，心有学生的教师上课时善于察言观色，能看到学生由表及里的诉求，乐于倾听学生的回答，能听出学生内心的声音。假如教师抛出一个问题后有的学生表现出不屑，有的学生表现出茫然，有的学生表现出漠然，善于察言观色的教师就能从不屑中读出问题过于简单、学生没有兴趣回答之实；从茫然中读出问题要么指向不明，要么要求过高，学生无从下手之误；从漠然中读出学生也许正在神游，没有注意教师的提问，课堂缺乏吸引力之偏。乐于倾听学生意味着全身心地听学生的声音，并从中听出声音背后的东西。在表达形式

---

① 郜舒竹：《"变教为学"从哪儿做起》，载《教学月刊小学版（数学）》，2013(9)。

上，教师能听出学生的语言逻辑和独特风格；在表达内容上，教师能听出学生认识和理解世界的旨趣；在表达态度上，教师能听出学生的情绪体验和准备状态。例如，用"包"组词，一个学生说"包书"，一个学生说"书包"，教师能从中听出两个学生对"包"字不同意义的理解。① 心有学生的教师在上课时总保持一种积极的现场感，主要表现有两点：一是密切关注学生的即时状态、表现和需要，并能根据学生的即时状态、表现和需要来预测、调整相关教学内容；二是与学生保持积极互动，并从与学生的互动中捕捉到有用的教学资源，从而使一个平常的事件，甚至是干扰性事件，变得具有教育意义，"化腐朽为神奇"。正如范梅南所说："一位不仅仅是作为知识传授者的教师需要不断地感知怎样做才是在教育上正确的言行。换句话说，就像一个爵士音乐家知道如何临场演奏一首乐曲(去吸引观众)一样，老师知道如何临场从教育学上对课程进行临场的发挥(为了孩子的利益)。"② 最后，心有学生的教师不会认为上完课就意味着教学完成了，因为教学是一门缺憾的艺术，总存在不足或缺陷，所以课后反思就是心有学生的教师的一种自然行为。反思的问题包括：备课是否充分？学生是否有收获？是否恰当地回答了学生的问题？假如再次上同样的课，会如何安排教学内容？这种课后反思让教师暂时离开课堂而进入沉思状态，这种沉思让教师摆脱日常习惯的消极影响，将自身的经历、经验通过反思来获得理论的澄清，从而使自己的教学更有智慧。

心有学生意味着研究学生、洞察学情，这需要教师至少做到三件事。一是把握学生学习的一般规律。对学生学习一般规律的把握能为教学设计、教学实施提供一个大致的框架和方向。比如，学习一般从具体到抽象、从熟悉到陌生，心有学生的教师之教就会将抽象、陌生的知识具体化、熟悉化。二是分析自己所教学生的学习状况。教师通过观察、访谈、问卷与作业批改等方式，摸清学生学习的起始点、疑难点、兴趣点和冲突点，明确学生的已知、未知、可知与应知，了解学生学习的独特性和差异性，掌握不同类型学生对同一知识内容的不同学习倾向和学习需求，然后按照学期、单元、课(课前、课中、课

---

① 许嫣娜：《向自己的课堂学什么》，载《人民教育》，2012(21)。
② [加]范梅南：《教学机智：教育智慧的意蕴》，李树英译，210页，北京，教育科学出版社，2001。

后），从学生的认知发展水平、学习方式、学习动机、相关生活经验、已具有的知识与能力等维度，对学情进行具体梳理与分类归纳。可以说，对自己所教学生学习状况的分析既是一种日常的意识与行为，又是一种基于研究的理性把握。三是以学定教，将学情分析贯穿、渗透于教学始终，使学习目标的制定、教学内容的选择、教学活动的设计等符合学情分析。展开来说，澄清学生的学习起点，确定学习目标；洞察学生的学习需求，取舍教学内容；遵循学生的学习规律，设计教学活动。以学定教能使教师真正摆脱知识中心的束缚，使教师之教聚焦于学生素养的发展，从而使教师之教成为心有学生的智慧之教。

(三)教学表现：显智慧型教师之智慧

如果说知识转化生教师之才智，心有学生育教师之良善，那么教学表现则显教师之智慧，是智慧型教师才智与良善的综合体现。教学表现之所以能显教师之智慧，是因为教学表现既不同于教学表达，也不同于教学表演。教学表达只需要用口语或文字把教学内容呈现出来，从这个意义上说，面对纯粹的教学表达，学生开启的主要是感觉器官，"学生的心灵活动多由教学内容本身引发，即便由表达引发的，也是暂时的，甚或是由表达引起的消极心灵反应"[1]。在教学表达中，教师主要关注特定教学内容的呈现，至于特定的教学内容是否打动或触动了学生，则不在教师的思考范围中，教师会认为学生学会或学不会是他们自己的事，只要把规定的教学内容讲了，就完成了教学任务。教学表演则是教师从满足自身的需要和欲望出发，极尽所能地获取学生的认可与接纳。在这种教学表演的驱动下，有些教师陶醉于自己的口若悬河或妙语连连，不仅有可能造成教师自大或虚伪，而且有可能造成学生盲目或厌恶。如果说教学表达失之于对教学内容的知识转化，那么教学表演则失之于心无学生。教学表现是教师"为了学生和社会的利益，在一定的课堂背景中，运用一定的工具，对教学内容和方法进行的专业化和艺术化处理"[2]。这种对教学内容和方法进行的专业化和艺术化处理主要表现为教师把教学内容置于一定的情境中，揭示概念、命题与理论的逻辑关系、亲缘结构和历史发展过程，以使教学内容能够呈

---

[1] 刘庆昌：《论教学表现》，载《课程·教材·教法》，2013(5)。

[2] 刘庆昌：《论教学表现》，载《课程·教材·教法》，2013(5)。

现其自身的本性和活力，将特定的教学内容置于合适的土壤中，联系学生的相关生活经验，让特定的知识走进学生的精神世界。

然而，在现实中，有些教师误把教学表达或教学表演当成教学表现。推崇教学表达的教师常常以教代学，认为只要教师教了，学生就能学到一些东西；若教师不教，学生就什么都学不到；教师教得越多，学生学得就越多。当自己教了，学生却不会时，这种教师就会不遗余力地反复教；当自己教了多遍，学生仍然不会时，教师就抱怨或指责学生的学习能力或学习态度。而实际上，教师在教时，有的学生不在听，或者不爱听、听不懂，教师的教也就无效。同时，推崇教学表达的教师常常仅关注特定的知识，这种教师往往是"'教材'先于学生——定于一尊，不敢越雷池半步；'教参'先于学生——奉若神明，言听计从，深信不疑；'课件'先于学生——一切都模式化了，鼠标一点，全程电灌"①。热衷教学表演的教师，课上大多呼风唤雨、挥洒自如，陶醉于学生的认可和欣赏。但这种表演型教师即使才智过人，其最终的教学效果也远不如学生主动学，因为学生不是任凭教师雕琢的玉石或木头，而是有意识、有灵性的人。教师的职责在于启思解疑，让学生敢想会想。正像吴非老师所言："当年，学生评说我的课让他'一切迎刃而解''有如醍醐灌顶''总能让我豁然开朗'，我暗感欣慰，觉得没有白干。然而，很快就发现，学生并没有举一反三、触类旁通、变得聪明，有相当一部分学生总是没完没了地问，问那些'不是问题的问题'——离开了老师，离开了教室，他们茫然不知所措。其实他们仍然没有真正地'思'，他们仍然不会学。"②这其中的道理在于，善于表演的教师大多对教学内容下了足够的功夫、了然于胸，他们力图将教学内容讲解得更清楚、更生动，结果却如同把食物嚼烂后再喂给学生，教师对教学内容的"咀嚼"代替了学生自己的"咀嚼"，学生的"咀嚼"功能就慢慢退化了，其"消化"能力也会随之变弱。这种教学表演的偏误在于以教代学，但学生的学是教师替代不了的。这种以教代学的教学表演看似教给学生许多知识，但学生学后仍然不会学习、不能主动学习。

基于此，教学表现既力图避免对知识缺乏专业化和艺术化加工的教学表

---

① 孙建锋：《学生先于内容》，载《教育视界》，2015(14)。
② 吴非：《聪明的老师下课后让你满腹狐疑》，载《人民教育》，2014(21)。

达，也警惕自我陶醉、好为人师的教学表演，而追求一种教师之教、学生之学与特定知识的和谐共振。这种致力于教师之教、学生之学与特定知识和谐共振的教学表现不仅教学目标明确，而且教学过程简约，同时教学结果多元。教学目标明确，从宏观上看，是指教学立足于"育人"，让知识教学富有生命的色彩，实现从知识走向学生的转变；从微观上看，是指教学立意清楚，明了每节课要让学生学什么、怎么学。此种目标明确的教学表现并不追求课上得如何漂亮、如何热闹，而是关注"学生学到了什么，知识有无增长，能力有无锻炼，求知的主动性、积极性如何，思想情操有无泛起涟漪乃至掀起波涛"[①]。教学过程简约是指教师运用形象、生动、幽默的语言，提纲挈领地概括特定知识的逻辑地图，不刻意追求对特定知识的精心雕琢和烦琐装饰，而是针对学生学习的疑难处和困惑点讲解得彻底、辨析得通透，并不面面俱到、蜻蜓点水。教学结果多元是指不仅让学生学会某种知识，而且让学生通过某种知识的学习获得某种学习方法，同时让学生将学到的知识应用到实际生活中。或者说，教学结果多元主要致力于通过知识的学习培育学生良好的思维习惯和学科素养，使学生完整地把握某门学科知识。当然，显教师之智慧的教学表现并不可能按照某种模式或程序显示出来，而需要教师在教学目标明确、教学过程简约和教学结果多元的追求中，在实际的教学情境中，将各种实际发生或可能发生的教学事件通过教学立意联结成一个富有教学意义的整体，从这个富有教学意义的整体中寻求教学过程特有的节奏，并在这种教学节奏的指引下，激活、发挥自己的创造性。

三、 智慧型教师成长的课程论解读

如前所述，智慧型教师是具有卓越的才智和崇高的良善的教师。虽然一位教师是否有智慧最终要用其教育教学行为来判断，但教师的教育教学行为在很大程度上取决于其对所教课程的认识、理解与阐释。因此，从课程论的视角来审视、探究智慧型教师的成长具有一定的现实意义。

---

① 于漪：《语文课堂教学有效性浅探》，载《课程·教材·教法》，2009(6)。

(一)建构教师课程，展智慧型教师之才智

为什么不同教师在上同一节课时能使课堂呈现出不同的形态，达成不同的教学效果？这与不同教师对相同的课程持有不同的理解，进而建构出不同的教师课程有直接的关系。教师课程是指教师在自己知识经验的基础上，基于对所教课程的性质、目标与文本的意义解读而建构出的课程。用古德莱德的话说，教师课程就是教师领悟的课程。虽然学识渊博的人并不一定能成为智慧型教师，但若个人没有丰富的知识与学养，也难以成为智慧型教师。从这个意义上说，智慧型教师是基于自己的知识经验，建构起自己的课程的教师。

教学论曾经"一统天下"，有教学论而无课程论，教师的教育教学遵循的是教学大纲和规定教材，课程仅作为教学内容而存在，而且普通教师无权选择教什么。因此，有些教师关注的焦点只是如何教，而对于为什么教这些内容、应教什么内容、课程的性质以及价值和功能如何等问题便不再关注，这极大地限制了教师智慧的发挥。而有些教师将教学技术上升到教学艺术，他们有教学技巧，但大多无自己的教育思想，这种教师被称为教学专家也许比较贴切，但他们难以成为教育大家。课程改革建构了国家课程、地方课程与校本课程三级课程管理体制，赋予教师开发校本课程的权利，同时，随着课程改革的深化，为了开展适合学生的教育，许多学校都尝试将国家课程、地方课程校本化，创建本校课程。这样一来，教师与课程分离转变为教师与课程融合。教师首先要思考的是教什么，然后才是如何教，这为教师成为智慧型教师争取到更大的空间和可能。实际上，如何教难以脱离教什么，因为教育教学的效果不仅取决于教学过程本身，而且受制于教师对所教课程的性质、目标、内容及评价等的理解。当每位教师所教的课程都是自己思考、研究的结果，实现了"我就是课程"时，教师的教育教学就成为融入了自己的思考、濡染了自己的生命的学问，教师就会形成一种"我就是课程"的气场，从而使教育教学具有一种巨大的感召力。

当然，这种与课程融合的教师虽然不一定是新知识的生产者，但一定是优秀的学习者，因为"教师应当知道的东西，要比他所教给学生的东西多 10 倍、

20 倍；至于教科书，对他来说只不过是随时准备弹离的跳板而已"①。对于这种"我就是课程"的教师，哈艾特在《教学之艺术》一书中举了一个例子："如果一位教师教的是化学，那么他就必须通晓化学，仅仅了解在学校授课时或大考时所需要的那些化学知识是不够的；他必须真正了解化学这一门科学。他必须知道这一门学问比较高深的领域是些什么，至少要有一个概略的认识；他也得知道每一年化学界有些什么重要的发现。如果在他的班上，有一个男孩对化学的天赋极高，那么做教师的又必须能鼓励他，为他打开一扇扇门窗，使他看到自己的前途……此外，也应当让他们知道——这一点永远是重要的——古今的伟大化学家怎样生活和工作。"②如此看来，因为"我就是课程"的教师通晓自己所教的课程，了解每个知识点的来龙去脉，清楚当下所教课程的前沿知识，知道学生在学习过程中可能遭遇到的困惑，所以在教学中他能根据学生的即时反馈随时给出恰当的回应。此种教师已达到一种教无定法的自由状态。实际上，"我就是课程"的教师的言谈举止无不传达着所教课程的价值观念、思维方式，从而使其教育教学充满了智慧。从这种意义上说，建构教师课程就充分展示了智慧型教师之智能。

　　然而，在现实中，教师的课程建构可能存在种种偏差，主要表现为三种类型。一是"见树不见林"的割裂，即仅聚焦于一课时的教学内容，而忽略此课时的教学内容与课程单元、课程总体目标与整体结构的关联，从而造成课程知识之间的断裂。比如，语文教学仅专注于一篇文章的字词句篇、语法修辞与文本逻辑，而不知将此篇文章放置于课程单元、语文课程的总体目标和整体结构中，学生学习的知识就是碎片化的，不能建构起有序的知识逻辑。二是"有素材而无灵魂"的堆砌，即有些教师不读课程标准，不清楚课程的性质、功能，而是忙于收集一些现成的课件，进行整合与拼凑，缺乏自身对课程内容的理解，使教师课程的建构淹没在众多素材之中。比如，"铝的冶炼"一课既有基于化学史的设想，又有基于制备、应用的设计，倘若教师没有教学理解，就难以凸显教学主线，进而使教师课程"有素材而无灵魂"。三是"有他思而无我思"的

---

①　蔡汀、王义高、祖晶：《苏霍姆林斯基选集（五卷本）第 4 卷》，866～867 页，北京，教育科学出版社，2001。

②　Highet G. , *Art of Teaching* , London，Vintage Classics，1989，p. 24.

重复，即教师课程呈现的仅是教材或其他教师对相关内容的教学设计，而教师自己并没有基于自身的经验、感悟形成自己独特的认识和新颖的见解，教师课程的建构就只是简单模仿教材或别人的教学思路与内容。比如，对于"秦始皇开创大一统基业"一课，大多数教师呈现的只是教材设计的思路与内容，先呈现秦统一六国的内外因素及灭六国的顺序，再呈现秦始皇加强中央集权及巩固大一统的措施。

教师课程的建构之所以存在上述偏差，根本上是因为教师主体意识的缺失，仅将课程视为外在于自身的客观知识，而不知课程也是人的知识经验的人格化建构，即作为客观知识存在的课程实际上也是作为主体的人将自己的知识经验人格外化的结果。要建构教师课程，教师就要充分发挥作为主体人的主观能动性，基于自身对课程性质、功能及内容的思考和理解，对作为客观知识存在的规定课程进行一系列变更，或增减，或重构，或创生。而"见树不见林"的割裂、"有素材而无灵魂"的堆砌和"有他思而无我思"的重复，就是教师仅将课程视为外在于自身的客观知识的结果。倘若将课程视为外在于自身的客观知识，那么教师课程的建构就会退化为将已有的课程知识进行"剪刀加糨糊"式的拼凑，就难以避免上述三种偏差。要建构教师课程，教师就需要重新审视自我，用自己的大脑，而不是用"剪刀加糨糊"的方式，将自己对所教课程的思考与洞察融于课程。从操作上看，建构教师课程至少要把握三个环节。一是确立课程意识，将课程基因注入教学。课程意识关注的是宏观、整体与长远的目标和内容，而教学意识关注的是微观、具体与近期的目标和内容。倘若教师缺乏对所教课程的性质、目标、功能与内容等方面的认识与理解，那么教师的课程建构就难免出现"见树不见林"的割裂，甚至将所教的课程异化。例如，很多语文课被上成德育课、政治课或文化课，重要原因之一就是教师对语文课程的理解与认识不准确。二是进行课程立意，让课程内容富有灵魂。比如，有教师基于历史明智的功能，将"汲取历史智慧，让学生的人生之路更加平坦"作为课程立意，并在每节课的教学设计中围绕这一立意思考：这些教学内容蕴含怎样的历史智慧？哪些智慧是学生真正需要的？怎样才能让学生真正获得这些智慧？① 从而使各种教学素材的取舍有了标准，就能避免"有素材而无灵魂"的堆

① 黄开红：《注重教学立意，启迪学生汲取历史智慧》，载《历史教学问题》，2017(4)。

砌。三是用陌生的眼光看课程文本，获得一种新鲜感。教师大多学习过相关课程内容，甚至有些课程内容执教过多次，因此有些教师难以摆脱已有认识与理解的束缚，难以对课程文本有新颖、独特的理解，长此以往，就会深陷"有他思而无我思"的重复。用陌生的眼光看课程文本就是把执教的课程内容（哪怕教过多次）皆当作全新的文本来看，把曾经有的体验和认识暂时搁置，使课程文本与已有认知间隔一定的距离，用新鲜的感知和认识重新解读文本，而不是简单地接受他人的结论，或者停留于自己以前的解读，抑或依循惯常的思路。

（二）生成学生课程，显智慧型教师之良善

创作某种文本时，作者通常都有明确的读者意识，清楚文本的读者是谁。一般而言，教师课程可以有多种读者，如面向学术界，面向其他教师，或面向自己所教的学生。对于智慧型教师而言，建构教师课程的目的并不是展示自己的才智有多卓越，而是为了学生更好地学习，生成学生课程。所谓学生课程，就是学生的学习经历及其获得的成果。生成学生课程则是指按照学生为何学、如何学与学何为来建构教师课程。如果说智慧型教师之智慧表现在学生通过某门课程的学习来获得的终身受用的价值观念、心智结构与思维方式上，那么学生课程生成得如何就在一定程度上反映与检验着智慧型教师之德性。

然而，在建构教师课程时，教师的做法出现了两个相反相成的错误倾向。一是学生课程虚无。学生在学习某门课程时，大脑并非一块白板，至少存在一些相关的知识经验，否则无论教师课程建构得多么合理、科学，对于学生而言学习都犹如读"天书"。有些教师在建构课程时无学生课程意识，错误地将学生的学习视为外在知识的复制或位移，认为学生可以将教师的知识直接搬运到自己的大脑中，而不知学生课程的形成是学生基于自己的兴趣爱好、知识能力逐步建构出来的。比如，有些语文教师准备教案，大致按照备教学目标—备教学重难点—备教学环节（如作者简介、文章段落大意、语言特色、作业布置、板书设计等）—备教学方法等步骤展开，而不问学生是如何理解、认识文章内容的，学生读出了什么，学生在学习文章时存在什么问题，如何帮助学生解决这些问题，等等，这便使学生课程虚无。二是教师课程霸权。如果说使学生课程虚无的教师大多只是对既定课程内容进行增减变形，那么在教师课程霸权下，教师则对既定课程内容拥有自己独特的理解并深信不疑，而且将自己对课

程内容的解读当作唯一正确的看法，这便阻碍了学生对课程内容的进一步阐释和理解。比如，在《我的叔叔于勒》一文的教学中，教师将文本的意涵定位为"底层人的悲苦与无奈"，而否定对此文"人与人之间赤裸裸的金钱关系"的惯常理解。确实，"从小说中解读出于勒、菲利普夫妇等底层人的悲苦命运和对生活的无奈是无可厚非的，有时甚至是很可贵的；但我们有必要因为要得出这个结论而去否定另外一种或许同样是站得住脚的结论吗？"①。实际上，无论是学生课程虚无，还是教师课程霸权，皆是无视学生课程存在的具体表现。根据伽达默尔的前理解理论，新知的习得是建立在前理解基础上的，这种前理解是学习者在学习前已具有的价值观念、文化境遇、思维方式、知识结构等，离开了前理解，任何知识学习都将成为不可能。因此，要生成学生课程，教师就必须基于学生的前理解，预想学生对即将学习的课程内容有什么期待、具有哪些相应或相关的前理解，确立起学生课程意识，从而对教师课程抱有必要的审慎批判态度，避免唯我独尊的教师课程霸权。

实事求是地讲，大多教师的课程建构皆有意或无意地指向学生的学习，但在"为何学""如何学"与"学何为"上存在价值指向的差异。比如，在"为何学"上，有些教师只关注知识的习得，却忽略了学生德性的培养，用现在流行的话说就是"只管'育分'而不管'育人'"。比如，在"保护水资源"一课的教学中，很多教师在处理课程内容时仅让学生读、议、背、练，而没有引导学生思考为什么要保护水资源、怎么保护水资源、如此易得的水为什么是资源等问题，仅让学生记住了保护水资源的相关知识，却并未确立起学生保护水资源的价值观念。有的教师对此课程内容进行了思辨式设计。第一，地球是"水球"，为什么还缺水？教师与学生一起总结出结构性缺水和可利用淡水的稀缺。第二，怎么解决缺水问题？可用节约（滴灌技术）、储存（水库、水窖）、循环（中水、海水淡化）等手段解决缺水问题。第三，既然水能循环利用，为什么还要节水？教师引导学生思考废水处理需要消耗能源，将被污染的水变成可使用的水资源需要耗费大量的能量，而这些能量又必须从自然界获取，如此就会形成一种恶性循环。假如地球上的水资源全部被污染，地球生命所需要的每滴水都要通过消

---

① 周颖：《文学类文本处理的着力点——把握作品的文化底色》，载《语文教学通讯》，2013(2)。

耗大量能源才能获得，那将是十分令人恐惧的。由此教师自然地引出保护水资源的重要意义，让学生确立起保护水资源的价值观念。① 在"如何学"上，有些教师只是依据既定的文本内容按图索骥地展示相关知识内容，依照"预想问题＋标准答案"的思路让学生重现相关的知识。比如，在"朝鲜战争"一课的教学中，有些教师只是出示一些问题，然后让学生在教材里寻找标准答案，再让学生反复背诵记忆。有的教师则不仅向学生呈现历史教材的相关内容，而且让学生阅读其他历史著作中有关朝鲜战争的记述。这便激活了学生的思维，学生不再单纯被动地接受现成的教材内容，而是比较、鉴别相关史实材料，从分析、探究中获得答案。长此以往，学生就会逐渐形成史实实证的意识，提升历史理解与历史阐释的能力。② 在"学何为"上，有些教师仅关注学生的解题技能，而忽略了学生所学知识与生活的关联，使学生所学的知识难以推广与应用。比如，在"二元一次方程组"一课的教学中，两位教师皆借助教材中的"鸡兔同笼"问题引导学生学习二元一次方程组。一位教师按照解题的逻辑步骤，让学生在例题中寻找已知量，再记住公式、列出式子、获得答案，如此一来，学生获得的就只是固定的计算方法与运算技能。另一位教师则在引导学生理解题目中的数学含义（等量关系）上下功夫，先启发学生用文字描述法、图案法表示题中的要素关系；接着用算数法、一元一次方程法与重点学习的二元一次方程组法去思考问题，展现了二元一次方程组的算法价值；然后这位教师把这个问题的解法延伸为数学模型；当学生回头审视几种自己使用、掌握的方法时，教师则把这些方法延伸、解释为数学对解决生活问题的意义，且这种意义还可以生成更普遍的形态（符号表达），从而让学生体验到数学发展对现实生活的意义。③

总之，为了生成学生课程，教师不仅要确立学生课程意识，明确学生已有的认识基础，推测可能存在的认识误区，设想怎样引导学生未来的发展；而且要在生成学生课程时用学科核心素养来建构"为何学""如何学"与"学何为"的内容。从过程上看，生成学生课程一般要经历从课程标准到教材、从教材到学

---

① 赵华：《化学教学设计应立足智慧的文本解读》，载《化学教学》，2017(3)。

② 程红兵：《把课堂打开》，载《今日教育》，2016(9)。

③ 吕立杰、韩继伟、张晓娟：《学科核心素养培养：课程实施的价值诉求》，载《课程·教材·教法》，2017(9)。

材、从学材到师生课堂生成等一系列转换。首先，从课程标准到教材。课程标准作为教材编写的依据，不仅明确了课程的性质、功能，而且框定了课程的基本内容。因此，教师拿到教材后，应深入理解课程标准对教材的要求，并据此对教材进行分析和评价，确立起高远的课程立意，而不要做教材的奴隶。其次，从教材到学材。如果说从课程标准到教材主要是从教师教的角度对教材进行重构，那么从教材到学材则主要是从学生学的角度对教材重新审视。可以说，同样的教师在向不同的学生传授同样的内容时，也会因为所教学生的差异，对课程内容做出相应的调整和重构。① 最后，从学材到师生课堂生成。实事求是地讲，无论教师课前做了多么充分的准备，都无法预想课堂教学的全部。教学作为课程实施，理应在注入课程立意的基础上践行课程共生，即教材编写者的课程、教师课程与学生课程的互动共生。

(三)践行课程共生，成智慧型教师之智慧

教育教学作为一种基于规定课程的师生互动社会实践活动，既不是规定课程的复制，又不是教师课程的霸权，还不是学生课程的自为，而是规定课程、教师课程与学生课程的互动共生。只有践行课程共生，才能成智慧型教师之智慧，因为即使复制的规定课程完美无缺，师生也只能成为规定课程的容器，成为既定知识的拥有者，而不可能成为知识的创新者；在教师课程霸权下，即使课程对学生的学习有所启示，也有替代学生个人思考之嫌疑；学生课程的自为则丧失了教育教学的基本功能。只有使规定课程、教师课程与学生课程互动共生，才能使教育教学充满思维的张力，焕发生命的活力，成智慧型教师之智慧。

践行课程共生说起来容易，做起来却很难，其难处在于教师不仅要先预想学生对所学课程有哪些期待及看法，自主地建构教师课程，而且要通过与学生的互动引导来启发学生建构自己的课程。比如，特级教师孙明霞在备新授课"病毒"时，针对病毒无细胞结构、不能自养、不能捕食、不能分解有机物等特征，用一首小诗《遇上你，我的生命就是奇迹——病毒写给寄主细胞的情诗》

---

① 沈健美、林正范：《教师基于课程标准和学生需要的"教材二次开发"》，载《课程·教材·教法》，2012(9)。

这一文学化方式进行凝练、概括，建构了教师课程。在课程实施时，鉴于学生可以从已学过的生物的结构、遗传物质与生活方式中推导、演绎出病毒的特征，孙老师就采用了以问题引发学生的认知冲突、让学生自主学习的方法，师生通过讨论一起概括、总结出病毒的特殊之处：一是没有细胞结构，孙老师根据学生的简述板书"只有蛋白质外壳和内部的遗传物质"；二是寄生在活细胞内，孙老师引导学生根据病毒寄主的不同将病毒分为植物病毒、动物病毒和噬菌体三类；三是生殖—复制，孙老师通过板书讲解病毒如何使用自身遗传信息并利用寄主细胞内的有机物复制自身的遗产物质，合成自身蛋白质外壳，再组装成无数病毒，使寄主细胞死亡，然后去感染其他细胞的过程；四是小，没有比病毒更小的生物。那么，病毒是怎么被发现的这一问题自然产生，此时孙老师让学生阅读病毒的发现史，与学生一起梳理几个关键人物及其发现：1866年迈尔发现患烟草花叶病的烟草的汁液会让健康烟草患病，猜测可能是一种细菌的作用，1898年，微生物学家贝杰林克证实了迈尔的观察结果，但贝杰林克想得更深入，他对大量实验结果进行分析，认为这种致病因子不是细菌，而是一种新的物质，取名为病毒；直到 20 世纪 30 年代电子显微镜出现，人们才看到病毒的真面目。针对病毒的发现史，师生一起总结出：任何科学发现都要经过一代代科学家坚持不懈的努力；生物学的发展离不开科学技术的发展。这堂课快结束时，孙老师与学生分享了自己根据病毒特征写的小诗。课后，有学生从寄主细胞的视角写了一首小诗《我不过是你世界中的过客》，回应了孙老师创作的《遇上你，我的生命就是奇迹——病毒写给寄主细胞的情诗》，从而使规定课程、教师课程与学生课程实现了融通共生。[1]

由此可见，面对复杂、动态的课堂教学，要想实现规定课程、教师课程与学生课程的共生，既需要教师事先建构教师课程，又需要师生全身心投入，还需要教师对教育教学现场有足够的洞察力与掌控力。有两位高中教师教同一篇课文《项链》，课的前半部分，两位教师皆先让学生阅读课文，然后提出问题："你对《项链》有什么看法？"学生对此展开讨论、畅所欲言。但课的后半部分，两位教师的处理不尽相同。一位教师鼓励学生畅谈阅读心得，有半数以上学生发言，说了自己的见解，并做了简单的阐述，诸如"人不应该有虚荣心""挫折

---

[1] 孙明霞：《溢出学科的边界——"病毒"一课的教学与思考》，载《今日教育》，2017(9)。

使人领悟真实的生活"等，但这位教师对学生所说的观点只给予"有新意"一类的鼓励和肯定。而另一位教师在鼓励学生发言的同时，仔细倾听学生的发言，概括、提炼学生的观点，将学生的各种心得写到黑板上，并加以组合，列出了四组共八种看法。一是性格的审视：虚荣—自尊。二是情感的评价：同情—讽刺。三是人生的感悟：悲剧—喜剧。四是哲学的思考：偶然—必然。接下来，这位教师要求学生选择自己的观点，并与持对立观点的同学进行辩论。①通过该案例我们不难看出，第一位教师之所以未能将学生的阅读心得进行深化，是因为其对《项链》并没有进行多元解读，即使进行了多元解读，也可能缺乏独特、新颖的观点，就只好让学生任意发表自己的看法，而不予评析。在课程共生上，只是规定课程与学生课程发生了互动，而教师课程与学生课程、规定课程与教师课程之间未能产生有效的联结。而第二位教师在写出学生对《项链》的四组共八种看法时，实际上已在自己的头脑中建构了对《项链》的多元理解，否则就难以按照不同的维度抽象、提炼学生的阅读心得，由此才有了教师课程与学生课程的互动。引导学生对各种看法进行辩论可以提升学生课程与规定课程之间的互动水平，最终实现规定课程、教师课程与学生课程的互动共生。

在雅斯贝尔斯看来，教育教学并不是知者随意带动无知者，而是师生共同寻求真理，对话是真理的敞亮和思想本身的实现。②师生对话既依赖于师生各自对规定课程事先有所认识与理解，也仰仗教师建构课程的能力，还考验师生的现场倾听力。现场倾听力的有无及大小在一定程度上决定着课程共生的有无及优劣。在《项链》课堂的案例中，第一位教师之所以未能实现课程共生，一定程度上是因为教师、学生大多自说自话，师生、生生之间并没有形成有效的对话，师生缺乏现场倾听力。可以说，在承认学生课程的存在且倡导发挥学生主体能动性的当下，学生对规定课程的理解、认识是多样的，在课堂上，学生对规定课程的"众声喧哗"也是常态。而"如何从'五彩斑斓'的声音中择取最有价值的声音，与之呼应，进而将不同的声音编制成一支交响乐，对任何教师来

---

① 程红兵：《把课堂打开》，载《今日教育》，2016(9)。
② [德]雅斯贝尔斯：《什么是教育》，邹进译，11～12页，北京，生活·读书·新知三联书店，1991。

说，这都是一大挑战"①。面对这一挑战，教师不仅要学会转换角色，由教者、述者、问者转变为学者、思者与听者，而且要学会基于问题的捕捉提炼、反思重构，并在基于问题的捕捉提炼、反思重构中注重多角度、多视角地梳理、整理学生的发言。同时，学生也应倾听其他同学的发言，借鉴他人、提出反对意见或补充他人的看法。② 否则，课程共生就难以实现。从一定意义上说，课程共生就是基于学生课程，进行主题对话，再回到学生课程。基于学生课程就是从学生对规定课程的多样化认知出发，梳理、聚焦学生的认知冲突，将学生个体的认知冲突整合、扩展为学生群体的认知冲突，并以学生群体的认知冲突为主线阐释规定课程，从而避免课程知识逻辑与学生经验逻辑之间的割裂。进行主题对话既保障规定课程相关知识内容的学习，又关照学生课程，其要义在于教师在领会规定课程的主旨和内容的基础上，秉持教师课程建构的自主但不自我，即教师对规定课程内容能够进行独立思考，但不唯我独尊；对学生课程有充分的自觉，但不自失；尊重学生对规定课程的多样化认识，但不放任自流。再回到学生课程意味着教育教学的最终目的在于促进学生的发展，要使学生在课程学习中认识有所提升、情感有所丰富，使学生有充分的获得感，完善、优化学生课程。

---

① 李政涛：《如何炼成教师的倾听能力》，载《今日教育》，2017(10)。
② 李政涛：《教师的现场倾听力》，载《今日教育》，2017(11)。

第六章　智慧教育视域的教师素养 ————————

我们不仅要澄清学生应具有哪些核心素养，而且要明白教师应具有哪些核心素养。从智慧教育的视域来看，教师素养主要包括研究意识、理论自觉和实践智慧。教师的研究意识既是教师专业性的标志之一，又是培育学生创新素养的前提。理论自觉既是教师研究意识的体现，又是教师做好教育的保障。实践智慧既是教师的研究意识和理论自觉的具体表征，又是建构智慧教育的必然要求。

一、 教师的研究意识

从教师即研究者的理念阐释到中小学教师职称评定的制度设计，中小学教师努力实现从知识传授者到知识创新者的华丽转身。研究型教师已成为中小学教师的角色定位，中小学教师必须确立研究意识。那么，对于中小学教师而言何谓研究意识、教师的研究意识面临哪些挑战、教师如何培育研究意识等问题值得思考。

(一)教师的研究意识

教师作为有意识、能动的主体，其研究意识是指教师将自己的教育教学作为研究对象，在问题的驱动下，采用各种适切的方法，在解决教育教学问题的过程中创生独特的个人知识的意向。它至少包含三个相互联系的要素：对自身教育教学问题的创新解答、以行动研究为主的方法综合、致力于教育教学完善的成果呈现。

其一，对自身教育教学问题的创新解答。没有问题就没有研究，但这并不意味着所有问题皆可以被称为研究问题。实际上，在教育教学中，教师不乏问题意识，如在备课时，教师会想我要讲些什么、我如何展开教育教学等问题；在上课时，若学生表现出迷茫、困惑，教师就会追问学生学不会的原因，并千方百计地予以解答。在一定意义上，人的行动皆受制于问题，并在问题的牵引下进行合适的行动。但研究问题是教师对自身教育教学的创新性提问与解答；倘若只是提出重复性的问题且不能给予创新性解答，那么就谈不上研究。比如，同样是备课，倘若教师只是在我要讲些什么的问题牵引下熟悉、回顾相关知识内容，那么就只是做事的思维，还谈不上研究。在研究的视域里，教师备课不是对已有教学内容的简单接受与加工，而是批判性地反思，提出创新性问题，且在创新性问题的牵引下获得对教学内容的新认识。举例来说，有教师在备《春》一课时提出了《春》是不是好文章、《春》是不是好教材、《春》应当怎样备课等问题，通过对这些问题的回答，理清了《春》的文学价值、教材价值与教学价值，并从《春》的结构、语言、文化的视角重新设计了《春》的教学方案，克服了教师备课时普遍存在的教材分析简单化、目标定位模糊化与方案设计程序化等弊端。① 此种备课虽然提出的是重复性问题，如应当怎样备课，但因其给予了创新性解答，所以就是一种研究。实际上，对于中小学教师而言，应当怎样备课确实是一个"旧"问题，但在给予一种创新性解答时，"旧"问题就呈现出一种新面貌。换言之，研究的创新也许在理论上可区分为问题新和观点新，但实际上只要观点新，也就意味着问题新，因为新观点激活了"旧"问题，使"旧"问题呈现出与以往不同的样态。

其二，以行动研究为主的方法综合。与专业的研究者相比，教师是行动研究者，即作为实践者的研究者。教师研究是为了行动、通过行动与完善行动的研究，其研究方法主要表现为以行动研究为主的方法综合。因为行动研究的价值旨趣就是将原先分离的行动与研究结合起来，倡导在行动中研究、在研究中行动。行动研究的基本程序是：发现、表述问题—收集、整理信息—制定研究方案—开展研究行动—进行研究评价。行动研究若没有达到预期的结果或发现了其他问题，这一研究程序就再次开始。在行动研究中，教师要综合运用各种适切的研究方法解答自己的教育教学问题，如在发现、表述问题时，教师需要运用观察、访谈、文献研究等方法；在收集、整理信息时，教师需要运用一定的理论框架，嵌入某种理论；在制订研究方案时，教师则要运用工程学思维，明确先做什么、后做什么，遇到可能发生的情况时应采取哪些应变措施；在开

---

① 张豪：《备课过程中的接受、质疑与理性分析——以〈春〉为例》，载《语文教学通讯》，2017(29)。

展研究行动时，教师要综合运用观察、比较、实验、个案、叙事等研究方法。比如，教师发现有些课堂只教了一些数学知识，而对数学知识背后蕴含的核心素养关注得不够，那么教师就可以据此将研究问题表述为：如何培育学生的数学核心素养？不过，此问题过于宏大，难以制订具体的行动方案，因此教师需要将此研究进一步明确为"学生数学核心素养的培育——以……为例"。倘若以相交线为例来阐述如何培育学生的数学核心素养，那么教师就需要描述当下相交线教学的现状，揭示存在的问题；再针对问题，依据核心素养培育的要求重新设计教案；在实施教学时，观察、记录学生学习的表现，并依据数学核心素养的基本要求进行评价。教师若发现实施的研究没有达到预期的效果，或存在其他问题，则需要进行新一轮的行动研究，直至达到预期的效果。

其三，致力于教育教学完善的成果呈现。中小学教师进行教育教学研究，其目的固然是完善教育教学。致力于教育教学完善的研究需要外化为公开发表的学术成果，否则，教师对教育教学的研究难以获得同行的认同或辩驳，甚至难以被称为研究。诚如倡导教师即研究者的斯滕豪斯所言："私下的研究在我们看来简直称不上研究，一方面因为未公开发表的研究得不到公众批评的滋养，另一方面因为我们将研究视为一种共同体活动，而未发表的研究对他人几乎没有什么用处。"[1]这里所说的公开发表的研究成果是对教育教学完善过程及其结果的呈现、分析与论证。比如，教师初教《荷塘月色》一文时，更关注作者写了哪些景物、这些景物有什么特点、语言好在哪里等。后来，在教学中教师逐渐发现，对这些具体问题学生通过反复诵读就能自己解决，于是，再教《荷塘月色》一文时，教师设计了两个包含"忽然"的问题：作者因为什么"忽然"想起日日走过的荷塘？作者因为什么"忽然"想起采莲的事情？围绕这两个问题进行讨论与辨析，学生逐渐明白了作者写景的意图和作者联想的必然性。教师将原先那种关注文本细节的教学跃升到领悟作者思想感情的教学，使学生对情与景的交融有了更深刻的理解与把握。[2] 作为一种"缺憾的艺术"，教育教学总会遇到这样或那样的问题，教师若创新性地解答了这些问题，则对其他教师的教

---

[1]　Stenhouse L.，"What Counts as Research?，"*British Journal of Educational Studies*，1981(6)，p. 20.

[2]　杜德林：《且教且研且思想——我对语文教学的一点感悟》，载《语文学习》，2015(2)。

育教学也会有启发或借鉴意义，就应将自己的研究过程及结果呈现出来，在接受他人的证实或证伪中，不断深化对该问题的研究。

(二)教师研究意识面临的挑战

当下，教师日益意识到研究对于教育教学的重要意义，也想通过研究来促进自身专业发展；但"想研究"是一回事，"做研究"则是另一回事。教师从"想研究"到"做研究"至少面临研究问题创新解答的困扰、研究方法适切运用的无措与研究成果学术表达的无能之挑战。

其一，研究问题创新解答的困扰。中小学教师在从事研究时，首先遇到的困惑就是不知研究什么；即使确定了研究问题，也不知此问题是否有研究意义；或者即使明确了研究意义，也难以给予创新性解答。通常来看，在教育教学中遇到的问题皆有可能成为研究问题，而值得研究的问题至少要满足三个条件。第一，真。问题是在教育教学中遇到的困难、迷惑，是有待解决的问题，而不是盲目跟风、借用术语伪造的问题。问题既要有事实或现象依据，也要符合逻辑。第二，新。问题并没有现成的答案，或者即使有现成的答案，此答案也不足以解释、解决该问题。因为新与旧是相对而言的，所以教师在判断问题是否新时，要与已有相关研究成果进行比较，在与已有相关研究成果的比较中彰显问题之新，而不是主观判断、臆测问题之新。第三，小。所选择的研究问题切口小，便于实际操作，能够获得预期的研究成果，并能在小中显示出大，让一个小问题折射、体现出问题的普遍性与重要性，从而达成"小题大做"的效果。教师大多能够判断研究问题是否有事实、现象依据，是否符合逻辑，是否真；但要实现研究问题的新与小，教师则需要具有相应的理论素养。若教师没有相应的理论素养，面对某个现象或事实时就既有可能提不出问题，也有可能提出老生常谈的问题，还有可能即使提出了新问题，也难以予以创新解答。

其二，研究方法适切运用的无措。创新性的研究问题需要匹配适切的研究方法，否则研究问题就得不到有效解决，问题终归还是问题。有些教师在面对自己的教育教学问题时常常手足无措，不知如何解决。如果说研究就是对问题的创新性解答，那么教师则需运用适切的研究方法。研究方法本身并没有高下、优劣之分，其功效全在于运用的恰当性、贴切性。准确地说，与研究问题相匹配的研究方法就是好的，否则就是不好的。有学者根据功能将研究方法分为三个层次：一是获取研究资料和对研究资料进行处理的方法，如观察、问卷调查、深度访谈、实验与查阅文献等；二是搭建理论框架和论证/阐释理论观点的方法，如理想类型法、模式法、系统法、比较研究法与历史研究法等；三是指导研究的理论视角，即研究某个问题时的概念图式与切入点①，如在研究指向学科核心素养的教学变革时采用有关学科核心素养的理论来透视教学，可以说，研究选择了某一理论视角意味着用此理论或概念图式来分析、解释某个(些)问题，从这个意义上说，理论视角就统领着前两个层次的研究方法。同时，研究问题皆具有层次性，大问题可分解为小问题，一个问题可分解为多个问题。因此，教师应根据研究问题匹配研究方法，而不是泛泛地谈本研究要运用哪些方法。例如，在研究指向学科核心素养的教学变革时，教师就需运用文献法澄清何谓学科核心素养、学科核心素养与三维目标之间是什么关系等问题，然后运用观察、访谈、个案等方法，描述、分析现实的教学情况，借助教学目标、教学内容、教学过程与教学评价的分析框架，论证指向学科核心素养的教学应进行哪些变革，最后通过行动研究，验证自己所提出的论点。

其三，研究成果学术表达的无能。教师有了研究成果，就需要运用规范的学术语言进行表达。但在研究成果的学术表达上，有些教师呈现出"茶壶里煮饺子——肚里有货倒不出"的问题。从一定意义上说，教师大多能言善辩，但能言善辩并不意味着能写。因为写是以结构化的方式将要说的内容系统化、逻辑化，将道理讲清楚、说明白。因此，写作中的"任何一个'名词'都不能只是一个指称对象的'名称'，而必须是一个关于对象的规定性的'概念'；任何一个概念都不能只是孤立的观念，而必须在特定的概念框架中获得相互的规定和自我的规定、相互的理解和自我的理解；任何一个概念都不能只是抽象的规定，而是在由抽象到具体的概念运动中获得越来越丰富的规定"②。清楚了说与写的区别，我们就不难明白为什么有些教师虽然不乏新颖的做法与深刻的见解，但一旦诉诸学术表达，就会陷入不可名状的恐慌。同时，就研究成果的学术表达而言，教师大多呈现的是教育教学经验，比较具体、感性，缺乏抽象与

---

① 新华词典编纂组：《新华词典(1988年修订版)》，1192页，北京，商务印书馆，1989。

② [美]杜威：《民主主义与教育》，王承绪译，158～159页，北京，人民教育出版社，1990。

深度；大多停留在就事论事的描述上，难以揭示教育教学经验所蕴含的普遍道理，需要运用相应的理论予以深化与提升。的确，有的教师在研究成果的学术表达中能自觉地运用教育教学理论来观照、阐释自己的教育教学研究，但仍存在流行的教育教学理论话语写得过多，而引人深思、打动人心的个性语言写得过少之现象。真正的研究成果的学术表达会呈现、分析与论证教师通过研究获得的对教育教学的独特、新颖观点，是属于教师自己的个性化话语。

(三)教师研究意识的培育

如果说中小学教师日益接受、认同自身研究型教师的角色定位，那么在直面研究问题创新解答的困扰、研究方法适切运用的无措和研究成果学术表达的无能之挑战时，其则需要增强研究意识，具体需要做到三个方面：坚守为己之研，学会学术提问；研读学术范本，活化研究方法；加强写作训练，表达研究成果。

首先，坚守为己之研，学会学术提问。对中小学教师来说，搞清楚为什么研究比搞清楚研究什么更重要，因为为什么研究直接决定着研究什么及其成效。教师面对研究的存在两种价值取向。一是为人之研，即研究只是为了满足外在的学校科研要求或职称评定的需要，而一旦达到了目的，研究也就被抛在脑后。如果仅是为了满足学校科研要求或职称评定的需要，即使教师自己亲自做研究，此研究也处于一种被动状态，是一种不得不为的苦差事，教师也难以享受到研究给自身专业成长带来的乐趣。教师研究的最大价值就是让天天重复的备课、上课、作业批改等日常工作充满发现的乐趣，让教师彰显自身存在的价值，正如苏霍姆林斯基所言："如果你想让教师的劳动能够给教师带来乐趣，使天天上课不至于变成一种单调乏味的义务，那你就应当引导每一位教师走向从事教科研这条幸福的道路上来。"①二是为己之研，即为了满足自身专业发展要求和彰显自身存在价值而进行研究。此种研究是为了充实自己的精神世界、实现自己的人生价值，教师坚信"我研故我在"，将研究视为自身价值的体现，从而为研究注入一种永恒的动力。当然，为人之研与为己之研并不截

①　［苏联］苏霍姆林斯基：《给教师的建议(修订版 全一册)》，杜殿坤译，507 页，北京，教育科学出版社，1984。

然对立，但必须对两者的先后、主次有所区分，否则，研究就会因负载更多的外在要求而成为一种负担。教师若坚守为己之研，则能在丰富、充实自己精神世界的同时改善自己的教育教学，惠及学生、回报社会。从这个意义上说，坚守为己之研既要求教师全身心投入博学、审问、慎思、明辨与笃行，也要求教师竭尽全力贡献自己的聪明才智。它能让研究少一点眼前利益的羁绊，而多一点长远追求的筹划；少一点学术消费的意识，多一点创新的研究；使教师在研究中获取知识、提升专业素养，而荣誉等则成为水到渠成、自然而然之事。

自然，坚守为己之研的教师也会面对不知研究什么的挑战，也需要学会学术提问。学术提问不仅表现为将教育教学的事实或现象予以学理透视，而且体现为用新问题激活旧问题。因此，学术提问不是问人人皆知的问题，而是问没有人回答或回答得不完整、不透彻的问题；既要在别人不问之处发问，也要在别人问过之处提出深问、新问。通常来看，学术提问就是教师问一些对自己的教育教学有意义的、值得研究的问题。按照真、新、小的提问原则，这种对自己的教育教学有意义的、值得研究的问题大致有三种表现形态。一是具有普遍意义的常见小问题，如教学目标的制定、对某教学内容的重构、某种教学方式效益的检验等。从一定意义上说，教育教学问题无处不在、无时不有，关键在于教师要有一双善于发现问题的眼睛，能够在习以为常的小问题中发现不寻常的、带有全局性的大问题。二是能反映某个现象或事实本质的问题。万事万物皆表现为某个现象或事实，但在现象或事实的背后有更为根本的本质。因此，研究问题不能停留在对现象或事实的描述上，而应透过现象或事实看本质，就现象或事实背后的本质进行提问，例如，教师常常将"我说""我认为"换为"老师说""老师认为"，那么这种"老师说话体"到底意味着什么？这值得深入思考与探究。三是教育教学改革发展中出现的新问题。在这个日新月异的时代，教育教学在改革与发展中不断出现各种新问题，例如，2020年教育部对普通高中课程方案和语文等学科课程标准（2017年版）进行了修订，这意味着教师要用修订后的课程标准来看待、理解已有的教育教学问题，其中既包含如何落实基本理念、实现课程目标的问题，也包含如何重构课程内容、贯彻实施建议的问题。这些看似常见的问题因被灌注了一种新的价值旨趣而呈现出一种新面孔，需要教师在新的价值旨趣的观照下，结合自己的教育教学给予创新解答。

其次，研读学术范本，活化研究方法。通常来看，方法比知识重要，因为只有掌握了方法，才能创生出知识。不过，教师要想熟练地掌握方法（包括研究方法），就不能停留在熟记各种方法的操作程序上。比如，个案研究是教师常用的研究方法，其基本程序是先选择具有代表性的个案，再收集、整理个案资料，最后撰写个案研究报告。虽然掌握个案研究的程序、知道如何做个案研究对于教师从事个案研究来说具有一定的指导意义，但教师要深刻领悟、熟练运用个案研究，则需要研读个案研究的学术范本。研究方法与问题的解决、观点的论证本来是融为一体、不可分离的，正如杜威所言："我们能够识别行动的方法，并且单独讨论这个方法，但这个方法只是作为处理材料的方法存在。"[1]杜威以吃东西为例进行解释，吃的食物是对象，而如何吃是方法。不同的食物自然有不同的吃法，但人们通常不会在无东西可吃的情况下，空洞、抽象地谈论如何吃。而研究方法与问题的解决、观点的论证之所以能分离开，是因为人凭借反思能够认识到研究什么与如何研究的区别，能够人为地将两者进行思维上的区分、隔离。也就是说，如果我们不仅从事研究，而且对这种研究进行思考，那么在思考中我们就能够把研究什么与如何研究区分开来。"这种对经验的思考产生我们经验了什么和怎么去经验之间的区别。"[2]于是，就有了研究什么（问题）与如何研究（方法）的区别。

因此，教师要想真正习得研究方法，就既要阅读有关研究方法的书籍，从中了解这种或那种研究方法的功能、规则与程序，又要在学术范本的研读中洞察这种或那种研究方法的运用，更要在自己的研究过程中体悟这种或那种研究方法是如何运用的，而且要明确运用是最好的学习研究方法的途径，不能孤立、机械地学习某种研究方法，恰如要想学会游泳就必须到水里练习。因此，阅读研究方法的书籍只是习得研究方法的入门之举，研读学术范本是深刻把握研究方法的有效路径，而在研究中活用研究方法则是悟得研究方法真谛的根本。对于教师而言，在从事某项研究之初，可以翻阅一些有关研究方法的书籍，掌握某种研究方法的基本特征、程序。不过，任何问题的解决皆不是某种

---

① ［美］舍恩：《反映的实践者：专业工作者如何在行动中思考》，夏林清译，35页，北京，教育科学出版社，2007。

② 刘庆昌：《儿童的命运与成人的觉醒》，载《陕西师范大学学报（哲学社会科学版）》，2015（6）。

研究方法单打独斗的结果，而是多种方法综合运用的成效。教师要透彻理解问题解决过程中的方法运用之理，则需要研读学术范本，明白学术范本是通过哪些研究方法解答问题的，并在实际研究中加以体悟与理解，活用研究方法，即在明确各种研究方法的优势与局限的基础上，根据研究问题综合、灵活地运用各种研究方法来解决问题。比如，在个案研究中，教师在选择个案作为研究对象时，则需要渗透某种理论，即某个个案之所以适合作为研究对象，是因为此个案蕴含某理论透视下普遍存在的问题。在个案材料收集与整理中，教师既需要运用观察、访谈与问卷等方法，也需要运用历史、比较等方法。在撰写个案研究报告时，研究方法、研究问题与论证的观点皆需要教师借助语言的运用来融合、统整为一个完整的文本。

最后，加强写作训练，表达研究成果。教师大多接受过专业训练，按理说教师在研究某个问题后将研究的结果用文字呈现出来应是一件自然而然的事情，然而，实际的情况却是有些教师虽然进行了教育教学研究，也取得了相应的研究成果，但一旦要将研究的过程与结果用文字呈现出来，就表现出前言不搭后语的窘态；有时教师即使勉强写出来，也大多是按照"理论＋案例"的陈述方式进行平铺直叙，既看不到教师自己独特的观点与看法，也难以捕捉到教师应有的灵气与才智。这其中的原因固然有很多，但疏于写作或惧怕写作应是一个根本的原因。的确，作为一种创造性劳动，写作并不是一件容易之事。倘若将观点新颖、论证充分与语言优美作为写作标准，那么普通教师离此标准就有一定的差距。学会学术写作并没有什么诀窍，最切实的办法就是养成写作习惯，通过练习来学会写作。写作不仅是对已知的呈现，而且会诱发人更深入的思考，会促使教师进一步阅读与深思。从这个意义上说，教师养成写作习惯就不仅意味着通过写作记录、表达自己研究的成果，而且意味着不断地拓展自身成长的空间，扩大自我发展的可能。教师一旦养成了写作习惯，有了相应的研究过程及结果，那么运用文字有结构、有逻辑地呈现、分析与论证研究就不再是一件难事。

当然，表达研究成果并不是简单地呈现、叙述自己的研究过程及结果，而是按照学术规范，遵循学术逻辑，运用专业术语对研究过程及结果进行重构。在表达研究成果时，教师既要掌握研究成果表达的外在结构，也需要洞察其内在结构。仅就研究成果表达的常见文体——学术论文而言，从形式上看，学术论文大多由题目、摘要、关键词、正文与参考文献等构成；从内容上看，学术论文则由研究问题、新颖观点与分析论证等构成。就两者的关系而言，学术论文写作的形式结构是其内容结构的外在表征，而内容结构则是形式结构的逻辑根据。因此，教师为表达研究成果而进行学术论文写作，就不仅要明确题目、摘要、关键词、正文与参考文献的基本要求，而且要追问题目、摘要、关键词、正文与参考文献等与研究问题、新颖观点、分析论证的关联，洞察学术论文写作的内在机理。一般而言，学术论文的写作就是将内在的内容结构转化为外在的形式结构，即澄清研究问题，推敲题目；提炼新颖观点，写成摘要；展开分析论证，建构正文；使内容结构与形式结构相互契合、相辅相成。[1] 诚然，在学术论文写作中，教师虽然清楚学术论文的内外结构及其关系，但在表达上仍会出现一些问题，如词不达意、结构失调、语言干瘪等；有时教师即使完成了学术论文的初稿，在请教别人或自己重读时，也会发现这样或那样的问题，需要进行反复修改与完善。对学术论文进行修改与完善时，教师可以根据学术论文写作的内外结构及其关系，从问题、观点、论证三要素入手，反思论文写作到底要回答什么问题、对拟回答的问题持有哪些基本观点、观点的论证是否充分等问题。从内容上看，学术论文的修改可以围绕新颖观点进行"增""删""建"。"增"即补充新材料，弥补材料的缺陷，确保论证充分；"删"即去掉可有可无的内容，保证论文所用材料的适切性；"建"即先立后破或先破后立，并基于问题重新谋篇布局、调整结构。[2] 从形式上看，一方面，教师要考虑论文的开头、段落与结尾是否存在问题，即看开头是否提出了问题并论证其意义；看段落之间是否存在逻辑的必然性，无论是并列呈现还是递进深入，皆需要符合逻辑；看结尾是否紧扣开头，回答了开头提出的问题。另一方面，教师要审查论文的标点符号是否规范、正确，遣词造句是否准确、优美，直到不能再修改，从而使学术论文初稿的"丑小鸭"变成定稿的"白天鹅"。

---

① 叶澜：《大中小学合作研究中绕不过的真问题——理论与实践多重关系的体验与再认识》，载《教育发展研究》，2014(20)。

② ［苏联］苏霍姆林斯基：《给教师的建议（修订版 全一册）》，杜殿坤译，508 页，北京，教育科学出版社，1984。

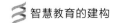

二、 教师的理论自觉

无论是何种教育改革，最终皆需要教师的改变才能成功，正所谓"百年大计，教育为本；教育大计，教师为本"。教师的改变需要教师对自身教育实践进行理性审视，获得一种理论自觉，并在理论的指导下重构自身教育实践。在此意义上说，教师理论自觉的有无及强弱在一定程度上直接影响教育发展的快慢。学者已对教师的理论自觉这一话题进行了讨论。在已有的研究成果中，有的学者将教师的理论自觉视为教师对自我作为理论主体存在的自觉，主要表现为对其教育教学生活予以理性反思与审查以及对教学方法及其体系背后的理论基础、核心构成与教学对象等各种复杂关系的自觉；[①] 有的学者将嵌入"内在'原理'"的实践视为教师理论自觉的表现；[②] 有学者则将教师的理论自觉看作教师专业发展的一个高级阶段，认为教师的理论自觉是"教师突破与超越自在的、固有的经验或者他者经验的照搬移植而上升为主体文化意义觉醒的阶段"[③]。对何谓教师的理论自觉，上述界定皆有一定的窄化与遮蔽，只涉及教师对其当下的教育教学生活的理性反思，而忽略了教师对已有教育实践的理性把握和对未来教育实践的理性筹划。只有在对已有教育实践的理性把握和对未来教育实践的理性筹划中，教师才能真正做到对当下教育实践进行理性反思。于是，我们有必要思考教师的理论自觉究竟意味着什么，教师的理论自觉有何意义，以及教师如何培育理论自觉。

(一)何谓教师的理论自觉

人作为有意识的存在，其言行并非受生物本能支配，而是由人的意愿、观念与思想引导。在此意义上说，教育实践本就嵌入、携带着某个(些)理论。如

---

① 程良宏：《教师的理论自觉：意涵与价值》，载《教育发展研究》，2011(4)。

② 胡萨：《哲学之思与为师之道——培养有理论自觉意识的教师》，载《教育学报》，2017(2)。

③ 蔺红春、徐继存、苏敏：《教师专业发展：从经验主导走向理论自觉》，载《当代教育科学》，2019(7)。

果说自觉与自发相对，是指"自己有所认识而主动地去做"①，那么教师的理论自觉就是指教师对教育实践有理性认识，并在理性认识的指导下从事自己的教育实践。它包含三个相辅相成的要素：一是对已有教育实践的理性把握，二是对当下教育实践的理性反思，三是对未来教育实践的理性筹划。

第一，对已有教育实践的理性把握。当下的教育实践植根于已有的教育实践，若教师没有对已有教育实践的理性把握，就难以洞察当下教育实践的根源。对已有教育实践的理性把握可以从不同角度进行分析。比如，从社会形态来看，有农业社会的教育、工业社会的教育与后工业社会的教育。这些教育的实践形态因社会形态的差异而各具鲜明的特征——农业社会的教育大多与生产劳动脱离，强调人德性的涵养；工业社会的教育强调与生产劳动的融合，侧重于人生产能力的培养；后工业社会的教育则将其触角延伸、拓展到日常生活，走向终身教育、全民教育，关注全人的培育。从教育目的来看，教育所要培养的人从"工具人""知识人"转变为"生命人"，促进人全面且有个性的发展成为当下教育的追求。从教育内容来看，先是人文主导的教育，之后是科学主导的教育，当下正走向人文与科学相融合的教育，各学科知识的跨界统整与相互融合成了教育发展的一大趋势。从教学形态来看，原先那种顺性、自然、自由的教育在经历了预设、精确、控制的教育后，正走向理解、反思、对话的教育。从教育管理来看，先是人治管理，再是科学管理，现在正走向人本管理。各种不同的教育实践无不嵌入、携带着某个(些)理论，教师只有把握了不同教育实践背后所嵌入、携带的教育理论，才能真正理解、洞察教育实践演进的内在理据。当然，这种对教育实践历程的抽象概述难免挂一漏万，但它能高瞻远瞩、提纲挈领地洞察复杂多变的教育实践的总体发展趋势，从而让教师的教育实践有一种价值引领。

第二，对当下教育实践的理性反思。教师的日常教育实践确实非常忙碌，但越忙碌就越要静下心来想一想自己为什么忙，如何忙才能更加有效、更有意义。其实，从字形上看，忙由"忄"与"亡"构成，"忄"表示心中急迫，"亡"有"失去"义，合起来似乎有"心中急迫易失主张"的含义。没有心的指导，就只能是瞎忙、乱忙。如果说教师对已有教育实践的理性把握只是在头脑中观念性地

---

① 新华词典编纂组：《新华词典(1988年修订版)》，1192页，北京，商务印书馆，1989。

洞察教育实践，那么对当下教育实践的理性反思则是在现实中做出来。对当下教育实践的理性反思主要表现为行动前的反思、行动中的反思与行动后的反思。对于教学而言，行动前的反思主要关注课程内容的安排、对学生学习基础的了解与教学方法的选择等，即教师不仅要考虑教什么、怎么教，而且要思考学生学什么、怎么学。行动中的反思主要关注教学过程的展开，思考教学目标设定是否明确，教学内容展示是否清晰，教学方法运用是否恰当，教学目标是否达成，等等。行动后的反思，用杜威的话说，就是识别我们所尝试的事和所发生的结果之间的关系，这种反思不仅要发现某一行动与某一结果彼此关联的事实，而且要发现它们是怎样联结的。① 换言之，这种行动后的反思是通过回顾自己的言行，寻求自己的言行与某一结果之间的因果关联，并从中获得某种经验或教训。之所以要对当下的教育实践进行理性反思，是因为教育实践的"地形"是一种湿软的低地，它具有复杂性、模糊性、变动性、独特性与价值冲突性②，而成型的教育理论难以直接应对、解决教育实践中的问题。在此意义上说，教师则要持续不断地对当下的教育实践进行理性思考，成为实践反思者。

第三，对未来教育实践的理性筹划。教育是一项面向未来的事业，教育实践的状况与教师想把教育做成什么样密切相关。对于教师而言，对未来教育实践的理性筹划主要表现为对想成为一名怎样的教师、我希望学生成为什么样的人、所教的学科应是什么样的、如何把所教的学科教得更好更有效等问题的持续追问。通常来看，人们对于即将要做的事总要先筹划，这种事先的筹划是基于经验的推演还是基于理性的洞见，不同选择的效果则大不相同。倘若基于经验的推演，那么未来要做的事就大多是已有经验的重复，虽然不会出现大的差错，但也不会有意料之外的惊喜；而若基于理性的洞见，那么未来要做的事就因切合了事物发展的内在规律而能获得意料之中的成功，能做得更好。教师的理论自觉就是指教师针对未来要做的事寻求理论的指导，并基于理论进行有根据的事先筹划，表现为针对某一教育实践问题，选择、应用某个(些)理论，并

① ［美］杜威：《民主主义与教育》，王承绪译，158～159，北京，人民教育出版社，1990。
② ［美］舍恩：《反映的实践者：专业工作者如何在行动中思考》，35 页，夏林清译，北京，教育科学出版社，2007。

在头脑中预演教育实践。当然，未来从来不是一个确定性的存在，正因为未来是不确定的，未来的教育实践在为教师主观能动性的发挥提供前提的同时，教师要事先对未来教育实践进行理性筹划，以避免左右摇摆、随波逐流，彰显人的主体地位。实际上，人生活在一个由过去、现在、未来构成的三向度时间里，对于人来说，过去已成事实、无法改变，现在也正在成为事实，并将一刻不停地变为过去，因此，人所能筹划的就只有未来。对未来教育实践的理性筹划至少能让教师对未来教育实践保持一种积极的期待，知道自己应该或想要做什么事；即使应该或想要做的事一时不能做，也至少可以做自己当下能做之事，并努力将自己能做之事做好，这便使教师的教育实践有了定力与方向。

概言之，无论是对已有教育实践的理性把握，还是对当下教育实践的理性反思，抑或是对未来教育实践的理性筹划，离开了理论的形塑与引导，都会使人茫然无措、劳而无功。因为若没有理论的形塑与引导，已有的教育实践就只能呈现为一些毫无联系的事实，而对当下教育实践的理性反思也就失去了一种参考系，同时使未来的教育实践成为一种模仿乃至盲目行动。其实，教育作为一种有目的、有计划的实践活动，无不渗透、嵌入某个(些)理论，只是由于有些教师缺乏理论自觉，常常日用而不知或盲目跟随。因此，对于教师而言，理论是否有用是个假问题，真正的问题在于搞清楚某个(些)理论是针对什么问题而言的，自己面对的问题是什么，哪个(些)理论有助于解决自己的问题，从而在理论与实践的互动共生中增强自己的理论自觉。

(二)教师的理论自觉的意义

教师的理论自觉既是教师作为有意识、有目的的独立个体的必然诉求，又能使教师成为头脑清醒的教育者、教育实践的创新者与个人理论的拥有者。

第一，理论自觉让教师成为头脑清醒的教育者。理论自觉说到底是作为有意识、有目的的独立个体的自觉，是独立个体对教育理论产生、发展与演化的动态把握，以及对理论在教育实践中的作用和意义的通透辨析。一方面，人们面对复杂、多样的教育实践有一种追寻为什么的解释需求，而不满足于将复杂、多样的教育事实看作互不联系、毫不相关的事件，这也许是理论产生的根源。比如，有学者就儿童与成人的关系进行了学理分析，指出儿童因其自身的特质，始终处于与成人共在的被动结构中。儿童被教育，成人显示自己的权力；儿童被解放，实为成人向教育的精神忏悔；儿童被学习，则是成人的觉醒。如果作为教育者的成人永无觉醒，那么他们只能循环往复地否定自己。觉醒后的成人可以少一些教育的自信，多一些对成人世界的省思。教育的自信少了，学习儿童的勇气就会增加；对成人世界的省思多了，我们意识中的儿童就会由教育的对象变成学习的对象，教育的面貌会因此发生历史性的改变。① 这为教育视域的学习共同体创建提供了学理依据。另一方面，虽然理论只有通过人的行动才能运用于教育实践，而不能直接应用于教育实践，但理论对教育实践具有解释、预测与引导的作用。因为理论通常抽象阐述变量之间的因果关系，并揭示造成这种因果关系的内在机制，从而为人们理解具体、复杂的教育事件之间的内在联系提供依据。同时，人们根据理论所描述的变量之间的因果关系及造成这种因果关系的内在机制，可以合理地推论、预测教育发展的趋势。尤其值得关注的是，理论的创生大多要经历一个从感性具体到抽象规定再到思维具体的逻辑链，而思维具体因融合了关于某一对象的各种抽象的规定，而为某一对象勾画、描述了一个理想的存在样式。因此，教育理论作为一种理想的教育形态，为教育实践提供了一种典范，对教育实践起着引导作用。总之，无论是对教育理论自身发展的洞察，还是对教育理论之于教育实践的解释、预测与引导的把握，理论自觉的教师皆是头脑清醒的教育者。

第二，理论自觉让教师成为教育实践的创新者。某个教育理论被人们广泛认可、接纳后，大多演化成由一系列教育规则、规范构成的操作程序，并沉淀为教育常规。比如，夸美纽斯的学年制、班级授课制与学科课程制被人们认可后，原先那种自发、随意与个别的自在教育就逐渐衰落，而以学年制、班级授课制与学科课程制为标志的制度教育就成了教育的新常态。赫尔巴特的"明了、联想、系统、方法"教学四阶段理论在广泛传播、获得接纳后，就建构了一种由组织教学—导入新课—讲授新课—复习小结—布置作业构成的教学模式。杜威的反思性思维理论广为人知并被接受后，一种基于问题解决的教学模式就出现了，这种基于问题解决的教学模式大致包含五个环节：①设计问题情境；②产生一个真实的问题；③占有资料，从事必要的观察；④有条不紊地实施所

---

① 刘庆昌：《儿童的命运与成人的觉醒》，载《陕西师范大学学报（哲学社会科学版）》，2015(6)。

想出的解决问题的方法；⑤检验或验证各种解决问题的方法是否有效。由此可见，理论对教育实践有着实实在在的影响。但正如叶澜所指出的那样，一旦某个理论演化为操作或模式，这种操作或模式就成了教育实践勃勃生机的杀手。① 教师的理论自觉就是要搞清楚做教育的道理，至于如何做教育、如何解决自己面对的教育问题，答案则是在理论的指导下通过自身的教育实践不断摸索、探究出来的。可以说，理论所阐述的教育道理在现实的教育实践中存在多种形态与变式，这不仅因为人们面对的教育实践是在特定时空中具体、变动的活动，而且因为教育实践体现着人的观念、意志与情感，尤其是人的不确定性与未完成性，它们决定了教育实践与物品制作的根本区别。况且，教育理论并不是"一"而是"多"，如当下流行的教育理论有多元智能、建构主义与人本主义等，面对同一个问题，从不同的理论出发，我们可以提出不同的解决之策。在此意义上说，教师的理论自觉能为教育实践提供多种可能，而选择实现教育的哪种可能，则需要教师根据自己的价值取向和面临的实际问题发挥自己的主观能动性，教师则成为教育实践的创新者。

第三，理论自觉让教师成为个人理论的拥有者。教育实践总会出现这样或那样的问题，这些问题也许"在教育科学上已获得解决，但是当一个创造性地工作的教师一旦成为理论和实践之间的中介人，这些问题就经常以新的方式出现在他的面前"②。当已解决的问题以新的方式呈现在教师面前时，教师就要独立思考，审慎地解决自己的问题，并在问题的解决中寻求理论的指导，形成对问题的自我认识，并用来完善自己的教育实践，这样教师就能逐渐创生属于自己的个人理论。随着教育实践的发展，新的教育现象、新的问题也会不断涌现。其实，人们建构的教育理论皆是对某个(些)问题的尝试性解答，并不是放之四海而皆准的永恒真理。当教师发现并提出了某个教育问题，而且对该问题进行了深入思考，形成了某种独特观点时，这种观点就有可能成为一种理论。当下，许多优秀教师在直面自己遇到的教育问题时积极思考、勇于尝试，已提出、论证了各种各样的教育观点，这些教育观点经过他人的认可、传播，已成

---

① 叶澜：《大中小学合作研究中绕不过的真问题——理论与实践多重关系的体验与再认识》，载《教育发展研究》，2014(20)。

② ［苏联］苏霍姆林斯基：《给教师的建议(修订版 全一册)》，杜殿坤译，508 页，北京，教育科学出版社，1984。

为具有一定影响力的理论，诸如李吉林的情境教育理论、王崧舟的诗意语文理论与华应龙的化错教学理论等。如果说教育实践的问题大致可分为"是什么"的事实问题、"为什么"的原因问题以及"如何做"的对策问题，那么教师一旦搞清楚了某个教育问题的"是什么""为什么"及"如何做"，并从中提炼、概括自己的观点，个人理论也就形成了。自然，与学者建构的理论相比，教师的个人理论具有鲜明的特色，如实践性、叙事性与具身性。具体而言，教师的个人理论并不是对某一抽象、宏大主题的阐发，而是对具体实践问题的诠释；不是从概念到概念、从命题到命题的逻辑推演，而是对自己的想法和做法进行的理性思考；不是事不关己的命题论证，而是为自己的教育实践提出一种观点。在此意义上说，教师这种带有"泥土气息"的草根式个人理论不仅能嫁接、丰富与拓展学者建构的相对宏观、抽象的理论，而且能为其他教师提供切实、具体的帮助与借鉴，尤其重要的是，在个人理论的照耀下，感性的"自在"教育实践就会升华为理性的"自觉"教育实践。

(三)教师的理论自觉的培育路径

教师的理论自觉既是一种明确的理论意识，也是一种艰苦的教育践行过程。或者说，教师理论自觉的理论意识只有通过艰苦的教育践行，才能真正转化为教育实践的行动。要培育理论自觉，教师则要熟读史书，洞见育人之道；运用理论，重构自身实践；提炼观点，创建个人理论。

首先，熟读史书，洞见育人之道。作为成年人，教师在阅读时经常持功利性取向，少了开卷有益的闲情逸致。这本无可厚非，恰恰是成年人心智成熟的表现。但问题是：在功利性取向下，教师到底阅读了什么？

无论是教育的发展，还是学科的形成，皆是有故事、有历史的。读史使人明智，这里的"史"对于教师而言主要是教育的发展史和学科的形成史。教育的发展史不仅呈现了教育演化的轨迹，而且揭示了教育演化背后的多种解释。教师一旦把当下的教育放置于历史这一宽广的视域里，就会对自己从事的教育有更加全面且深刻的了解与认识；许多过去只知其然而不知其所以然的困惑，就会在前人的启发下豁然开朗。这是因为教育的发展史记录、描述了众多教育家对教育的思考与洞见，这些思考与洞见在一定意义上揭示了教育的本真，为从事教育的后来者提供了有益启示，正所谓"以史为镜，可以知兴替"。比如，在对人的认识上，古代教育立足于"人所应是"设计教育方案并开展教育实践，从而使接受教育成了儿童的义务，而教育儿童则成了教师的权利；近代教育基于"人之所是"，从"人所应是"的理想构想下降到"人之所是"的实际状态，强调尊重儿童的自然天性，按照儿童身心发展的规律进行教育，这样一来儿童就成了被发现者，而教师充当指导者、发现者的角色；现代教育则聚焦"所是之人"，由"人之所是"的普遍性转化为"所是之人"的具体性，即现代教育不仅承认人具有共同性，而且认同每个人都具有独特的个性，教育应根据受教育者之间的个性差异来选择、确定相应的教育内容和教育方法。[①] 这也是当下倡导、践行选择性教育的缘由。

　　阅读学科的形成史则可以让教师明白学科的概念、命题与理论是针对什么问题而创生的，其价值与意义为何。可以说，作为人理性认识结晶的学科概念、命题与理论皆具有历史性。教师一旦将学科的概念、命题与理论放置于历史，它们就不再孤立、静止与枯燥，就会呈现出生机勃勃的动态联系，从而使教师对自己所教的学科有一种融会贯通的整体把握。比如，学习力这个概念时，物理教材会直接告诉我们力是质量乘加速度，但将这一概念放置于历史中，我们则会看到一系列关于物质相互作用的因果关系的形而上学诠释，以及爱因斯坦在狭义相对论中提出的光速不变。呈现牛顿建构力学三大定律的过程能让学生认识力这一概念是如何形成的，从而使力这一概念更加鲜活，有生命的感染力，也契合了学习是一种知识建构的认知原理，有助于培育学生的科学素养。有学者曾阐述了学习数学史的教育意义：①数学史是历史的知识，能还原被省略、压缩的丰富细节；②数学史是开掘的路径，能揭示教学智慧的其他可能；③数学史是厚实的背景，能建构教师个人的教学哲学；④数学史是思考的视角，让人保持对热点纷争的应有定力。[②] 阅读其他学科的形成史也具有类似的教育价值。从一定意义上说，教师若不了解学科的形成史，就很难通晓这门学科，就难以将这门学科教得生机盎然。因为教师只有通过阅读学科的形成史，才能明了概念、命题或理论产生的背景，即为什么提出这些概念、命题或

---

①　周兴国：《教育哲学的人论基础及其嬗变》，载《苏州大学学报（教育科学版）》，2015(3)。
②　蔡宏圣：《携手了，便未曾放开——探寻"数学史"的教育意义》，载《小学数学教师》，2015(4)。

理论，是为了解决什么问题；才能将概念、命题或理论教活、教透，让学生既知其然，也知其所以然，还知其应然，进而让学生学会学习、乐于学习，而不是仅让学生记住已有的结论。如此看来，如果说阅读教育的发展史能为教师指明教育前行的方向，那么阅读学科的形成史则能增强教师教学的洞察力与感染力，从而让教师洞见育人之道。

其次，运用理论，重构自身实践。教师的理论自觉显然不是只为了搞清楚理论出自何处、有何功能等问题，还要运用理论来重构自身实践。理论只有在实践运用中才能真正转化为教师自身的素养，让教师成为教育实践的创新者。

但是，教师运用理论并不是机械地按图索骥，而是贯彻理论的理念和精神，在实践中不断地开拓理论发展的新形态，丰富、拓展既有理论。这不仅因为理论一旦模式化或操作化就会被消磨了理念与精神，使理论自身逐渐僵化、教条，而且因为教师的个性不同及其面对学生的差异决定了课堂教学不可能有"包打天下"的统一教学模式，需要教师根据所教学科的知识特性、学生发展的现实需求和自己的个性特长创造性地应用理论。教师运用理论来重构自身实践，不仅要切实地把握理论的精髓和实质，而且要经历发现问题—学习反思—重建践行—效果检验这一螺旋上升的过程。展开来说，理论的运用主要包含四个环节：一是发现或提出一个现实问题，如学生学习兴趣低迷、反复讲授某个知识点但学生仍是不会、教育管理低效等；二是学习相关的理论，通过反思获得对问题的新认识，教师只有对问题有了新认识，才能摆脱既有的惯性思维，看到问题的另一种可能；三是根据对问题的新认识，重新审视自己的已有观点和行为，在头脑中建构解决问题的新思路与新方法；四是按照新思路、新方法进行实践尝试，看一看依照新思路、新方法进行实践能否更好地解决原有的问题，取得更好的教育教学效果。如此螺旋上升，教师在问题解决中不断地形成新的想法，取得新的成绩，进而成为教育实践的创新者。

事实上，无论是教育教学还是学校管理，总存在这样或那样的问题，而在面对这些问题时是否愿意尝试改变，或者在尝试改变但效果不佳时是否愿意继续尝试新的可能，则是检验教师是否具有理论自觉的试金石。理论自觉者总是在尝试和改变中践行、检验与丰富既有的理论。比如，特级教师钱梦龙为了改变"教师讲，学生听"的低效课堂，根据自主学习等相关理论，尝试通过学生的自主阅读来改变"教师讲，学生听"，并在自己执教的两个平行班进行了对比实验。实验班以学生自学、交流、讨论为主，适当辅以教师的指导；对照班则依旧是"教师讲，学生听"。每次他都以"突然袭击"的方式对两个班的学生就学过的同一篇课文用同一套试题进行测试，测试结果验证了自主阅读对学生阅读能力的促进作用，丰富、拓展了自主学习的内涵。① 李希贵为了优化学校管理，系统阅读了阐述六西格玛管理法的著作，还特意抽出时间参加培训学习，并尝试把六西格玛管理法运用于学校管理。从其学校流程管理和服务质量的改进中我们可以看到六西格玛管理法的影子②，李希贵在提升学校管理质量的同时，也充实了学校管理理论。可以说，离开了理论的学习与运用，教师面对问题时就只能求助已有的经验或借鉴他人的做法，这限制了教师看待、理解教育问题的视野，教师难以对旧的教育问题形成一种新的看法，使教育实践呈现出一种如同拉磨的原地打转；或者教师因盲目跟风、赶时髦而丧失了自己的独立思考，成为别人的"跟屁虫"，也就难以成就自己的教育教学特色。

最后，提炼观点，创建个人理论。教师基于自身的教育实践提炼观点，创建个人理论，既是为自己的想法或做法做一个总结，也是为自己的教育教学寻找灵魂，使自己的教育教学有方向与目标，让重复、繁杂的日常教育教学充盈着意义感。

实际上，广大教师在教育教学与管理上不乏可圈可点的作为。比如，一些教师荣获县、市、省乃至全国公开课比赛的奖项，或者实施的课程建设、采取的管理举措深受领导、学生与家长的赞赏，但如果询问其所上的公开课具有什么特点，贯穿怎样的教育教学理念，或者实施的课程建设、采取的管理举措蕴含什么价值追求等问题时，他们往往表现出一脸茫然。这使值得推广的经验囿于操作层面，减弱了可迁移性。理论自觉的教师能通过对成功做法的学理概括与提炼，将成功经验背后所蕴含的缄默知识显性化与系统化。从词源上看，英语中理论（theory）一词来自古希腊语，它是动词观看（theorein）的阴性名词形式，即理论的原始意义是观看。③ 但这种观看并不用人的肉眼，而用人的"心眼"。换言之，人的肉眼看到的只是现象或事物的外观，或者该现象、事物与

---

① 钱梦龙：《草根式研究：基层教师的成才之道——以我的语文教学研究为例》，载《教育研究与评论》，2013(4)。

② 李振村：《我眼中的李希贵》，载《中小学管理》，2014(4)。

③ 陆杰荣、杨伦：《何谓"理论"?》，载《哲学研究》，2009(4)。

其他现象、事物的外部联系，而人的"心眼"看到的是现象或事物的本质及该现象、事物的本质与其他现象、事物的本质之间的内在联系。正如柏拉图所言："要探求任何事物的真相，我们得甩掉肉体，全靠灵魂用心眼儿去观看。"①确切地说，理论的表达既要用肉眼去看，更要用"心眼"去思，即透过事物或现象之表象，抽象、提炼出其潜藏的内在之"理"。正是由于有这种"心眼"的观看，才有了由概念、命题构成的各种理论。提炼观点并创建个人理论就是运用理性来超越感性，用抽象的概念把握当下感性的教育教学，并通过具有普遍性的抽象概念洞察教育教学的普遍性特征。

提炼观点并创建个人理论既离不开教育阅读的启发，也离不开实践重构的亲身经历，还离不开连句成篇的行文逻辑。具体而言，教育阅读能为教师提供概念术语与思想洞见。比如，一位教师发现模式化教育扼杀了学生的个性，使教育变成了"无人"的教育，就花了五年的功夫，读了三十几本书，撰写了一篇论文——《模式化的教育：新的压迫与侵犯》，从学理上详细分析、阐述了模式化教育的危害及其矫正策略。其理论依据主要来自《什么是教育》《被压迫者的教育学》《一个称作学校的地方》《民主主义与教育》等教育著作。② 实践重构的亲身经历是提炼观点并创建个人理论的沃土与根基。李吉林之所以创建了情境教育理论，是因为其进行了几十年的实践探索。最初，她创设情境，对学生进行语言片段的训练，发现有效果；接着，她在作文教学中引入情境，为学生作文提供素材，也取得了成效；然后，她把整个语文教学融入情境，发现情境教学对学生语言、思维、审美等能力的提高皆有很好的效果；后来，她把情境教学拓展为情境教育、情境课程与情境学习，让学生的知识学习不再冰冷、乏味与无趣。③ 连句成篇的行文逻辑则是提炼观点并创建个人理论的内在机制。连句成篇的行文逻辑的实质是人言说的运思之道。如果说个人理论是由问题、观点与论证三要素构成的，那么人言说的运思之道就是逻辑提问的逻辑回答。逻辑提问主要有两种：一是自我设问，即自问自答；二是他者设问，即设想读者

---

① ［古希腊］柏拉图：《斐多：柏拉图对话录之一》，杨绛译，16～17页，沈阳，辽宁人民出版社，2000。

② 凌宗伟：《让阅读成为生命生长的需要》，载《基础教育论坛》，2015(5)。

③ 李吉林：《28年趟出一条小路——教育创新需要持久地下功夫》，载《中国教育学刊》，2006(7)。

面对某一事物或现象时会问什么问题。逻辑回答既可以正面论述，彰显自己的观点；也可以反面辩驳，强化自己的观点；还可以比较异同，论证自己的观点。但不管运用哪种方式，皆需要以论为纲，用中心论点统领全文。

三、 教师的实践智慧

当下，教师在从事教育教学之前要掌握相关学科的知识，系统学习教育教学理论，并通过有关部门的考查，从而取得任教资格。但教师掌握了相关学科的知识和教育教学理论、取得了任教资格并不意味着他一定能教好学生。因为教育教学是一种实践活动，教师要想教好学生，除了掌握相关学科的知识和教育教学理论外，还需要具有实践智慧，只有这样才能真正做好教育教学工作、教好学生。于是，我们有必要思考，何谓教师的实践智慧，教师实践智慧的生成主要面临着哪些障碍，以及教师如何自我培育实践智慧。

(一)何谓教师的实践智慧

谈起实践智慧，人们大多会追溯到亚里士多德对实践智慧的开创性理解。在亚里士多德看来，实践智慧是"一种同善恶相关的、合乎逻各斯的、求真的实践品质"①。此种对实践智慧的界定主要蕴含两层含义。一是实践智慧并不只是一种操作程序或技能，它同时蕴含善的追求。或者说，离开了善的追求，有效做事的能力只能被称为聪明，而不能被称为实践智慧。二是实践智慧不是情感或欲望的表达，而是一种理性的确证，具体表现为实践智慧是一种"合乎逻各斯"的求真。倘若把亚里士多德对实践智慧的阐释放置于教师的教育教学，那么教师的实践智慧就至少有三重逐次递进、互为关联的含义：基于为学生好的意向而形成的德性智慧，基于经验又超越经验的理性智慧，教师不断自我超越的创新智慧。

第一，教师的实践智慧是教师基于为学生好的意向而形成的德性智慧。实践(包括教育教学)并不只是如何做的问题，而包含着指向善的"应该"问题，因

---

① ［古希腊］亚里士多德：《尼各马可伦理学》，廖申白译，173 页，北京，商务印书馆，2003。

为实践总蕴含善的目的。从这个意义上说，教师在从事教育教学时，其实践智慧就先在地嵌入了一种为学生好的意向。倘若教师缺乏为学生好的意向，不能获得学生的认可，那么教师作为一种角色就只具有符号的象征意义。因此，为学生好是教师实践智慧的原点，基于为学生好的意向而形成的德性智慧则是教师实践智慧的源泉。这种基于为学生好的意向而形成的德性智慧主要表现为对学生发展的信任、对学生人格的尊重与对学生成长的助力。信任学生的发展是教育教学得以进行的前提条件，或者说，教育教学就是建立在学生能够发展的预设上的。倘若教师丧失了对学生发展的信任，那么教育教学也就没有了存在的可能。尊重学生的人格意味着任何时候教师皆将学生视为与自己一样的人，用"己所不欲，勿施于人"规范自身的言行，而不能把为学生好作为托词，做出有损学生人格的言行，如恶语相加或粗暴惩罚。一种言行的善恶有其绝对的标准，并不完全依赖于言行者动机的善或恶。助力学生的成长则意味着教师的教育教学总要让学生拥有一种获得感。这种获得感既表现在学生由未知到已知上，也表现在学生情感的充盈与愉悦上，还表现在学生意志力的磨砺与提升上。

第二，教师的实践智慧是教师基于经验又超越经验的理性智慧。《现代汉语词典》中经验有两种含义：作为名词，经验是指由实践得来的知识或技能；作为动词，经验是指经历；体验。[①] 的确，凡是经验，皆先要经历或体验，然后才能从中获得知识或技能，正如杜威所言："经验乃是人主动的尝试和被动承受结果的联结。"[②]迈克尔·奥克肖特也认为经验是由经验活动和被经验到的东西紧密联系构成的具体整体。[③] 不过，由于经验所具有的个体性、情境性与零散性，虽然教师实践智慧的生成离不开经验，但经验并不一定能成就教师的实践智慧。尤其是在教育教学变革中，有些老教师固守自己的经验，对教育教学变革抱有以不变应万变的心态，使自身的专业发展深陷于故步自封的状态，此时已有的经验就退化为教师实践智慧生成的障碍；有些新教师为了促进自身成长，对于优秀教师的经验采用拿来主义的态度，照搬照抄，而不考虑优秀教

---

① 中国社会科学院语言研究所词典编辑室：《现代汉语词典（第5版）》，718页，北京，商务印书馆，2005。

② ［美］杜威：《民主主义与教育》，王承绪译，148页，北京，人民教育出版社，1990。

③ ［英］奥克肖特：《经验及其模式》，吴玉军译，9页，北京，文津出版社，2005。

师的经验运用于自己的教育教学的合理性，这就从另一维度阻碍了教师的实践智慧。作为理性智慧的教师实践智慧更多地表现为一种经过合理论证的实践性知识，其形成大致要经历经验加工、经验迁移与经验重建三个环节。[①] 经验加工是指教师对自身或他者经验进行的由感知到概念的转化。在教育教学中，凡有经历皆有感知，但感知层面的经验大多浅表、模糊，如果教师不对感知到的经验进行概念的思维操作，那么感知到的经验便会随着教师感知活动的终止而在教师的体验中消失。因此，感知到的经验需要经过信息加工转化为经验概念。经验概念作为对经验本质的揭示，能帮助教师对已有经验进行价值判断和理智的事实分析，使教师完整地把握经验。经验迁移是指将经验概念转化为具体的教育教学，再接受教育教学的实践检验。在经验迁移时，教师要结合自己的教育教学情境选择合适的教育教学经验概念，或者对教育教学经验概念进行适当的更新与改造。经验重建是指对经验迁移验证过的教育教学经验进行再一次的反思提升，形成超越经验的实践性知识。教师的实践性知识是基于经验且在实践中持续建构、修正与生成的知识，使教师形成基于经验又超越经验的理性智慧。

第三，教师的实践智慧是教师不断自我超越的创新智慧。教师基于为学生好的德性智慧和基于经验又超越经验的理性智慧，最终形成不断自我超越的创新智慧。教师的实践智慧之所以是教师不断自我超越的创新智慧，是因为教师所面对的教育教学情境是不断变化、动态生成的。其中，不仅学生是一个个正在成长的生命，有其各自的独特性；而且由教师、知识与学生构成的教育教学情境具有不可重复性。教师的教育教学情境为教师的创新智慧提供了客观基础，自我超越的创新智慧成为教师自身专业成长的体现。在教育教学上，教师不断自我超越的创新智慧要经历从"我教的是某个学科的"到"我用某学科教学生"再到"我教的是某个学生"的跃迁。[②] 在"我教的是某个学科"阶段，教师大多关注对某个学科知识的研究，而学生仅是教育教学的背景；即使关注到学生，教师也常常将学生视为抽象的概念或可以量化的分数，具体的学生仍在教师的视野之外。在"我用某学科教学生"阶段，学科知识渐次退隐到教育教学幕

---

① 刘桂辉、侯德娟：《教师的教学经验及其理性升华》，载《中国教育学刊》，2017(3)。
② 张宏伟：《三十载，立"全景"：蜕变》，载《教师博览：中旬刊》，2018(12)。

后，而学生站在了教育教学的前台。教师会自觉地基于学生的立场或视角来审视、反思自己的教育教学，学生的发展状况成了教师教育教学的焦点。在"我教的是某个学生"阶段，学生不仅是教育教学的焦点，而且是具体、完整的人。此时，教师摆脱了外在教育教学任务的束缚，而将学生全面、完整的发展置于教育教学的核心。一旦教师眼里有了具体、完整的学生，那么教育教学就不再只是一种认知活动，还是师生全身心投入、沉浸并享受的生命实践。当然，在不断超越自我的过程中，有些教师在某个阶段会遭遇到发展、成长的瓶颈，停留、徘徊在某个阶段中，而不像理论设想的那样直线上升、一帆风顺，甚至有些教师因固守自己的已有经验，令教育教学退化为自己已有经验的圆圈式重复，创新智慧则无从谈起。

(二)教师实践智慧的生成主要面临着哪些障碍

教师的实践智慧作为教师发展的一种理想状态，其实现过程自然会出现诸多障碍。教育教学作为一种实践总存在这样或那样的缺陷或不足，教师的实践智慧正是在直面并弥补教育教学的缺陷或不足中孕育、生成的。从这个意义上说，教育教学存在这样或那样的缺陷或不足并不可怕，可怕的是教师对教育教学的缺陷或不足浑然不知，或者得过且过，甚至助纣为虐。教师实践智慧的生成主要面临德性智慧的德知与德行的背离、理性智慧的经验与理论的割裂、创新智慧的有心与无力的尴尬等障碍。

第一，教师德性智慧的德知与德行的背离。从认知上说，教师大多具有热爱教育、关爱学生与爱岗敬业等德性之知，也具有为学生好的意向，但在实际的教育教学中，教师的德知有时难以转化为德行，从而造成教师德性智慧的德知与德行的背离。细究起来，其主要表现有两方面。一是教师的德知并没有内化为自己的理想或信念进而体现在自身的行动中，所谓德知只停留在抽象的概念上，在需要时嘴上说说而已。具体表现为教师言行不一，如喊着为学生好的口号，心里却想着自己的私利，做着满足自己欲望之事。这类教师根本就不适合做教师，其言行只会给学生的健康成长带来消极影响。因为教育教学一直都是一种善的事业，教师的德性是教师实践智慧生成的原点。传授知识的教学需要借助教师的言行来进行，而且蕴含一定的价值取向。从这个意义上说，将师德放在教师发展的首位就在情理之中了。二是教师的德知已内化为自己的理想或信念，但内化为理想或信念的德知在种种原因下未能体现在行动中。平心而论，绝大多数教师并不想做一位"坏"教师，期盼自己能教育好学生。正如学者分析的那样："在学校中，常有一批教师会表现得对工作很不在乎，听之任之，不负责任；也有一些教师为了提高成绩而走旁门左道。这两类教师都是典型的师风差的例子。其实，这两类看似不同的教师，背后都有一些共同的原因：水平不高，却又要面子，于是做出一副'不是我能力不行，而是我不在乎'的样子，或者拼命挤压学生的时间，采取一些不道德的手段提高分数。"①这种德知与德行的背离恰恰表明教师实践智慧的生成既需要基于为学生好的德性智慧的驱动，也需要基于经验又超越经验的理性智慧的支撑。

　　第二，教师理性智慧的经验与理论的割裂。教育教学作为一种具有价值指向的理性行动，内在地要求教师具有理性智慧。从一定意义上说，理性判断、推理与决策无论是基于经验的还是基于理论的，皆表现为实践推理。实践推理则意味着理性人对自己的行动给出理由与解释，其类型主要有三种。一是"目的—手段"模式，即推理由作为大前提的目的和作为小前提的实现目的的手段构成，侧重于对实现某个特定目的的手段进行甄别与选择。比如，大前提是"人人皆应学习"，小前提是"读书是一种学习方式"，推论是"我要读书"。二是"德性—规则"模式，即不仅关注行动手段的有效性，而且注重行动目的的合理性，将教师行动的终极目的——促进学生全面且有个性的发展——纳入推理。它通常由两个实践推理三段论构成，前一个推理将教育教学的最高善和具体善结合起来，为后一个具体的行动推理提供大前提。后一位推理则以具体善为大前提，构成一个应然的指令；在小前提中加入对实践情境的判断，形成一个作为推论的行动决策。比如，大前提是"学生全面且有个性的发展是教育教学的德性表现"，小前提是"尊重学生的个性有助于促进学生全面且有个性的发展"，推论是"我应尊重学生的个性"。又如，大前提是"我应尊重学生的个性"，小前提是"学生勇于发表个人独特的看法是学生个性的表现"，推论是"我应该鼓励学生发表个人独特的看法"。三是"案例—叙事"模式，即通过案例的叙述来多主体、多角度地展示人行动的理由。"目的—手段"模式和"德性—规则"模式常

----

① 俞正强：《没有谁想做"坏"老师——改善师德师风从解开心结开始》，载《人民教育》，2019(8)。

常是基于单一行动者对行动的辩护，而"案例—叙事"模式则可以容纳多个行动者，更切合教育教学的真正状况。因为教育教学至少包含两个显性主体（教师与学生）和多个隐性主体（知识创生者、课程编排者、学校管理者等）。在"案例—叙事"模式中，其呈现的并不是个别的人和事，而是通过对个别的人和事的叙述来揭示人行动背后的道理，展示事件之间的因果关联及其对行动者的影响，是多个"目的—手段"模式和"德性—规则"模式的综合运用。但无论是哪种实践推理模式，行动者若只依靠经验或理论，则皆难以为自己的行动给出充足的理由和充分的论证。因为即使在最为简单的"目的—手段"模式中，达成特定目的的教育教学手段也有无数个，在选择某个手段时也要基于经验和理论给出充足的理由，进行充分的论证。然而，有些教师不是固守已有的经验，将教育教学固化、僵化，就是套用某一理论，将教育教学简单化、教条化，这便造成了教师理性智慧的经验与理论的割裂。

第三，教师创新智慧的有心与无力的尴尬。当下越来越多教师认识到教育教学是一种创造性实践，教师是研究者，教师要进行知识创新，而不能只充当知识传授者。对于教师而言，教育研究不是一种发现学术，而是一种教学学术，其创生的主要是学科教学知识。学科教学知识表现为将教育教学理论与实际结合起来，基于教育教学问题的发现、分析与解决，创生一种能实现更好的教育教学的实践性知识。这种实践性知识既不同于理论工作者提出的去情境化、追求普遍性的教育教学理论，也不同于教师自身通过经验积累形成的相对偏狭、同等水平循环的经验知识，它将具有普遍性的教育教学理论与教师个体的经验知识结合起来，用于解决教师面临的实践问题。在实践性知识的创生中，教师以一种研究心态从事自己的教育教学，将教育教学视为一种研究过程，辨析、识别自身教育教学面临的问题，系统地收集资料，以了解问题的表现及其形成的原因，并采取恰当的行动来解决问题。教师要想创生出自己的实践性知识，就既要有相应的教育教学理论储备，也要有明确的问题意识和足够的研究能力，还要有学术写作与表达能力。不过，有些教师拒斥对教育教学理论的学习，认为教育教学理论既晦涩难懂，又无实用价值，所以难以借助教育教学理论提供的新视野、新视角分析教育教学问题。同时，有些教师惧怕或逃避教育教学中的问题，不知问题是促进自身成长的起点，而且未养成对自己的教育教学进行回顾、反思与记录的习惯，讨厌乃至抗拒教育教学写作，因而在创新智慧上表现出有心与无力的尴尬。

(三)教师如何自我培育实践智慧

教师实践智慧的生成是一个渐进的过程，谁都不可能一登上讲台就有了实践智慧。教师实践智慧的自我培育有一定规律可循，这种规律就在教师实践智慧的内涵及面临的障碍中。如果说教师实践智慧的生成主要面临德性智慧的德知与德行的背离、理性智慧的经验与理论的割裂、创新智慧的有心与无力的尴尬等障碍，那么教师实践智慧的自我培育就要廓清自我心像，坚守德知与德行的统一；关注具体情境，寻求经验与理论的融通；勇于自我创新，体验德性与理性的互促。

首先，廓清自我心像，坚守德知与德行的统一。教育教学之难并不在于所教授的知识，而在于如何打动学生，让学生愿意学习。这是因为离开了学生对知识学习的兴趣与努力，再高超的教育教学技能都是枉然。当然，这并不是说教育教学技能没有作用，而是说教育教学是一种人影响人的活动。确切地说，教师以自己的知识、能力与价值观等来培育、促成学生的知识、能力与价值观等。试想，一个不热爱自己所教的学科、不喜欢读书、没有积极向上心态的教师，如何能培养出一批热爱这个学科、喜欢读书且积极向上的学生呢？在教育教学中向来都是"以教人者教己"，希望学生成为什么样的人，教师就要先将自己变成那样的人。从这一意义上说，为学生好的教育教学需要教师廓清自我心像，坚守德知与德行的统一。

廓清自我心像是指教师对自己要成为一名什么样的教师或自己要以怎样的精神面貌出现在学生面前进行回答。可以说，人人皆有自我心像，不管这种自我心像是模糊的还是清晰的。这种自我心像是人通过回忆、想象对经历过或未曾经历的人之形象的建构，主要表现为对自己应该做什么样的人的回答。对于教师而言，一个理想的自我心像应是热爱、自信与整体理解的形象，展开来说就是：我热爱我的学生，我热爱我所教授的学科，我热爱这个以我所爱教我所爱的教师职业；我对我所从事的教育教学工作抱有强大的自信、饱满的热情和探究创造的渴望；我的这种信念和精神来自我对教育、对学生、对我所教授学科的整体、深刻的理解；我相信，以我的不懈追求和持续发展，这种信念和精神可以在普通的、日常的教育教学工作中得到具体有效的体现，能够激发学生对学习、对生活、对人类文明的热爱。① 在热爱、自信与整体理解的教师自我心像中，热爱和自信为教师实践智慧的生成提供精神动力，整体理解则为教师实践智慧的生成指明路径。

坚守德知与德行的统一是指教师在教育教学中不断地追问：我这样想和这么做是否与我的理想和信念相符？我的言行是否出于对所教学科和学生的热爱？我的言行离自己的理想和信念还有多大的差距？我如何更好地实现自己的理想和信念？教师自觉地将自己的理想与信念落实在教育教学中。可以说，教师将自己的理想和信念贯彻于教育教学，久而久之就会形成习惯，而习惯成自然，从而真正形成自己的德性。

其次，关注具体情境，寻求经验与理论的融通。教师的教育教学是在特定时空背景下进行的具体的实践活动，具有实践智慧的教师能对其所面对的具体问题进行最为恰当、适切的实践，采取与教育教学的具体问题最为匹配的解决方案。从这个意义上说，具有实践智慧的教师时刻关注具体情境，敏于、善于发现具体的教育教学情境中存在的问题，并通过"目的—手段"模式、"德性—规则"模式与"案例—叙事"模式来寻求最好的问题解决方案：当目的明确时，就甄别、选择手段；当目的不明时，就运用"德性—规则"模式澄清目的；当目的、手段皆清楚时，则运用"案例—叙事"模式进行多角度、多层次的分析与阐释。但实践推理的实践效果不仅取决于教师已有的经验，而且取决于教师习得、掌握的理论。个人经验的浅表性、有限性会阻碍教师对教育教学问题进行深度、全面的识别与理解，而理论作为对教育教学的描述、解释与批判，既是人认识、理解教育教学问题的结果，也是人分析、解决教育教学问题的媒介。从这个意义上说，教师实践智慧的自我培育需要关注具体情境，寻求经验与理论的融通。

对于教师而言，关注具体情境既意味着教师要敏锐地感知、辨别与顿悟此时此刻正在进行的教育教学，也意味着教师要事先设想将会发生怎样的教育教学，还意味着教师对已发生的教育教学进行重构。教育教学作为一种实践，可以事先在人的头脑中进行预演，在进行预演时，教师应尽量构想出真实的教育

---

① 宁虹、王志江：《重新理解教育：来自教师发展学校的报告》，65页，北京，教育科学出版社，2011。

教学可能会出现的种种情形，以便做好充分的观念准备。在教育教学中，教师要拥有一种现场感，用眼睛发现教育教学中的细节，用头脑思考此情境是怎样呈现出来的，并辨析此时此刻的情境与已知教育教学情境的异同，思考其中蕴含哪些行动的可能性、适合采取何种行动，并且能从中顿悟某种教育教学的规律。① 在教育教学之后，教师则要学会"放电影"，反思、追问这节课或这次活动是否存在遗憾；若存在遗憾，那么遗憾是什么，下次上课或活动时如何弥补此遗憾；或者反思、追问这节课或这次活动是否有可圈可点的精彩之处，此精彩之处能否成为自己未来教育教学的自觉追求，能否提炼、概括为自己教育教学的特色等。对这些问题的追问与求解既能促使教师关注具体情境，又能实现经验与理论的融通。无论是何种具体的教育教学问题，教师单单靠经验或理论都难以给予满意的回答，而经验与理论的融通就体现在对具体的教育教学问题的透彻分析与有效解决中。

最后，勇于自我创新，体验德性与理性的互促。教育教学是一种创造性实践，教师勇于自我创新是其实践智慧的体现。回顾自己的成长过程，大多数教师印象深刻、念念不忘的也许是自己初登讲台的时光。初登讲台时教师大多内心忐忑，面对种种未知常常不知所措，但新鲜感、收获感总充盈于心，体验着"怕但快乐"的教育教学生活。然而，有些教师在熟悉了教育教学内容，掌握了一些教育教学方法，能够自信地站在讲台上后，他们初登讲台时的新鲜感、收获感也随之消失，之后的教育教学在看似轻车熟路中渐渐丧失了吸引力，其教育教学就停止在某个发展水平上。其实，拥有实践智慧的教师总能在日常的教育教学中有新的发现、取得新的成就，其关键在于勇于自我创新。在有些教师看来，实践智慧习得的最为有效的途径是向名师学习，不过，即使热衷于学习名师，他们最终也要明白"原来所有名师，都不过是自我成长的一面镜子，最终照见的不是名师，而是你自己；所有名师，不过是一盏明灯，要点亮的是你自己这盏灯，你才是自己唯一的明灯"②。从事教育教学犹如学习绘画，皆是齐白石所说的"学我者生，似我者死"。普通教师向名师学习，学习的并不是名师的一招一式或某种理论，而是要勇于自我创新，从改变自己的教育教学做

---

① 邓友超、李小红：《论教师实践智慧》，载《教育研究》，2003(9)。

② 王崧舟：《为什么愈学名师愈迷失？》，载《福建教育》，2018(32)。

起，从而体验到德性与理性的互促，提升自己的实践智慧。

勇于自我创新是指教师在每次教育教学尝试中都能或多或少地体现出变化与创新。勇于自我创新既能让教师体验到自己的变化、看到自己的成长，也能在实现德性与理性的互促中展现实践智慧。因为作为实践的教育教学虽然复杂、动态、多变，但也有其特有的实践逻辑。具体而言，德性是教育教学的根基，理性则是教育教学的表征，其逻辑表现为德性与理性的互促，诚如杨国荣所言："实践智慧以观念的形式内在于并作用于实践过程，其中既凝结着体现价值取向的德性，又包含关于世界与人自身的知识经验，二者同时又渗入人的现实能力。"[1]在德性与理性的互促中，教师不仅会在德性上逐渐认识到教育教学的根本在于育人，从而实现从教书到育人的转变，而且会自觉地将对教育教学的研究融入教育教学，正如一位教师在阐释自己的专业成长时所言："起初，我的教育教学主要关注教育教学的内容和学生的考试成绩，充当提升考试成绩的工具，既没有考虑过'我是谁''我要成为一名怎样的教师'，也无暇顾及学生的学情与需求，心中想的只是每天要完成的任务，作为主体的我却处于'无我'状态。后来，我对自己的教育教学有了研究的意识，能自觉将学习所得的他者经验或书上理论内化到自己的认知结构中，并尝试将其运用于自己的教育教学。同时，我将自己的教育教学作为研究的对象，记下对教育教学的点滴感想与体会，进行反思与改进，且通过对某问题的系统思考与研究，慢慢地形成自己的教育教学主张，培植自己教育教学的个性，追求教育教学的有我之境。"[2]在不断的自我创新中，教师会体验到教育教学的德性与理性的互促，因为在将外在的知识转化为实践智慧时，教师既无法离开对教育教学的理性反思，也难以脱离对教育教学意义的追问，人的德性与理性的互促孕育、催生出教师的实践智慧。

---

① 杨国荣：《论实践智慧》，载《中国社会科学》，2012(4)。

② 李波：《为师四境——在初中语文教学课题研究中的成长回眸》，载《当代教育科学》，2015(10)。

后记　在不确定中寻求确定性 ———————

李润洲

本书是笔者主持的全国教育科学"十三五"规划 2016 年度国家一般课题"基于核心素养的智慧教育建构研究"的成果。回顾从 2016 年课题申请书的撰写到本书的出版，笔者最大的收获和感悟是在不确定中寻求确定性，明白了研究什么问题是不确定的，但要有研究问题是确定的；研究出什么是不确定的，但要阐述自己独特的观点是确定的；表达的样态是不确定的，但表达的规范是确定的。由此可以推论出学术研究的三条定理：无问题则不研究，无创新则不表达，无章法则不写作。

首先，无问题则不研究。在撰写课题申请书时，对于到底要研究什么问题、什么问题是值得研究的，笔者寻寻觅觅，始终拿不定主意。即使最后将研究问题聚焦到核心素养与智慧教育这两个主题词，笔者也难以确定是要研究核心素养，还是要研究智慧教育。直到反身自问自己最困惑的是什么，笔者才将研究主题确定下来。一方面，当时核心素养是一个热词，引起了人们的极大关注；另一方面，笔者认为将信息技术或人工智能运用于教育就是智慧教育的观点有矮化、窄化智慧教育的倾向。于是，笔者将课题最终确定为"基于核心素养的智慧教育建构研究"。由于核心素养与智慧教育皆是当时学术研究的热点，且笔者指出了智慧教育理应是培育人的智慧的教育，不应将智慧教育简单等同于信息技术或人工智能在教育中的应用，此课题顺利立项。不过，在研究中，笔者曾被核心素养的热浪裹挟，一度偏离了自己的研究问题，把大量的时间和精力用于回答何谓核心素养、核心素养与三维目标有何异同、基于核心素养如何进行知识教学、指向学科核心素养的教学如何设计、指向学科核心素养的教学将发生哪些变革等问题。笔者虽然也撰写了一系列学术论文并得以公开发表，但直到快要结题时，才猛然发现自己要研究的是智慧教育而不是核心素养，核心素养只是审视、切入智慧教育的一个视角而已。于是，笔者只能回过身再来思考何谓智慧教育，智慧教育到底存在哪些有待进一步探究的问题，对这些有待进一步探究的问题应如何回答，等等。通过回答何谓智慧教育，并围绕智慧教育进行文献综述，笔者发现智慧教育的未来发展需要倡导多学科、跨学科的研究，多角度澄清转识成智的内在机制，关注学校教育的核心构成要素。如此，笔者终于确定了智慧教育研究的问题域，形成了智慧教育的大致轮廓和基本框架，也印证了自己一直倡导的观点：要想确定研究什么问题，必须先界定核心概念，明确研究对象；再述评已有文献，澄清研究问题的研究路线。在面向未知的研究中，研究什么确实是不确定的，但要有研究问题是确定的，无问题则不研究。

其次，无创新则不表达。在人文社会科学领域，值得研究的问题，别人大多已研究过；即使是一些新情况、新问题，也能从已有研究成果中找到相关内容。在此意义上，人文社会科学研究的创新难度不低于自然科学研究。不过，不仅人文社会科学研究问题在时代变迁下会呈现出不同的样态与变式，而且独一无二的个体在面对某个问题时会萌生出独特的意象。因此，将人文社会科学研究植根于时代背景，真切地感应、回答时代蕴含的深层问题，且观照自身独特的个人经验，就能创生出自己对某问题的独特看法和观点。但不管怎样，无创新则不表达，否则研究就失去了应有的意义。廓清了智慧教育研究的大致框架与运思路径后，笔者首先面对的是如何勾画、论证一种智慧教育视域的人的形象。因为智慧教育是培育人的智慧的教育，必须确定一种新的人学观，即在智慧教育视域里，人是具体的，而不是抽象的；人是生成的，而不是既定的；人是完整的，而不是割裂的。此观点也许并不难懂，但要阐述、论证具体的人、生成的人和完整的人及其教育意蕴着实让笔者伤透脑筋。好在笔者曾论述过具体人及其教育意蕴，这为阐述生成的人及其教育意蕴、完整的人及其教育意蕴奠定了一定的基础。然而，每次面对人的问题，笔者都有一种说不出的困惑感，但因研究的需要也只能迎难而上。就生成的人及其教育意蕴而言，其论证的难点并不在于证明人是生成的，而在于阐述人是如何生成的，并依据人生成的内在机制开展教育。因此，笔者着重阐述了人生成的内在机制，并依据人生成的内在机制阐述了教育的理路。就完整的人及其教育意蕴而言，对何谓完整的人虽已有多种阐释，但并未形成共识。鉴于此，笔者从完整的人的三重生命（自然生命、精神生命与理想生命）出发，认为完整的人是身体与精神合一的人，是情意知融生的人，也是全面发展的人。但这种完整的人时常遭到肢解，表现为学习的离身化、意情的边缘化和知识的碎片化，因此，笔者主张完整的人的培育需要重构身体观念，践行具身学习；彰显情意功能，实践理解教学；整合课程知识，进行全人教育。另外，从过程上看，智慧教育在于转识成智，那么转识成智何以及如何可能就成了绕不过的问题。笔者在开题时构想了智慧教育建构的三重机制——由知而智、由知而慧与由知而识，但真正要解决转识成智何以及如何可能的问题时，却发现原先构想的三重机制过于简单，存在想当然的问题。于是，带着转识成智何以及如何可能这一问题，笔者分别基于杜威的实用知识观、怀特海的智慧教育观、冯契的智慧说和自己的知识三重观给予了回答。由此可见，当知识观、智慧观和智慧教育观不同时，对转识成智何以及如何可能的回答也存在差异。再者，就学校教育的核心构成要素而言，在智慧教育的视域里，笔者主要关注、阐述了学校课程建设、智慧课堂创生、智慧型教师成长等问题，分别从教育学、教学论和课程论的视角，论述了学校课程建设的路径；从教师之教、学生之学和知识二重性视角，阐述了智慧课堂创生的策略；沿用教育学、教学论和课程论的视角论述了智慧型教师成长的路径；最后阐释、论证了智慧教育视域的教师素养，主张教师要具有研究意识、理论自觉和实践智慧。笔者对智慧教育相关问题的回答皆以学术论文的形式公开发表，实现了无创新则不表达的初衷。

最后，无章法则不写作。论文的表达千姿百态，即使是同一句话，也可以有多种表达。不过，从文体上看，学术论文写作有一定的规范。比如，叙事写作内在地蕴含呈现主题故事、提炼核心概念和建构扎根理论三重逐层递升、相辅相成的价值旨趣。实证写作的外在形式比较明显，主要由问题与假设、过程与方法、结果与讨论构成，其进阶之路为：实证论文像实证论文—实证论文是实证论文—此实证论文优于彼实证论文。思辨写作的运思逻辑则是：澄清核心概念，夯实思辨写作的根基；践行辩证思维，展示思辨写作的深刻；证明价值命题，实现思辨写作的旨趣。本书主要以思辨写作的形式呈现，遵循思辨写作的运思逻辑，从界定核心概念开始，目的是为问题的分析与解决确立一种理想范型。较典型的是对完整的人及其教育意蕴的阐述与论证，在该部分，笔者先将完整的人界定为身体与精神合一、情意知融生与全面发展的人；然后用此完整的人的形象揭示在教育场域中完整的人遭遇的肢解现象，诸如学习的离身化、意情的边缘化和知识的碎片化；最后根据完整的人、完整的人面临的困境，运用逻辑推导，提出培育完整的人的建议。当然，即使是思辨写作，从问题、结构与思维来看，其也蕴含一定的写理。从问题来看，思辨写作直面真问题，明确写作的价值；变换视角视域，重新提问，彰显写作的创新；洞察问题间的逻辑关系，厘清写作的思路。从结构来看，思辨写作既有形式结构，也有实质结构，写作者要将实质结构转化为形式结构。从思维来看，思辨写作要廓清写作的语境要素，明确论文的创新点；锁定研究问题这个不动点，阐述论文创新之处；用中心论点统领全文，彰显论文的创新所在。

在有些人看来，今日社会时时处处存在不确定性，面向未知的研究就更加充满不确定性。但人难以忍受不确定性，总力求在不确定中寻得确定性。对于研究而言，研究者要想在不确定中寻得确定性，则需要确立一种理念：无问题则不研究。此处的问题主要具有三重意涵：一是有价值，二是尚未解决，三是存在一个可能的答案。恪守一种追求：无创新则不表达。此处的创新既可以是视角新、观点新，也可以是问题新、方法新或材料新。遵循一种范式：无章法则不写作。从文体上看，写作主要有三种类型——叙事写作、实证写作与思辨写作，但无论是哪种文体，其背后皆存在一定的章法，写作者只有循"章"守"法"，才能妙手成文。